EL LADO OSCURO DEL ROCK

T0293869

Redbook

EL LADO OSCURO DEL ROCK

JOSÉ LUIS MARTÍN

MA
NON
TROPPO

MA
NON
TROPPO

© 2020, José Luis Martín
© 2020, Redbook Ediciones, s.l., Barcelona

Diseño de cubierta: Regina Richling
Diseño de interior: David Saavedra
Fotografías interiores: APG imágenes
Fotografía de cubierta: Shutterstock
ISBN: 978-84-121366-2-3
Depósito legal: B-1.912-2020
Impreso por Sagrafic, Passatge Carsi 6, 08025 Barcelona
Impreso en España - *Printed in Spain*

Índice

INTRODUCCIÓN

Mis satánicas amistades

Lo primero que debería dejar claro es que no creo en el Diablo, Satanás o Lucifer, porque esa creencia me llevaría a reconocer la existencia de alguna divinidad superior como contrapunto. Según esa apreciación, es bastante triste y deprimente que una fuerza superior, si es que existe, permita que el mundo haya rodado de la forma irracional que lo ha hecho a lo largo de su historia, para eso ya nos valemos nosotros sin necesidad de supervisión. Llamadme ateo si preferís.

Mis relaciones con Satanás vinieron a través de la música o como excusa de ella. Fueron mis amigos los que me embrujaron con discos e historias de Black Sabbath o Led Zeppelin primero, para al poco adentrarme en el universo oscuro de Iron Maiden, Judas Priest o Motörhead. Tommy ejercía de satánico, chamán o maestro de ceremonias; servía su elixir mágico, hoy conocido como cerveza de litro y evaporábamos aromas que invitaban a abrir la mente, en ocasiones cortados con tanta basura que lo único que daban era dolor de cabeza. Cuando la química acompañaba, era sencillo, dejar deslizar la aguja sobre el vinilo, bajar la intensidad de la luz y cerrar a cal y canto la habitación para que no se escapasen los efluvios mágicos.

Recuerdo que Tommy tenía un concepto diferente sobre la muerte, los espíritus y los demonios, que me sorprendía y embobaba. Hoy en día lo achaco a su procedencia gallega y la seguridad de que las brujas, hechiceros, demonios y fantasmas, haberlos haylos. Quizás por eso cuando se te acercaba a oscuras en Les Enfants Terribles y simplemente te llamaba y te enseñaba la mano cornuda, era digno de respeto.

Aunque no recuerdo su nombre, un año conocimos a su hermano, que daba más grima que él, posiblemente porque vivía en Galicia y conservaba todo su mojo intacto. En una sesión de brujería casera y mientras sonaba Black Sabbath, nos enseñaron fotografías de ellos durmiendo dentro de un nicho abierto en su tierra natal y ahí subió de categoría y todos lo vimos como nuestro Ozzy particular.

Nuestras sesiones diabólicas también se desarrollaron en lo alto del Montseny, refugiados en un monasterio abandonado que era el escenario ideal para una cinta de terror de serie B. Podíamos olvidarnos la comida, pero la música, la bebida, las substancias «alternativas» y las ganas de cruzar al lado oscuro no. Recuerdo que en la tercera visita al monasterio tuve una mala experiencia, aunque no creo que fuera con el submundo, ya que desde entonces no puedo ingerir alcohol blanco sin ver a la virgen y todas las estrellas.

El paganismo y la magia las encontré más adelante de la mano de amigas que no nombraré porque no les he pedido permiso, pero el tarot, el espiritismo y la ouija estuvieron muy presentes, con su propia banda sonora a base de Gwendal, Alan Stivell y otros grupos que ni recuerdo.

Menos intenso fue tropezar con acólitos del nuevo pensamiento universal a base de música progresiva. El LSD no me sienta del todo bien y estar en una reunión donde todos viajan sin maletas y tú no tienes combustible, no será el infierno pero se le parece mucho.

Con el tiempo y los años, el blues me llevó a reencontrar al Diablo, pero ya estaba curado de espanto y pocas cosas me sorprendían. Hace unas semanas me encontré con Tommy en un concierto y entre charla y cerveza me recordó que uno de mis peores demonios era conocido como «La Dolores», se manifestaba como docente y consiguió que aborreciera y abandonara estudiar.

Así que sí, que existen los demonios, pero libradme de los monstruos de carne y hueso del día a día, que de los malignos o divinos ya me libraré yo.

Bienvenidos al lado oscuro

Desde su aparición, en la década de los años cincuenta, el rock'n'roll está relacionado con el ocultismo, término que abarca rituales paganos, mitología egipcia y brujería, hasta la adoración del Diablo. Mientras que algunos artistas y bandas profundizaron en los estudios de lo oculto, otros se subieron al carro para crear polémica y vender más discos. Sin embargo desde el inicio de su andadura ha tenido una fuerte oposición del sector más moralista y radical del cristianismo, que lo ha señalado como foco de todos los males morales de nuestra sociedad.

La derecha cristiana ha sido y es un componente poderoso, política y socialmente, influyendo en la política cultural de los estados, siempre en nombre de los valores familiares, pero escondiendo un tremendo deseo de seguir manteniendo su supremacía ante cualquier tipo de libertad de culto. Por eso desde sus inicios el rock se ha visto vigilado, acosado y atacado por los fundamentalistas religiosos, acompañados en su cruzada por las fuerzas de la derecha política, conservadora e inmovilista.

Igual que las brujas fueron señaladas, perseguidas y se quemaron en hogueras de la Europa del siglo XV, la cristiandad ha perseguido durante el siglo pasado cualquier apertura no estipulada como episcopal, topando de lleno con la cultura, desde cuentos infantiles, relatos de adultos, juegos de mesa, cine, televisión, Internet y la música. Cualquier expresión que hiciera referencia a la astrología, la New Age, el paganismo y sus tradiciones ancestrales, el esoterismo, ocultismo o el propio Diablo, era estigmatizada inmediatamente y se mostraba al conjunto de la sociedad como eje del mal. Daba igual que fuera el tablero de ouija, los libros de Harry Potter, las películas de la saga *El Señor de los Anillos* o la música de Black Sabbath o Marilyn Manson. Inmediatamente se provocaba una sensación de miedo colectiva que demandaba una reacción en forma de ataque judicial, político y moral.

Como veremos en el libro, en cada ocasión que aparece un elemento distorsionador de la hegemonía eclesiástica, se produce una respuesta ataque que lo condena por satanista, hereje o inmoral. Utilizando la represión en los viejos campos de algodón, prohibiendo la libertad de culto entre los esclavos llegados de África o lanzando mentiras y distorsionando la verdad para suprimir la explosión de júbilo que el rock'n'roll trajo en los cincuenta.

Con la proliferación de creencias paganas de los sesenta, donde la magia y el ocultismo se abrió paso entre la experimentación sicotrópica, atacando y cuestionando la cosmovisión cristiana establecida, llegaron las prohibiciones y la persecución de los líderes del movimiento, muchos de ellos devorados por las drogas y la presión. No escaparon las grandes estrellas, desde The Beatles o The Rolling Stones a Led Zeppelin, pero en los setenta se les escapó el libre albedrío de las manos, y la creación de la primera religión netamente satánica les estalló en la cara.

El rechazo más rotundo a la ciencia vino acompañado de un acercamiento del cristianismo hacia postulados más fundamentalistas y conservadores, que se entrelazó en más ocasiones de lo que la prudencia aconsejaba, con movimientos de extrema derecha, castigando a los que levantaban la voz contra la política belicista o reivindicaban los derechos civiles.

Los ochenta destapan una nueva era del culto a Satán que nos acompañará hasta nuestros días, elevándose el nivel del combate entre la religión y el rock. Por un lado el cristianismo fundamentalista y la derecha política crecieron como respuesta al ataque del Diablo, y a la sombra de Ronald Reagan inician otra cacería indiscriminada, aunque el efecto llamada es imparable y el atractivo de Satanás acaba por embaucar a millones de fans que ven en el heavy metal su válvula de escape.

Este libro no es un tratado sobre satanismo, aunque hablaremos de la adoración a Satán, pero nos muestra perfectamente la lucha entre la música rock y la religión cristiana. No somos nosotros los encargados de abrazar postulados de uno u otro lado, tan sólo dar a conocer los hechos que desgraciadamente se siguen repitiendo una y otra vez.

El pasado 29 de noviembre se celebró en la Facultad de Filología de la Complutense de Madrid un seminario organizado por Satanistas de España y Jóvenes Investigadores en Ciencias de las Religiones, bajo el título de La Experiencia Satánica. Las asociaciones cristianas y de ultraderecha convocaron rezos delante de la entrada, se volcaron mentiras como las expuestas por el Sindicato Español Universitario: «Ante las jornadas satanistas convocadas hoy en la UCM donde se promueven violaciones y conductas pedófilas con complicidad del rectorado, el estudiantado sin complejos ha respondido, consiguiendo su paralización».

Parece que en el nuevo siglo la cosa no ha cambiado. ¡Bienvenidos al lado oscuro del rock!

I. BRUJERÍA, OCULTISMO, SUPERSTICIÓN & BLUES

El blues es, según todos los expertos, el principio de todo, la madre de todas las músicas modernas y mal vamos, si de entrada, es un género dominado por la brujería, el ocultismo, las creencias paganas y todo tipo de supersticiones. La sociedad occidental y decentemente católica apostólica ha dejado entrar al señor oscuro.

Es aquí donde comienza nuestro viaje al lado oscuro, arremangándonos y sumergiendo la cuchara en el gran caldero del gumbo, para remover todos los ingredientes y conseguir que la ocra se entremezcle perfectamente con el roux de Luisiana, mientras que nos centramos en otros menesteres.

El origen del vudú de Nueva Orleans

Cuando en agosto de 1619 el barco corsario inglés *White Lion* desembarcó a los primeros veinte esclavos africanos en el puerto de Jamestown, en la colonia británica de Virginia, comenzó uno de los periodos más oscuros y trágicos de la historia de los actuales Estados Unidos. Una historia que aposenta su crecimiento económico con la esclavitud de millones de personas de color, tratadas como animales de carga, esquilmando todos sus derechos y libertades durante varios siglos. Con la pérdida de libertades fueron prohibidas sus creencias espirituales y mágicas, que si bien es cierto que fueron diezmadas, jamás consiguieron erradicarlas.

La expansión del vodun

Una de las principales creencias paganas que se importaron de África fue el vodun, originario de las Fon People del antiguo reino de Dahomey, actualmente Benin. Entre 1739 y 1931, la mayoría de esclavos fon fueron desembarcados en la colonia francesa de Luisiana, concretamente en el puerto de Nueva Orleans.

Vodu significa «espíritu» en el idioma fon y se trata de una deidad semejante a un dios o Gran Espíritu, representado por una gigantesca serpiente blanca llamada Dan que sostiene el Universo. La represión religiosa comenzó en las colonias francesas y españolas del Caribe, donde se les prohibió bajo pena de muerte la práctica de toda cultura pagana, por lo que los esclavos adaptaron sus creencias ancestrales con las nuevas impuestas por el catolicismo, pero sin perder su fe. De esta forma aparecen religiones híbridas que mutan según su destino final; la santería en Cuba y más tarde en México, la macumba y el cadomblé en Brasil y el vodou o vudú en Haití.

En agosto de 1791 los sacerdotes vodou promulgaron la rebelión entre los esclavos haitianos, que derivó en una cruenta revolución contra el gobierno de Napoleón Bonaparte, consiguiendo derrotarlo en 1804 y proclamar la primera república negra del planeta en Haití. Estados Unidos, temiendo un efecto dominó, promulgó un embargo comercial sobre Haití que sumió a una de las colonias más ricas en la miseria. A finales de siglo se produjo un éxodo masivo de negros libres, conocidos como *gens de couleur* libres o *affranchis*, que se establecieron mayoritariamente en Luisiana y en particular en Nueva Orleans.

Los esclavistas de Luisiana ejercieron una cruel represión religiosa con sus esclavos, por temor a que las creencias vudú provocaran una rebelión similar a la de Haití, evitando levantamientos revolucionarios en su territorio. La prohibición de la práctica religiosa produjo un efecto contrario al deseado y la religión vudú se extendió clandestinamente entre los esclavos, que la utilizaban con amuletos, encantamientos y ungüentos, principalmente para curarse, orientarse, protegerse y mantener una conexión espiritual con sus muertos, pero al mismo tiempo se desarrollaron maldiciones y amuletos para herir y buscar la desgracia en sus enemigos, generalmente los amos blancos, naciendo así una magia negra o superstición maligna.

En Nueva Orleans, antigua colonia francesa, se desarrolló una nueva clase social, formada por personas libres de color, que si bien no tenían todos los derechos adquiridos, gozaban de privilegios específicos como el derecho a la educación y el acceso a la propiedad privada. Las mujeres libres de color adquirieron rápidamente una enorme importancia, primero porque la escasez de mujeres de raza blanca dio lugar a la normalización de emparejamientos y numerosos matrimonios interraciales y en segundo lugar porque la mayoría de líderes espirituales eran féminas, ejerciendo un enorme poder religioso, social y cultural.

Marie Laveau, la reina vudú

A principios de 1800 llegó a Nueva Orleans Marguerite (también conocida como Marguerite D'Arcantel), sacerdotisa vudú que había desempeñado un papel relevante en la revolución haitiana y que rápidamente se aposentó como estamento destacado en el nuevo orden religioso de Nueva Orleans. Sin embargo fue su hija, Marie Laveau, nacida en libertad, quien consolidaría ese nuevo concordato pagano.

Los escasos documentos que se conservan de Marie reflejan que fue una mujer extraordinaria, de una inteligencia y percepción fuera de lo común, que además utilizaba lo que se asumía como poderes psíquicos y paranormales, como refleja un documento sobre religiones paganas de Ina Fandrich, profesora de la Universidad de Luisiana: «Marie era considerada clarividente y consiguió manifestarse en muchos lugares a la vez. Se le atribuían curaciones milagrosas o traer de vuelta a casa a los maridos infieles».

Marie gozó de un extraordinario poder entre negros y blancos, dominando y conociendo secretos de la alta sociedad de Nueva Orleans. Se decía que tenía una gran red de informadores en todos los estamentos que le ayudaban a realizar sus predicciones, pero de la misma forma utilizaba la magia del vudú, mezclándola con santos católicos y espíritus africanos, ayudada por una enorme serpiente pitón blanca, conocida como «Gran

Tumba de Marie Laveau.

Zombi» en el vudú. Fuera como fuere, Marie adquirió una gran fortuna gracias a su don y la abundante información que manejaba.

A finales de 1820 las líderes de culto vudú se unieron para escoger a su máxima representante, nombrando a Marie Laveau como la Reina Vudú de Nueva Orleans. Marie llegó a ser una de las personas más poderosas de la ciudad, mostrando su fuerza la víspera de San Juan de 1874, con un rito religioso a orillas del lago Pontchartrain para más de 12.000 personas blancas y negras.

Una de sus habilidades fue convencer a las demás líderes de la necesidad de asistir a misas católicas y fusionar el culto cristiano con el vudú como única defensa ante una inminente prohibición de los estratos puritanos católicos y que ha preservado a Nueva Orleans como la ciudad americana con más libertad de creencias religiosas y cultos.

Marie falleció el 17 de junio de 1881 de causas naturales, pasando su hija Marie Laveau II a ocupar su puesto como Reina Vudú. Su tumba ha sido profanada en numerosas ocasiones, tanto por seguidores como detractores, mayoritariamente racistas y católicos radicales.

Actualmente, su cripta en el cementerio de Sant Louis de Nueva Orleans es la segunda más visitada en los Estados Unidos después de la de Elvis Presley. Los peregrinos siguen visitándola para pedir ayuda y consejo, dejando ofrendas y marcando la tumba con una X, tal y como manda la tradición. Si deseas que Marie Laveau te conceda un deseo, marca la tumba con una X, gira tres veces, grita el deseo y toca la X con reverencia y respeto, dejando una ofrenda y te será concedido.

The Misfits, pillados «in fraganti»

El grupo de New Jersey The Misfits fue detenido y arrestado en 1982 tras un concierto en Nueva Orleans, pillados «in fraganti» intentando exhumar el cadáver de Laveau de su tumba.

Pero el mundo de la música ha recogido la figura de Marie Laveau en numerosas ocasiones, y de forma menos escandalosa, por grupos de toda índole y de todas las procedencias. La banda danesa de death metal Volbeat le dedicó el tema «Marie Levaeu» en el disco *Seal The Deal & Let's Boogie* de 2016, mientras que la banda de folk escocés Fairground Attraction lo hace con su tema «Clare» de 1988.

Estilos tan dispares como el del crooner psicodélico Tav Falco que grabó «About Marie Laveau» en su disco *Command Performance* de 2015 o la banda de country rock Grant Lee Buffalo que le dedicó el tema «Dixie Drug Store» de su álbum debut, *Fuzzy* de 1993.

Dentro del blues tenemos a los fabulosos Canned Heat en su disco de 1968 *Boggie With Canned Heat*, donde grabaron el instrumental «Marie Laveau»; título que volvió a utilizar el grupo de Las Vegas The Delta Bombers con su mezcla de rock'n'roll y dirty blues explosivo, o el guitarrista Jimmy Buffett que habla de ella en el tema «I Will Play for Gumbo». Dos clásicos del rock comercial americano se

The Misfits.

rindieron a los encantos ocultos de la Reina Vudú: Dr. Hook en su álbum debut con un tema que lleva su nombre en 1972 y Redbone con un más que bailable «The Witch Queen of Nueva Orleans» grabado un año antes. El dúo psicodélico The Du-Tels, grabó una gran historia entorno a Marie en el disco *No Knowledge Of Music Required* de 2007, bajo el título «Voodoo Queen Marie».

Una larga lista de temas que hablan sobre ella y la presentan como bruja, hechicera, sacerdotisa de magia negra o mujer extravagante y poderosa en un mundo de hombres, y que no han hecho más que engrandecer su leyenda.

Si tuviéramos que quedarnos con tres de los temas más interesantes, serían propuestas nativas de Nueva Orleans, separadas en el tiempo y el espacio, pero presentadas bajo el mismo título «Marie Laveau». La primera es la grabación de Ingrid Lucia & The Flying Neutrinos, formación de rock'n'roll *vintage* con toques de swing y jazz que trabaja desde mediados de los ochenta con gran prestigio. La segunda propuesta sería Dr. John, que dejó su sabiduría vudú plasmada en el tema grabado en 2004, aunque tiene más canciones de su extensa discografía que se relacionan con Marie.

Para finalizar dejamos el tema de Papa Celestin, saxofonista de jazz, que fue uno de los músicos más destacados del movimiento de brass bands de principios del siglo pasado. Descendiente de affranchis haitianos, pioneros de la cultura criolla en Nueva Orleans, grabó la primera versión de «Marie Laveau» en 1949 con Original Tuxedu Jazz Band, aunque lo ha hecho en numerosas ocasiones con diferentes formaciones.

Es posiblemente la versión más popular de todo el legado musical de Marie Laveau.

> «Allí vivió una dama mágica, no hace mucho tiempo, en Nueva
> Orleans, Luisiana, llamada Marie Laveau. Hizo una fortuna
> vendiendo vudú e interpretando sueños. Ella era conocida en todo el
> país como la reina vudú. La gente llegó de millas y millas alrededor,
> ella les mostró cómo tener ese vudú. A la dama vudú irían: ricos,
> educados, ignorantes y pobres. Ella chasquearía los dedos y sacudiría
> la cabeza. Luego encontrará sus amantes, vivos o muertos.
> Pobre Marie Laveau, Marie Laveau,
> La reina vudú de Nueva Orleans.»

El hoodoo de Luisiana

Es un error muy común confundir hoodoo con vudú, pero en realidad son conceptos diferentes. Sin necesidad de entrar en un estudio muy profundo, la principal diferencia es que vudú es una religión, mientras que hoodoo es una práctica de magia popular.

El vudú es una institución organizada con ceremonias establecidas dirigidas por representantes religiosos, rigiéndose bajo una jerarquía de poder muy sólida. Actualmente es oficial en Benin y Haití, mientras que se practica mayoritariamente en República Dominicana, Puerto Rico, Cuba, Ghana, Togo y en ciudades de América del Norte y Nueva Orleans, donde se calcula que el 15% de la población profesan ese culto.

El hoodoo es una práctica espiritual y esotérica, que si bien proviene de África como el vudú, no pasó por las colonias del Caribe y llegó virgen a Luisiana, donde se mezcló con la religión católica, las tradiciones europeas más ancestrales y la cultura de los nativos americanos. Es por eso que en el hoodoo se puede invocar a santos católicos al mismo tiempo que se fusiona con ritos extraídos de grimorios de la baja Edad Media europea.

Hecha esta aclaración, cabe destacar que el hoodoo gira en torno al poder natural de la Tierra y sus espíritus, pero no busca una deidad omnipresente, utilizando intermediarios con el más allá en forma de antepasados o espíritus. No obstante, también cabe señalar que la mayoría de los practicantes del hoodoo practican la religión vudú, sin ser condición *sine qua non*.

El hoodoo puede ejercerlo toda la población, independientemente de su raza y origen social. Originariamente nació en el Delta del Misisipi, entre la población de esclavos de las plantaciones y desde allí, fue exportado a Cuba, Haití y Jamaica, en un proceso inverso al vudú.

Los primeros hechiceros del hoodoo

La base del hoodoo es una larga lista de hierbas, raíces, huesos, piedras y partes de animales que se transforman en amuletos, con los que confeccionas pociones, ungüentos y conjuros, bajo hechizos que suelen ser muy simples y poderosos.

Los pioneros Hoodoo Man o Doctor Hoodoo, eran hechiceros africanos que fueron capturados como esclavos y trajeron su sabiduría curandera al sur de Luisiana. Estos curanderos eran también llamados Médicos de Raíz debido a su destreza para crear caldos curativos con hierbas y raíces que aliviaron las penurias y heridas de los esclavos de las plantaciones, adquiriendo rápidamente un gran prestigio y poder entre la población negra y que con el tiempo se supo imponer entre los blancos.

El más popular de estos Médicos de Raíz fue Dr. John (no confundir con el músico), capturado en Senegal. Se trataba de un gran hechicero que practicó sus dotes de sanador y se ganó el beneplácito de la comunidad vudú que lo conocía como Bayou John o Príncipe John. Su leyenda creció por todo el estado hasta el punto que los terratenientes blancos le solicitaban ayuda para reprimir plagas, sanar a las bestias y esclavos e incluso a su familia. De él se decía que poseía la capacidad de reanimar a los muertos, dando pie al mito de los primeros zombis de Luisiana. Al mismo tiempo Dr. John era uno de los más famosos tamborileros de Nueva Orleans, pues en ciertos rituales hoodoo la música es muy importante aunque rudimentaria, normalmente ejecutada con fuertes pisadas, palmadas, golpes de bastón en el suelo y pequeños tambores, de ahí viene la creencia que los cánticos de los esclavos en los campos de algodón, los conocidos como work songs, incluían muchos cantos de hoodoo o vudú.

A vueltas (musicales) con el hoodoo

Jelly Jaw Short *bluesman* de Port Gibson, Misisipi, grabó en marzo de 1932 el tema «Snake Doctor Blues» en el que contaba las tribulaciones de un médico de raíz: "Soy el Doctor Snake y tengo mi medicina dentro de la bolsa. / Muchos os preguntáis que le hizo el Dr. Snake a los hombres, / con hierbas y raíces robó vuestras mujeres, por donde quiera que vaya».

Peter Joe Clayton nació en 1898 en Georgia, pero siempre dijo que había venido al mundo en África. Su nombre artístico era el de Doc Clayton y escribió algunos temas que han pasado a la historia del género como «Pearl Harbor Blues» o «Moonshine Woman Blues». Grabó varios temas con el hoodoo y el vudú como protagonistas, «Doctor Clayton Blues», «Watch out Mama» o «Yo Yo Jive» entre otros, pero en 1942 grabó «Root Doctor Blues» con esta letra: «Soy un médico de raíz, mejor que otro médico de esta tierra. / Mi remedio garantiza curarte, las pastillas y los dolores no están en mi plan. / Tengo una forma de operar que no te dejará cicatriz, / pongo el remedio justo en el lugar y juro que el poder te sanará».

Como toda práctica mágica, el hoodoo que en un principio se utilizaba para buscar el beneficio propio o ajeno, derivó en un lado oscuro o magia negra, donde el objetivo era hacer daño al enemigo o contrincante, buscándole la ruina económica, el desamor, la mala suerte e incluso la enfermedad y la muerte.

Uno de los *hoodoo man* que más populares se hicieron por esas prácticas fue Fred Staten, nacido en 1937 en Nueva Orleans. Se reconvirtió en Papa Midnight y más tarde en Chicken Man, alcanzando la figura de Rey Vudú y Doctor Hoodoo. A mediados de la década de los sesenta se popularizaron sus ritos a base de bailes desenfrenados donde la gente, bajo el efecto de ciertas sustancias, alcanzaba el éxtasis y a veces perdía el conocimiento, y en los que realizaba ceremonias de auténtica magia negra, durante las que se decapitaba pollos y se bebía su sangre. Falleció en 1998 en misteriosas circunstancias jamás esclarecidas.

Conjuros y amuletos

El médico de raíz trataba normalmente enfermedades con remedios naturales, que podrían tener ciertas propiedades medicinales, pero que en la mayoría de los casos eran simples paliativos o placebos que producían un efecto psicosomático en el receptor. Pero en muchas ocasiones se utilizaba la medicina del hechizo, para proteger o agredir a alguien, así como conseguir objetivos no del todo limpios. *Echar una raíz* o *Echar polvo de goofer* significaba ejercer un hechizo. Normalmente el polvo de goofer estaba formado por tierra del cementerio, piel de serpiente o lagarto, sobre el que se volcaba algo de magia y se transformaba en un potente conjuro.

De estos polvos… aquellos lodos

La cantante afroamericana Lil Johnson, famosa por practicar un blues obsceno, cargado de mensajes eróticos y otros tabús sociales a principios del siglo pasado, grabó en 1937 el tema «Goofer Dust Swing».

«Me robaste a mi hombre, no eres buena rata/ ¿No sabes
que no puedes salirte con la tuya? / Esparciré polvo de goofer
alrededor de tu puerta / Y ya sabes que no volverá más».

En 1947 el *bluesman* Willie Mabon grabó el tema «I Don't Know» donde relataba su intención de usar polvo de goofer contra su mujer.

«Me estoy enfermando y cansando de la forma en que lo haces / Como un buen papa tengo que envenenarte / Espolvoreando polvo de goofer alrededor de tu cama / Despertarás una de estas mañanas, encontrarás tu propio yo muerto».

Polvo goofer.

El mundo del blues está repleto de referencias al polvo de goofer, pero también en otros géneros como el heavy metal. King Diamond en su álbum de 2009 llamado *Voodoo*, narra una situación macabra en la canción «Sarah's Night», usando el goofer para dominar el cerebro de una joven.

«Salem está de pie en la oscuridad / Observando el cuerpo dormido de Sarah... / Abro la mano, el polvo Goofer está cayendo... / Casi puedes ver a los muertos cuando entran en la cabeza de Sarah... /Violentamente ella está sentada / Gritos de dolor, sé que está doliendo / Sólo veo blanco en sus ojos».

Otro amuleto poderoso era el llamado Gris Gris, también reconocido como Grigri o Gerregery. Se trataba de una bolsa, normalmente de tela que se rellenaba de objetos personales y místicos especiales para cada encantamiento. En el Islam existe otro Gris Gris en bolsa de cuero sobre el que van grabados versos del Corán, siendo su uso más extendido el de ahuyentar los malos espíritus o la mala suerte, colgando el gris gris en las puertas de las casas o las habitaciones. Con el tiempo el vudú y el hoodoo se apoderaron de su utilización y significado, pasando de ser un amuleto de buena suerte a un fetiche de magia negra. Se dice que los esclavos lo utilizaban para hacer daño a sus amos y que todavía hoy en día hay tumbas de esclavistas que aparecen con gris gris colgando. No obstante jamás dejó de ser un amuleto benigno y sobre todo se utilizó para prevenir los embarazos, en una superstición que causó innumerables disgustos.

Dr. John, músico del que ya hemos hablado anteriormente, llamó a su primer disco en 1968 *Gris Gris*, en un trabajo cargado de referencias vudú y brujería. Dentro encontramos el tema «Gris Gris Gumbo Ya Ya» donde nos ofrece sus servicios, «Me llaman Dr. John, el vagabundo nocturno / deslizo mi gris gris de mi mano / Soy el último de los grandes / me llaman el hombre gris gris. / Tengo muchos clientes que vienen de muchas millas / Tengo mi medicina para curar todos tus males».

El álbum es todo un tratado de ocultismo y magia, que impactó en un joven músico de Oakland, California. Greg Ashley militaba en la banda de rock psicodélico The Cuts, cuando a principios del 2002 se comenzó a interesar por temas esotéricos, místicos y de magia blanca y negra. En 2003 formó una banda llamada The Gris Gris con la que editó tres discos para Bridman Records, todos ellos influidos por el vudú y el hoodoo de Nueva Orleans, aunque su música era experimental y sicodélica.

Tengo el mojo trabajando por ti

Una derivación del Gris Gris y posiblemente el fetiche más famoso es el mojo, pero con sus diferencias y particularidades. El mojo también se le conoce por distintos nombres dependiendo del uso que se haga de él, de esta forma puede llamarse Mojo Hand, Conjure Hand, Lucky Hand, Conjure Bag, Trick Bag, Root Bag, Toby o Jomo, entre otros apelativos.

Se trata de una bolsa, generalmente de franela, donde se introducen objetos y materiales que desempeñarán el encantamiento, que siempre será personal e intransferible. Cada mojo tiene su propia *hand*, que en esta ocasión se refiere a la combinación de ingredientes que puede ser con raíces, hierbas, objetos personales, huesos de animales o incluso huesos humanos, generalmente dedos de una mano. También es importante el color del mojo pues el verde será para fortuna y éxito en los negocios o el juego, el rojo es para el amor y el sexo, siendo el más común, mientras que el color blanco es para la salud y la familia, pero dejó de utilizarse por la superstición de que dejaba de funcionar cuando cambiaba de color por lo que contenía en el interior.

El mojo puede hacerlo uno mismo, pero es mucho más efectivo si lo crea un hechicero, médico de raíz o una gitana hoodoo. El mojo se cons-

Henry Son Simms y Muddy Waters.

truirá pensando en el objetivo deseado y en la persona a la que va dirigido, una vez terminado se ofrece un ritual donde se le añade el poder de un espíritu y es entonces cuando cobra vida. Siempre debe ir ceñido al cuerpo para su mejor funcionamiento y resulta muy positivo que esté oculto a la vista, hecho que demuestra la dificultad de crear un mojo para hacer daño a un contrincante o enemigo.

El mojo se debe mantener vivo o deja de funcionar, por lo que se debe regar con alcohol, aceites de raíces o fragancias aromáticas, siguiendo las indicaciones del hechicero que lo creó. Si un mojo no se cuida, se maltrata o se usa para un objetivo diferente al concebido, deja de funcionar o lo que es peor, se puede volver en contra de uno mismo y provocar incluso la muerte.

El mojo más famoso del blues es sin duda alguna el del tema «I´ve got my mojo working» popularizado por Muddy Waters en 1957, que siempre se ha identificado con una expresión libidinosa, donde el mojo incluso se ha querido reflejar como símbolo fálico que está preparado para entrar en acción, posiblemente por la interpretación que hizo del tema Jim Morrison, vocalista y líder de The Doors y que introdujo el concepto dentro de «L.A. Woman», al gritar en la coda de la canción «Mr. Mojo Risin» y realizar una mímica cercana a la masturbación.

Sin embargo ese tema lo compuso en 1956 Preston Foster y ese mismo año lo grabó por primera vez Ann Cole, vocalista de góspel y rhythm & blues que tira por tierra esa interpretación, aunque la letra pueda llevar a equívocos, se trata de un mojo de atracción de amor que no funciona muy bien.

«Tengo mi mojo funcionando, pero simplemente no funcionará
en ti, / Bajando a Luisiana para conseguirme un Mojo Hand».

Uno de los mojos de amor más populares fue el The Nation Sack, del que nos habla Robert Johnson en el tema «Come On In My Kitchen», cuando nos cuenta que su mujer lo ha abandonado y su mojo no le funciona.

«Oh, ella se ha ido / sé que no regresará. / He sacado
el último centavo del Nation Sack / Será mejor que
vengas a mi cocina / va a estar lloviendo fuera».

Otro mojo muy popular entre las mujeres era el Lady Luck, cuyo encantamiento y poder podría hacer retornar al hombre fugado. A Bessie Smith no le acaba de funcionar en el tema «Lady Luck Blues» grabado en 1923, incluso mezclando varias magias hoodoo entre las que están los famosos polvos goofer. «Mi hombre se ha ido con una chica que creí mi amiga / Lady Luck, Lady Luck, necesito tu simpatía / tengo una herradura en la puerta y he tocado la madera hasta que me duelen las manos / Tengo su foto al revés y he rociado polvo goofer alrededor / desde que mi hombre se ha ido estoy confundida».

Huye del gato negro

Una muestra de la integración de la superstición europea en la magia hoodoo la encontramos en la identificación del gato negro como portador de mala suerte. Si en el viejo continente, cuando un felino oscuro se cruza en tu camino, te invita a dar media vuelta, en el hoodoo se adapta en un mojo llamado Black Cat Bones, que significa tener mala suerte, incluso produce tu invisibilidad y en algunos casos se puede renacer después de muerto como zombi. El Black Cat Bones era un potente contrahechizo que te protegía de maleficios y maldiciones.

La bolsita mojo contenía diferentes ingredientes, pero el más importante era un hueso de gato negro, que se podía obtener por varios procedimientos, algunos de ellos bastante macabros.

Una vez cazado el gato, a media noche se le introducía vivo en una olla de agua hirviendo hasta que se le desgarraba la carne y quedaban sólo los huesos, escogiendo para el mojo el último de ellos que quedara flotando. Este método sale reflejado en el *Libro de San Cipriano*, un gran hechicero pagano que se convirtió al cristianismo, y que contiene grimorios del siglo XVII.

La segunda opción también es un tanto diabólica ya que primero se dejaba morir de ayuno al animal, para después hervirlo a media noche y era entonces, cuando el animal estaba tierno, que el hechicero probaba la carne que seguía pegada a los huesos y escogía el que más poder retenía.

El nombre de Black Cat Bones ha sido utilizado por infinidad de grupos de todos los estilos, aunque predominan los de música afroamericana. Sin embargo es curioso el caso de la banda sudafricana del mismo nombre, nacidos en Pretoria en el año 2007, practican un dirty blues muy rockerizado, pero además juegan bastante con el temario vudú, en piezas como «I've got my mojo working», «The Hoodoo Dance» o el mismo «Black Cat Bones». Hay otra banda en Tucson, Arizona, y otra en Chicago que están en la frontera del rock blues, mientras que el Reino Unido está comenzando a destacar una formación de rock setentero que además de manejar el mismo nombre se definen como hoodoo rock. En Michigan aparece a principios de década otra banda bajo el nombre de Black Cat Bone 616, que mezclan el dirty blues, bluegrass y el country más añejo, con temas claramente hoodoo, cargados de referencias a pócimas, venenos y amuletos, con dos álbumes llamados *Mid-West Coast Blues* y *Jealous Is Poison*. Todo esto sin profundizar mucho en la cuestión, pues parece ser que es uno de los nombres más utilizados en el blues y géneros adyacentes, es por eso que bandas con poca trayectoria se pueden encontrar en Brasil, México, Portugal o España.

Posiblemente la banda más importante que ha utilizado el apelativo de este mojo ha sido la formación británica que contó en sus filas con Paul Kossoff y Simon Kirke, que más tarde se unieron a Free.

En 1960 el músico tejano Hop Wilson compuso y grabó con su banda, Poppa Hop and His Orchestra, el clásico «My Woman Has a Black

Cat Bones», que ha sido grabado por infinidad de músicos entre los que destacan Muddy Waters, Johnny Winter, Albert Collins, Robert Cray, Johnny Copeland y James Cotton. En este tema hace una estupenda descripción de los efectos mágicos del mojo. «Creo que mi chica tiene un Black Cat Bones y parece que todo lo que hago lo hago mal / Me esforcé en llevarme bien con esa mujer, pero parece que cuanto más lo intentaba, peor iba, la engañaba y mentía».

Cuatro años antes, en 1954, Muddy Waters grababa en Chess Records otro clásico, «I'm Your Hoochie Coochie Man», uno de los temas compuestos por Willie Dixon y que más ha sido versionado en la historia de la música por gente tan dispar como Eric Clapton, Steppenwolf, The Allman Brothers Band, el propio Waters con The Rolling Stones, los chilenos La Rata Bluesera, los mejicanos Tras La Mula, Black Stone Cherry, Band Of Skulls o Motörhead.

En este tema introduce varios conceptos de brujería o magia hoodoo como el Black Cat Bones, «Tengo un Black Cat Bones, y también tengo un mojo / Tengo la raíz de John The Conqueror/ Voy a meterme contigo, voy a quitarte la chica / el mundo sabrá que soy el Hoochie Coochie Man».

El término hoochie coochie proviene de los bailes exóticos de danza del vientre egipcios, que se popularizaron en los Estados Unidos en la Exposición Universal de Chicago de 1893, donde una bailarina llamada Farina Mazar y conocida por Little Egypt, escandalizó y enamoró a la sociedad americana por igual, hasta el punto que Hollywood le dedicó una película bajo su mismo nombre. A partir de la exposición el hoochie coochie sustituyó al cancán en los espectáculos de burlesque, y otra bailarina, Millie DeLeon, lo popularizó en los garitos del sur del Misisipi con una canción llamada «She was a red hot hoochie coocher», donde terminaba quitándose y tirando los ligueros al público de primera fila que enloquecía mientras Millie se pavoneaba en el escenario en ropa interior. Ese pavoneo es el que quería describir Willie Dixon en el tema, compuesto para un atractivo Waters, que fue el primer galán del blues.

Otro concepto que introduce el tema es John The Conqueror, la raíz del tubérculo de la Ipomoea Jalapa, que al secarse tiene la forma de los testículos de un hombre de color. El nombre le viene de un héroe africano esclavizado en Luisiana que nunca se doblegó y siempre fue un espíritu libre. También se le conoce como High John, John o Jack The Conqueror, y se le atribuyen poderes de encantamiento de buena suerte y de atractivo sexual, particularidades que Muddy Waters volvió a tratar en el tema «My John The Conqueror Root»; «Fui acusado de asesinato en primer grado / La esposa del juez gritó: ¡Dejen a ese hombre en libertad! / Estaba frotando mi raíz de John The Conqueror / Sabes que no hay nada que ella no pueda hacer».

En 2011 se formó un trío de indie blues en Misisipi con el nombre de la raíz, que ha editado dos discos hasta la fecha, *John The Conqueror* en 2012 y *The Good Life* en 2014.

El poder maligno del siete

Por último, otro de los conceptos que introduce el tema «I'm Your Hoochie Coochie Man» es el del poder del siete: «A la séptima hora, del día siete, del mes siete, siete doctores dijeron que nació para la buena suerte. Tengo 700 dólares, así que no juegues conmigo».

Está hablando de otro mojo llamado Lucky 7, que se creaba con dados y cartas de juego, siempre pensando que el siete es el número perfecto, uniendo las tres caras de un triángulo y las cuatro de un cuadrado, las figuras perfectas. Es por eso que la semana tiene siete días, que un gato cuenta con siete vidas, que las artes y las ciencias son siete y que sólo hay siete pecados capitales.

Willie Dixon nos habló de este extraordinario mojo en el tema «The Seventh Son»: «Puedo predecir tu futuro, puedo hacer cosas que conseguirán que tu corazón sea feliz./ Mirar al cielo y predecir la lluvia o decir cuando una mujer conseguirá otro hombre./ Todos lloran por el séptimo hijo./ En todo el mundo sólo hay uno y soy el único./ Yo soy el que llaman el séptimo hijo».

Rory Gallagher en 1973, dentro del disco *Blueprint*, nos deja una explicación del poder de «Seventh Son Of A Seventh Son»: «Fue el séptimo hijo de un séptimo hijo,/ la gente decía que podía curar a cualquiera./ Él tenía el poder y de sus manos sanadoras brillaba la luz. No hay poción mágica ni palabras místicas... pronto toda la nación supo su nombre».

La banda británica de heavy metal Iron Maiden, editó en 1988 uno de sus mejores discos bajo el título de *Seventh Son Of The Seventh Son*, donde incluye un tema del mismo nombre que nos habla de los poderes del séptimo hijo: «Hoy nace el séptimo. Nacido de mujer, el séptimo hijo. / Y él a su vez de un séptimo hijo / Él tiene el poder de curar, tiene el don de la segunda vista / Él es el elegido».

Hay infinidad de fetiches mágicos, conjuros, hechizos y contrahechizos en el hoodoo, que marcaron un género musical como el blues, que nació en la misma tierra donde se germinó esa magia popular. La lista es interminable, Foot Track Magic, The Hot Foot, The Ejector, son algunos de ellos, tampoco hemos hablado de las Gypsy Woman, las Voodoo Woman o Hoodoo Woman, figuras que han marcado fuertemente en las raíces de la música, como iremos viendo a lo largo del libro. Curioso es el caso del Magical Poppets o muñeca Voodoo que comercialmente siempre se ha unido al vudú de Luisiana y como translación a discos recopilatorios de blues o música de Nueva Orleans, cuando es un fetiche que poco tiene que ver con el vudú o el hoodoo, siendo una práctica habitual de las brujas europeas que el marketing ha pervertido.

Tal como decía Muddy Waters en 1980, «cuando estás escribiendo esas canciones no puedes dejar de lado la magia del hoodoo. Era lo que realmente creían los negros de ese momento, aunque incluso cuando hoy en día tocas esos viejos blues no logran entenderlos».

El cruce de caminos

Los cruces, las encrucijadas, siempre han sido puntos misteriosos donde el camino se bifurca y debemos elegir qué sendero seguir, con la consiguiente incógnita del resultado. En muchas culturas son lugares de creencias religiosas y hay un rico folclore lleno de supersticiones, maldiciones, hechizos, mal farios y demás leyendas esotéricas, que con razón o sin ella les conceden un valor digno de mención, aunque seas un incrédulo.

El catolicismo más conservador ve las encrucijadas como momentos de crisis que nos ponen en alerta, y vienen acompañadas de cierto temor que no es nada extraño, pues su etimología, de cruz, pone de manifiesto su componente doloroso y traumático. Para un buen cristiano la encrucijada es sinónimo de peligro y prueba de fe, presentándose en cualquier momento de la vida.

El pueblo celta tenía la creencia que los cruces de camino eran parajes vinculados a la muerte y la oscuridad y eran descritos como puntos de intercambio entre los demonios y las almas que vagan sin rumbo. Por eso colocaban piedras en las encrucijadas que terminaban siendo mausoleos para las divinidades a las que rezaban y demandaban protección, en especial al dios Lug o Lugh.

Algunas de esas tradiciones se importaron al Imperio romano, que se decantaban porque los dioses usaban los cruces para transportar las almas de los muertos al más allá, siendo Mercurio la divinidad dedicada a tales menesteres.

Para los griegos los cruces estaban protegidos por el dios Hermes, quien velaba por el buen paso de los viajantes y era el encargado de indicar a los muertos el camino correcto al Hades. Colocaban piedras una encima de otra levantando un enorme altar vertical, que con el paso del tiempo se convirtieron en columnas con el busto de Hermes. Durante el siglo VI en el noreste de Península ibérica se arrojaban piedras o se encendían antorchas y farolillos contra los demonios en los cruces de camino. En la actualidad sigue habiendo pueblos que mantienen ese ritual como folclore.

El crossroad del infierno

En el Misisipi, entre la población esclava, se instauró la creencia que los cruces de camino eran terrenos sin dueño, donde se podía abrir puertas que comunicaran con el más allá, por lo que se convirtieron en un lugar predilecto para rituales mágicos, hechizos y conjuros. Muchos de los fetiches que hemos podido ver en capítulos anteriores eran conjurados en encrucijadas en el filo de la media noche, hora mágica que suponía un nuevo cruce temporal. Pero sin duda, el más popular y más musical, por lo tanto el que más nos interesa, era la utilización del cruce como forma mágica de conseguir una habilidad excelente, generalmente tocar un instrumento o conseguir una voz maravillosa.

Hay muchas formas de describirlo, pero una de las más extendidas implicaba acudir al mismo cruce varias noches alrededor del cambio de día, sentarse y tocar el instrumento deseado sin descanso. Pueden pasar varias noches, durante las que verás animales poco habituales que pueden espiarte, hasta que finalmente aparecerá un hombre negro como el carbón, gigantesco y vestido completamente de negro, a quien se le conoce como El Jinete, El Gran Negro o simplemente Papa Legba. Se trata del intermediario del Diablo, quien te cogerá el instrumento, tocará una melodía que se meterá en tu cabeza, algunas leyendas apuntan que con una afinación extraña y desafinando, pero cuando te devuelve el instrumento ya eres un experto en el mismo, aunque acabas de vender tu alma al Diablo, quien ten por seguro que se la cobrará tarde o temprano.

El pacto con el Diablo

La primera vez que se habló de un pacto con el Diablo en el blues fue en el tema «Done sold my soul to the devil», grabado por Clara Smith en 1924 y que hizo popular en 1937 Dave Edwards & His Alabama Boys con Decca Records. Sin embargo fue un pacto diabólico de otras características, Clara Smith, conocida como Queen of the Moaners (Reina de los lamentos), narraba que su chico la había abandonado y había realizado un pacto para recuperarlo, aunque el Diablo se lo tomó de otra manera: «He terminado de vender mi alma, se la he vendido al Diablo y mi corazón está hecho de piedra. / Tengo un montón de oro, lo tengo del Diablo pero no me dejará sola. / Él me sigue como un sabueso, está cantando como una serpiente / Él siempre está detrás de mí en cada giro que tomo. / Soy terca y odiosa y moriré antes de correr / Beberé ácido carbónico y llevaré una pistola Gatlin».

El primer *bluesman* que hizo un pacto con el Diablo fue Tommy Johnson, o al menos es lo que él mismo pregonaba a los cuatro vientos, aprovechando la repercusión que sus relatos ocultistas le rindieron de beneficios.

Tommy Johnson, pionero del Delta Blues, nació alrededor de 1896 en la plantación George Miller, cerca de Misisipi, a muy temprana edad decantó su afición a la música por encima de sus labores en el seno de la familia. Comenzó a tocar la guitarra ayudado por su hermano LeDell, quien tocaba varios instrumentos.

Con 16 años abandonó su familia y se fugó con una mujer que le doblaba la edad. En esa época conoce a músicos como Charlie Patton y Willie Brown, con los que toca y aprende su forma de desempeñar el blues. De muy joven desarrolla una alcoholemia que no abandonaría jamás. Tras dos años aprendiendo de Patton y Brown, regresó a casa convertido en un virtuoso de la guitarra, sorprendiendo incluso a su hermano LeDell.

La leyenda de Tommy Johnson fue construida por él mismo y alimentada por su exquisita imaginación, aderezada por los litros de alcohol que llevara en el cuerpo en cada ocasión. Fue uno de los primeros *bluesman* en grabar y a lo largo de 1928, realizó varias sesiones para el sello Victor, dejando siete canciones, la mayoría de ellas clásicos del blues, «Cool Drink of Water Blues», «Big Road Blues», «Maggie Campbell», «Canned Heat Blues» o «Bye Bye Blues».

Su temática preferida era el alcohol siendo «Canned Heat Blues» su mayor éxito, en el que hace referencia al Sterno, alcohol de quemar que consumía cuando no tenía otra cosa que llevarse al gaznate. Su leyenda creció con su muerte o la forma de producirse. La noche de Halloween de 1956 se despidió de su hermano para ir a tocar a una fiesta, pero lo hizo con una frase enigmática: «Esta vez voy a hacer un largo viaje y no regresaré».

Todas sus actuaciones terminaban con «Big Road Blues», pero esa noche cuentan que terminó con un salmo religioso, justo para caer fulminado por un ataque al corazón.

Pero quien verdaderamente se transformó en icono del pacto con el Diablo en la encrucijada fue Robert Leroy Johnson, adoptado como arquetipo de *bluesman* y posiblemente el más influyente de la historia del género.

Robert Johnson nació el 8 de mayo de 1911 en Hazlehurst, Misisipi, su padre Hoah Johnson tuvo que abandonar el seno familiar por amenazas de linchamiento de terratenientes locales y dejó a su madre, Julia Major con el pequeño Robert y sus diez hermanos. Con 18 años se casó con Virginia Travis, dos años menor que él, quien se quedó embarazada y falleció durante el parto junto al bebé. Con 19 años, alcoholizado y pendenciero, intentaba ganarse la vida tocando blues por las calles y garitos, pero según cuentan algunos músicos como Son House y Willie Brown, era tan malo que nadie le quería contratar. A la edad de 20 años desaparece de Robinsonville y dos años más tarde, reaparece transformado en un auténtico virtuoso de la guitarra, tocando como nadie lo había hecho hasta entonces, con unas dotes vocales que nadie conocía y un desparpajo y seguridad insultantes.

Única foto existente
de Robert Johnson.

Aquí surge una de las leyendas urbanas del blues más extendidas y con diferentes versiones. Robert, traumatizado por la muerte de su esposa y su bebé, había decidido convocar al Diablo para llegar a un acuerdo. Todo apuntaba que Robert Johnson se presentó en el cruce de las actuales autopistas 61 y 49, intersección que se encuentra en Clarksdale, Misisipi, donde realizaría la ceremonia oportuna y recibiría la visita de Papa Legba.

La leyenda se hizo cada vez más grande y aunque Robert no la alimentó como Tommy Johnson, jamás la desmintió y se aprovechó de ella. Recorrió el sur de los Estados Unidos, sin fijar residencia en ningún local aunque se lo propusieran, se volvió un ser más malhumorado y violento, además de receloso de ser copiado por los demás, tocando de espaldas e incluso marchando de los conciertos precipitadamente si comprobaba que entre el público había músicos observándole detenidamente.

Johnson murió el 16 de agosto de 1938, a la edad de 27 años, cerca de Greenwood, Misisipi. No hay una causa real de su defunción, pero se barajan numerosas hipótesis, siendo la más popular que murió envenenado con estricnina en el whisky que le sirvió el dueño del local Three Corners, situado en un cruce de caminos señalado por la magia vudú como maldito, en la cruceta de las autovías 82 y 49-E. Al parecer Johnson había estado coqueteando con la mujer del tabernero y traspasó la línea roja. Su muerte no fue registrada oficialmente y hasta 30 años después del óbito no se encontró un certificado de defunción, hallado por la musicóloga Gayle Dean Wardlow, donde se indicaba nada más la fecha y lugar del deceso. No existe autopsia alguna y algunos historiadores apuntan que una muerte plausible hubiera sido por sífilis congénita.

Lo cierto es que Robert Johnson estuvo estudiando guitarra con Ike Zimmerman, *bluesman* de Alabama, famoso por tocar de noche en los cementerios, encima de las tumbas de otros músicos virtuosos, ya que pensaba que de esta forma adquiría sus conocimientos, leyenda que se atribuye al mismísimo Howlin' Wolf, quien al parecer gustaba de aullar sus canciones durante la noche en los cementerios.

De una forma u otra, la desaparición de Robert Johnson durante dos años, su regreso como músico exquisito, la falta de documentación de su historia y la superstición popular levantaron una de las leyendas más poderosas del blues, la del pacto con el Diablo. Johnson además dejó grabadas 29 canciones que son una enciclopedia digna de estudio, sobre el poder del Diablo, las artes mágicas, el voodoo y el hoodoo, y que no hicieron otra cosa que engrandecer su sombra.

II. ROCK'N'ROLL.
LA MÚSICA DEL DIABLO

Tal y como hemos podido ver en el apartado anterior, los esclavos africanos fueron aceptando la religión cristiana por motivos muy diferentes.
Obligados por sus amos esclavistas, al mismo tiempo que se prohibía la
práctica de cualquier otra creencia, o voluntariamente se adoctrinaban y
mezclaban creencias y sentimientos religiosos, hecho que sucedió especialmente en el sur del país.

El nuevo pueblo afroamericano acercó su musicalidad a los templos de
oración y dotaron a las vigilias de un ritmo trascendental que marcaría el
futuro de la música. Sin embargo las prácticas religiosas siempre estaban
supervisadas o vigiladas por el hombre blanco.

La necesidad de ejercer su espiritualidad de forma completamente libre,
motivó a los afroamericanos que alcanzaban la libertad y sobre todo tras
la abolición de la esclavitud, a gestar sus propias congregaciones e iglesias
negras independientes, donde el culto se ejercía sin la supervisión blanca.

Por su idiosincrasia, la mayor parte del nuevo cristianismo se refugió
en las iglesias baptistas y a principios del siglo XX en el movimiento pentecostal promovido por el predicador afroamericano William J. Seymour.
Una de las características peculiares de los pentecostales es que creen en

Ceremonia en la Pentecostal Church of God. Lejunior, Kentucky.

las posesiones demoníacas y en los exorcismos para librarse de ellas. Estas posesiones de ultratumba normalmente son la consecuencia de actos que suelen ser impropios de un buen cristiano, teniendo una afectación especial en la música o la forma de ejercerla.

Las liturgias se rodeaban de momentos de máxima excitación, que se solían expresar con himnos y otros cantos de alabanza de variados estilos, acompañados de música en vivo, aplausos, coros, exclamaciones de júbilo y danzas extravagantes, pero siempre con el objetivo de adorar a Dios por encima de todas las cosas.

El blues tuvo un hijo bastardo al que llamaron rock'n'roll

Fue precisamente en el seno de esas congregaciones donde se ejerció una brutal represión sobre el viejo blues, estigmatizándolo y prohibiendo su práctica a los feligreses bajo amenazas de condenación eterna y expulsión de la iglesia. La paradoja marcó que los mismos predicadores que intentaban escapar de la represión blanca, ejercieron una censura represiva brutal contra la música que había sido el medio genuino de expresión del pueblo negro, el blues.

Del seno de esas iglesias se extrapoló que el blues era la música del Demonio, maldijeron los supuestos pactos con seres infernales, la práctica de la magia y de lo que para ellos era brujería; fueron muchos los *bluesman* y *blueswoman* que se vieron señalados por los pastores afroamericanos, acusados de blasfemos, malditos y malos negros, de estar poseídos por el mal, sentencias acusatorias muy similares a las lanzadas por los esclavistas antaño.

Pero como si de un bucle se tratara, la paradoja continuaría y esas mismas iglesias represoras se transformarían en uno de los principales vehículos de la propagación de un nuevo género musical, que como un alien extraterrestre se gestó en su propio seno, explosionando como un auténtico hijo bastardo de Satán: el rock'n'roll.

Dios le tendió la mano al Diablo

Cuando termina la Segunda Guerra Mundial, Estados Unidos se ha erigido como la gran potencia mundial, política, militar y económica. El no haber sufrido el desgaste de la gran guerra en sus carnes les hace vivir una época de expansión económica sin parangón, que cambia el sistema social americano, dando paso a un nuevo estilo de vida que se populariza como el *American way of life*.

La juventud americana está hambrienta de una nueva identidad, alejada de la herencia dejada por sus progenitores y buscan nuevas salidas culturales y de ocio, todas ellas marcadas por el creciente consumismo desmesurado. La televisión alcanza a más de la mitad de la población y la radio barre todo el territorio nacional convirtiéndose en el aparato más influyente de la juventud. La música pasa a ser uno de los principales entretenimientos, se instalan los populares jukebox en cualquier tipo de local y la aparición en el mercado del single de vinilo a 45 rpm, más asequibles que los discos de pizarra a 78 rpm, ayuda a consolidar su expansión.

La revista *Billboard* comprende los cambios que se están produciendo y crea una nueva lista de música racial denominada rhythm & blues, sustituyendo la categoría de race records (discos de raza), ofreciendo desde junio de 1949 una lista de éxitos de música netamente negra abierta al consumo de la población blanca. Fue la antesala del rock'n'roll, en una fusión de blues, góspel, rhythm & blues y country.

Pero el *American way of life* aportó una cara oculta que castigó en su mayor parte a la población negra, que una vez terminada la guerra comprendió que sus derechos se quedaron en los campos de batalla de Europa, más un porcentaje de población blanca denominada *white trash* (basura blanca), que perdió sus puestos de trabajo al paralizarse el boom de la industria bélica y realojar en el mercado laboral a los veteranos combatientes. Ese sector humano se mezcló en los barrios desfavorecidos, ajenos a la pudiente clase media americana y sus jóvenes se mezclaron en bares, cafeterías, heladerías, clubs, iglesias baptistas y pentecostales, en las cuales la música era un elemento prioritario y esencial. De esta forma el cristianismo, religión que más ha censurado a lo largo de la historia las músicas aparecidas en los dos últimos siglos, fue cuna y fuente de inspiración para una larga lista de músicos que terminaron contribuyendo de manera decisiva al nacimiento de uno de los movimientos culturales más importantes del siglo XX, el rock'n'roll.

Músicos forjados bajo la batuta de Dios

Músicos de color como Ellas McDaniel, más conocido como Bo Diddley, quien pertenecía a la Iglesia Bautista Ebenezer de Chicago, donde tocaba el trombón y el violín, pero a los 18 años se sintió atraído por la iglesia pentecostal del barrio, al tener instrumentos como la guitarra eléctrica y una mentalidad más abierta de interpretación.

Big Mama Thornton, de padre predicador, creció cantando en el coro, así como tocando la armónica y la batería, pero con la prohibición expresa de cantar blues. Grabó «Hound Dog», clásico de Jerry Leiber y Mike Stoller, cuatro años antes de que lo hiciera Elvis Presley.

Sister Rosetta Tharpe ya tenía influencias familiares, puesto que su madre era cantante del coro de la Iglesia Pentecostal de Charles Harrison Mason, obispo afroamericano

Bo Diddley.

que promulgaba la expresión artística como alabanza y permitía que las mujeres tocaran e incluso enseñaran en la congregación. Rosetta comenzó a tocar la guitarra con cuatro años, convirtiéndose en una excelente guitarrista a muy corta edad. Se casó con un predicador pentecostal a los 19 años en el primero de una larga lista de matrimonios fracasados. Era conocida veinte años antes que Elvis y pasó a las historia como la madre del rock'n'roll.

Carl Perkins no tocó en ninguna iglesia, pero creció escuchando góspel en su comunidad local Tiptonville, Tennessee, sin mayor interés espiritual que el meramente musical. Dicha atención se cultivó asimilando música country que su padre escuchaba en la radio y descubriendo las work song y el blues de los trabajadores afroamericanos de los campos de algodón. Con todo ello se convirtió en una de las figuras más importantes del rockabilly, a quien debemos temas como «Blue Suede Shoes», «Matchbox» y «Everybody's Trying To Be My Baby».

Otros que recogieron las enseñanzas del seno del cristianismo y que veremos más adelante fueron: Elvis Presley, Little Richard, Jerry Lee Lewis y Johnny Cash.

Muddy Waters plasmó en el tema «The Blues Had A Baby And They Called It Rock and Roll» editado en 1977, un sentimiento que tenían todos los músicos de blues, el rock'n'roll era su música edulcorada por los blancos:

«Muddy Waters lo dijo, sabes que el blues tiene alma.
James Brown lo dijo, sabes que el blues tiene alma.
Bueno, el blues tuvo un hijo y lo llamaron rock'n'roll».

Tócala otra vez Sam

Little Richard dijo en una ocasión que «El rock'n'roll es blues acelerado» y Fats Domino sentenció «Esto que llaman rock & roll es rhythm & blues y llevo tocándolo quince años en Nueva Orleans». Fuera como fuese el rock'n'roll se impuso entre la juventud americana de forma imparable e irremediable. Cuando en abril de 1954 Bill Haley graba «Rock Around The Clock» enciende la mecha de un barril de pólvora que le estalla en la cara a la puritana sociedad norteamericana, enfrascada en la Guerra de Corea, dentro de la cruel estrategia de la Guerra Fría ejecutada por los

Elvis Presley.

bloques soviético-americano, ensimismada por los peligros de un incipiente comunismo que no paraba ni la creación de la OTAN y que les hacia ver fantasmas por doquier.

El rock'n'roll supuso una efervescente revolución consumista de la juventud americana, que se negaba a caer en los mismos errores que sus progenitores y configuró su propia cultura paralela al margen del sistema.

Tres meses después se edita el primer single de un jovenzuelo llamado Elvis Presley, «Hound Dog» y en menos de un año y medio los primeros discos de imberbes desconocidos que atienden a nombres como Jerry Lee Lewis, Little Richard, Carl Perkins, Gene Vincent o Brenda Lee, pasan del anonimato a ser ídolos juveniles, vendiendo miles de discos.

La comunidad católica al completo, las asociaciones de la defensa de la moral americana, la extrema derecha, agrupaciones de padres y madres, periodistas, emisoras de radio y televisión, políticos e incluso personajes del espectáculo como Frank Sinatra o Dean Martin, se levantaron en armas contra el nuevo sonido que, sin tener ninguna relación con el ocultismo, brujería o satanismo, fue acusado de salvaje y demoníaco, la música del Diablo.

Varios son los pecados del nuevo sonido que pasan irremediablemente por una cuestión racial. El auge y expansión del rock'n'roll coincide con el inicio del Movimiento por los Derechos Civiles, la juventud americana bailaba los éxitos de sus nuevos ídolos y se enteraban del asesinato de Emmett Till, un niño de 14 años que fue linchado por dos blancos supremacistas llamados Bryant Roy y JW Milam, por haber ofendido supuestamente a la mujer blanca del primero en un supermercado de Misisipi. Elvis y Richard tocan rock'n'roll al mismo tiempo que Rosa Parks no cede el asiento a un blanco en un autobús de Montgomery, Alabama y es encarcelada, lo que provoca el Boicot de Autobuses de Montgomery, que durante un año consiguió que toda la población afroamericana de Montgomery realizara sus desplazamientos caminando, ignorando a la compañía de transporte.

¿Qué hace ese negro tocando a mi chica?

El rock'n'roll no era reivindicativo, pero era netamente antirracista e incluso más peligroso, se trataba de un movimiento inclusivo desde su concepción, música de negros interpretada mayoritariamente por blancos y para un público que no hacía distinción de razas.

En los primeros conciertos de rock'n'roll las autoridades separaban las audiencias por el color y delimitaban sus zonas con cuerdas o vallas vigiladas por agentes de policía, algo a todas luces insuficiente ya que, con el fervor de la música las limitaciones eran inútiles; eso sin tener en cuenta que algunos músicos incitaban al público a saltarse las prohibiciones.

La inmersión racial fue uno de los pecados más imperdonables del rock'n'roll, en un país donde el Ku Klux Klan había llegado a tener más de cinco millones de simpatizantes o miembros activos. En la década de los cincuenta había sido diezmado considerablemente, pero sus ramificaciones se extendían a la política, el aparato judicial y sobretodo a la maquinaria policial.

El rock'n'roll también provocó el advenimiento de la primera revolución sexual, quizás no tan drástica como la asumida en la década de los sesenta, pero más cruda al chocar de frente como un tren de mercancías con el puritanismo americano que no estaba preparado para el gran demonio que se les venía encima, un ritmo que penetraba en la mente de su juventud con la tentación de la carne y el sexo, jóvenes salvajes que lanzaban himnos de pecado, incitando a bailes lascivos, pecaminosos, de contacto impropio, a todas luces obscenos, con gritos y expresiones libidinosas que invitaban a la lujuria colectiva. Pero mucho peor que eso era ver a jóvenes negros tocando y bailando con chicas blancas, levantándolas en volandas por la cintura, dejando que sus nuevas faldas volaran con total impunidad... esto sólo podía ser cosa del mismísimo Diablo.

Los máximos sacerdotes de la nueva doctrina era comunicadores, disc jockeys, pinchadiscos avispados que vieron en el nuevo sonido un movimiento cultural que los sobrepasaría a todos y por qué no, que les dejaría pingües beneficios a los responsables de su explotación.

Ed Sullivan, icono de la cultura pop

La caja catódica presidía el centro de reunión de las casas y desde ese aparato Ed Sullivan era uno de los comunicadores más importantes. Primero con el programa *The Toast of the Town* en 1948, que más tarde en 1953 mutó a *The Ed Sullivan Show* con el que estuvo en antena durante 23 años, pasando a la historia como un icono de la cultura pop americana. Sullivan había sido periodista deportivo y amante del boxeo, lo que le había proporcionado relacionarse con normalidad con afroamericanos a través de ese deporte. Fue de los primeros en abrir las puertas de la televisión a artistas de color, no sin problemas con sus patrocinadores, que supo solventar con inteligencia y no pocas dificultades. Uno de los casos más vergonzosos fue con la actriz y cantante Pearl Bailey, afroamericana que en su primera actuación en el programa sorprendió tanto al presentador que este la abrazó y le dio un beso en la mejilla. Se dice que los teléfonos del sur de Estados Unidos echaban humo; el programa perdió patrocinadores y uno de los más importantes, el Ford Lincoln, le presionó para que no admitiera artistas de color en el programa y ante la negativa de Sullivan, intentó prohibir que el presentador interactuara con ellos, saludándoles con un apretón de manos y mucho menos abrazando o besando como en el caso de Bailey. La respuesta fue que Pearl actuó en 23 ocasiones en el show. Nat King Cole, Sammy Davis Jr., Louis Armstrong y Ella Fitzgerald, fueron algunos de los pioneros afroamericanos en aparecer en su show.

Sullivan, era un defensor del Movimiento Derechos Civiles, sin embargo tuvo numerosos casos polémicos en su programa, relacionados con la censura, la moralidad y una actitud ególatra y dictatorial. Escándalos con The Rolling Stones, The Doors, el propio Elvis Presley o Bob Dylan, lo testifican. Uno de los más sona-

Ed Sullivan y Diahann Carroll.

dos fue con Bo Diddley, contratado el 20 de noviembre de 1955 en plena explosión del rock'n'roll. Ed Sullivan le pidió a Diddley que interpretara «Sixteen Tons» de Tennessee Ernie Ford, el músico aceptó la petición, pero en directo interpretó «Bo Diddley / Sixteen Tons», provocando la ira del periodista que le aseguró que jamás volvería a actuar en su show gritándole: «Tú eres el primer chico negro que me ha traicionado en mi show».

Sullivan contrató a Elvis Presley para actuar el 9 de septiembre de 1956, aunque había asegurado que jamás lo traería a su programa porque era un *bad boy*. Pero el éxito obtenido por el joven Elvis en el programa *Stage Sho*w de la cadena CBS, presentado por los hermanos Tommy y Jimmy Dorsey, quienes lo contrataron en seis ocasiones durante ese mismo año, le obligó a pagar una cifra astronómica de 50.000 dólares por tres actuaciones, en septiembre, octubre y enero. El 9 de septiembre Elvis actúa en *The Ed Sullivan Show* sin el presentador, quien supuestamente había tenido un accidente de coche y fue sustituido por Charles Laughton. Interpreta «Don't Be Cruel», «Love Me Tender» y sus versiones de «Ready Teddy» y «Hound Dog», para una audiencia de 60 millones de espectadores que se quedaron boquiabiertos ante los movimientos lascivos y la voz de Elvis; el programa alcanzó el mayor *share* en la historia de la televisión, superado en 1964 por The Beatles en el mismo programa.

Otro personaje importante fue Dick Clark, conductor del programa televisivo *American Bandstand*, en el cual jóvenes bailaban y opinaban sobre los discos que pinchaba. Clark fue uno de los primeros en juntar audiencias multirraciales por lo que le arreciaron las críticas, más si cabe al cederles el micro para que los negros opinaran por televisión. También fue uno de los primeros en mostrar las actuaciones de Chuck Berry, James Brown o Solomon Burke.

La generación Radio Star

En la radio musical americana abundaban los programas de country como Louisiana Hayrider, Grand Ole Party o Big D. Jamboree, que comenzaron a introducir las nueva estrellas del rock'n'roll en sus programaciones, nombres como Elvis Presley, Carl Perkins, Gene Vincent.

Sobresaliendo por encima de todos los demás estaba Alan Freed, joven de descendencia judía que comenzó a programar rhythm & blues desde emisoras pequeñas para derribar barreras raciales, con un lenguaje osado

Alan Freed en el *Rock'n'roll Dance Party*.

y netamente intencionado para ofrecer música negra al gran público blanco. En 1951 desde la WJW Cleveland, lanzó su programa The Moondog
House y se proclamó el *Rey de los Moondoggers* creando una comunidad
con su audiencia, donde lo más importante era la devoción por la música
negra, popularizando el término rock'n'roll para definir lo que hasta la
fecha se denominaba rhythm & blues.

El 21 de marzo de 1952 organizó el concierto *The Moondog Coronation
Ball* en el Cleveland Arena. Para el evento se contrató a Paul Williams &
The Hucklebuckers y Tiny Grimes, acompañado por la banda de músicos
afroamericanos Rocking Highlanders, en lo que se vendió como un concierto abiertamente multirracial desde el programa de radio.

Al local, con capacidad para unas 8.000 personas, acudieron más de
20.000 jóvenes, casi todos con entrada debido a un problema de falsifica-
ción. No hubo separación de audiencias y la mezcla racial y la cantidad de
jóvenes alterados que se quedaron sin entrar asustó a la policía que suspendió la actuación al finalizar el primer tema de Paul Williams, finiquitando
lo que pasó a la historia como el primer gran concierto de rock'n'roll.

Freed se convirtió en una estrella, en menos de un año estaba en la
WNJR 1430 del área de New York, y más tarde dirigió el programa
Rock'n'roll Dance Party en la CBS Radio. Con el éxito del programa Alan

organizó numerosos conciertos con las más poderosas estrellas del firmamento del rock'n'roll, llenando salas y estadios deportivos donde los jóvenes lo vitoreaban como a un auténtico ídolo. Apareció en al menos cinco
películas musicales y llegó a dirigir su propio programa de televisión, *The
Big Beat* que se estrenó el 12 de julio de 1957 en la ABC.

Cuando estaba en lo más alto de su carrera saltó el escándalo Payola,
por el que se descubrió que algunos disc jokeys recibían por parte de las
compañías discográficas cantidades de dinero para apoyar ciertos discos en
detrimento de otros; una práctica habitual en el mundo de la música, que
no sólo afecta a Estados Unidos y al final de los cincuenta, pero que fue una
excusa para levantar una cruzada contra algunos programadores de música
negra. Alan Freed fue el más perjudicado de todos, perdiendo su programa
de radio y televisión. Durante el juicio, la Payola se declaró ilegal como so-
borno comercial, Freed se declaró culpable recibiendo una multa y dejando
la sentencia en suspenso, pero jamás se pudo recuperar del escándalo.

The Four Horsemen Of The Apocalypse

Ya hemos podido comprobar que el cristianismo, a través de las iglesias baptistas y pentecostales, ayudó al rock'n'roll a pesar de ejercer una
cruzada virulenta contra el género, un ataque desmesurado y sin razo-
namiento alguno, condenándolo a las calderas de Pedro Botero. La in-
congruencia creyente y conservadora, aderezada por una hipocresía des-
mesurada y que siempre ha ejercido en sus batallas iluminarias, etiquetó
de diabólica y satánica una música que si de algo pecaba era de escupir
libertad sobre la juventud, liberación sexual e independencia de una sociedad claramente racista.

Era imparable la gran cantidad de músicos que emergieron con el nuevo sonido, muchos de ellos reciclados del blues eléctrico y el rhythm &
blues, otros acercándose desde el country, pero todos con ansias de triunfar en un nuevo género que se destapó como una auténtica gallina de los
huevos de oro, vendiendo millones de discos y lanzando al estrellato a
jóvenes que en cuestión de meses pasaban de ser miembros olvidados del
white trash o segregados por su color al futuro más indigno, a ser ídolos de
jovencitas, viajar en cochazos y creerse los amos del mundo.

Los ataques del conservadurismo rancio y el catolicismo más casposo fueron instantáneos desde el primer momento, y si tenemos que hablar de ciertos músicos que fueron los objetivos más enjuiciados, censurados y culpabilizados, por encima del resto del colectivo, nos debemos referir a Elvis Presley, Jerry Lee Lewis, Little Richard y Chuck Berry... Los Cuatro Jinetes del Apocalipsis.

Elvis Presley. El lado oscuro del rey

Musicalmente, Elvis Presley creció escuchando música en la Iglesia de la Primera Asamblea de Dios de Memphis, admirando a músicos afroamericanos como The Golden Gate Quartet. Sin embargo pronto descubrió el otro lado de la música en Beale Street, zona del centro de Memphis donde germinó una gran cantidad de blues de la mano de leyendas como Louis Armstrong, Muddy Waters, Albert King, Memphis Minnie y BB King.

Elvis, que apenas había estudiado música en la escuela, aprendió a cantar como los *bluesman* y ese fue el detonante del éxito que obtuvo, más la casualidad que Sam Phillips le escuchara cantar el clásico de Arthur Crudup «That's All Right» de madrugada en Sun Records, cuando estaba a punto de descartarlo como vocalista. El single fue de un impacto fulminante, mientras que casi todos los oyentes pensaban que se trataba de un negro cantando.

Elvis fue la diana de toda la cruzada contra el rock'n'roll, a pesar de ser blanco interpretaba música de negros y parecía negro. Procedía de la clase más baja del estamento blanco, era un *white trash* que se movía como un auténtico demonio, con una danza que invitaba a la fornicación inmediata con un movimiento de pelvis que escandalizaba al estrato conservador. Era un peligro para sus hijas y como tal había que combatirlo.

El Rey del rock tenía un lado oscuro y escandaloso que mantuvo como una doble personalidad durante casi toda su carrera. De cara al público era un maravilloso muchacho, Dr. Jekyll, pero en realidad escondía una figura depravada y siniestra, Mister Hyde, obsesionado con las menores de edad y desarrollando una fobia que le impedía tener relaciones sexuales con mujeres que hubieran dado a luz.

Elvis Presley, una figura ligada al ocultismo y al esoterismo.

Pero hay otro lado oscuro que nos muestra un Elvis obsesionado con los extraterrestres, el esoterismo, ocultismo, filosofías antiguas y en general en la búsqueda profunda del sentido de la vida.

En todas las mitologías de la humanidad el nacimiento de un ser especial está marcado por una aparición análoga en la naturaleza; la estrella de Belén en el cristianismo, un unicornio en el caso de Confucio o sueños proféticos como los de Alejandro Magno. En el caso de Elvis Presley, como una de las figuras más influyentes de la cultura popular del siglo pasado, fue un OVNI el 8 de enero de 1935, avistado por el padre de Elvis y el médico que asistió al parto.

Cuando contaba ocho años volvió a suceder, pero en esta ocasión fue un contacto telepático en el cual los alienígenas le mostraron su futuro como estrella musical, entre otras muchas cosas. Todo ello según su estilista, Larry Geller, quien le introdujo en el estudio de distintas doctrinas, haciendo a la vez de maestro de una investigación caótica que no trajo nada bueno a la ya de por sí débil mentalidad del Rey.

Esa búsqueda desordenada engullendo ideologías ontológicas desesperadamente, leyendo según sus biógrafos, más de un millar de libros sobre doctrinas diferentes; libros que estudiaba al milímetro y que rellenaba de apuntes, textos subrayados, reflexiones y confesiones. Se dice que viajaba con una biblioteca de 300 libros que consultaba y estudiaba diariamente. Uno de sus libros preferidos era *La voz del Silencio* de Helena Blavatsky, escritora ocultista rusa, creadora de la Sociedad Teosófica para difundir la Teosofía, movimiento ecléctico que busca la sabiduría eterna y la auténtica realidad y que funde religiones como el cristianismo, budismo e hinduismo, con creencias esotéricas del siglo XVIII como gnósticos, rosacruces y masónicos.

Elvis sentía devoción por Madame Blavatsky, rumoreándose que en sus numerosos encuentros sexuales obligaba a sus acompañantes a leer fragmentos de *Isis sin velo* y *La Doctrina Secreta*, obras de la misma autora. De hecho la mayoría de los discursos que Elvis lanzaba en sus conciertos, eran textos extraídos de sus libros.

La falta de un guía que impidiera el caos que se formó en su cabeza, de un gurú que marcara ciertos límites, transformó la búsqueda de la espiritualidad en una catarsis de confusión, que fue deteriorando paulatinamente la mente de Elvis. Se adentró en el mundo de la numerología y la cábala, pero al mismo tiempo profundizó en el hinduismo y en el cristianismo esotérico, para volcarse en las enseñanzas psicodélicas de Timothy Leary y Aldous Huxley, lo que pudo minar su psiquis.

La creencia popular es que los trajes que Elvis lucía en la última etapa de su carrera era una expresión más de su egocentrismo y decadencia, pero en realidad se trata de mapas esotéricos en toda regla, recargados de soles, lunas, figuras geométricas, animales simbólicos como águilas o serpientes, así como anillos de protección que el mismo Elvis diseñaba; todo ello bajo un conocimiento mágico adquirido en su anárquica búsqueda del sentido de la vida.

Su adicción a todo tipo de fármacos, legales e ilegales, más su degeneración como artista en los últimos años de su carrera, podrían ser consecuencias directas de este proceso autodestructivo. La noche que murió, de un ataque cardiaco en su bañera, estaba leyendo *Búsqueda científica del retrato de Jesús* y justo al lado tenía abierto *Sexo y energía psíquica*.

Jerry Lee Lewis. El asesino del rock'n'roll

Jerry Lee Lewis nació el 29 de septiembre de 1935 en Ferriday, Luisiana, en el seno de una familia creyente de agricultores, sus padres Elmo y Marie Lewis, lo introdujeron en la Iglesia de la Asamblea de Dios, servicio del pentecostalismo que a través de sus creencias de sanación con la innovación musical, le permitió empezar a tocar el piano con dos de sus primos, Mickey Gilley y Jimmy Swaggart.

Lewis estaba muy unido a Jimmy, ya que más que primos se criaron como hermanos, unidos por el piano y la religión. Ada, tía de Jerry y abuela de Jimmy, fue la encargada de adoctrinarles en las sagradas enseñanzas del evangelio pentecostés, sin dejar pasar por alto detalles que pudieron marcar la precoz existencia de los imberbes mancebos, aunque con diferentes conclusiones.

Ada contaba que había recibido en varias ocasiones el Espíritu Santo en su interior, siempre envuelta en ceremonias musicales que le llevaron a estados de semi levitación; «cuando lo consigues sabes que lo tienes. Realmente no conoces al Señor como deberías hasta que lo recibes».

Para Jimmy, esas historias fueron una revelación que guiaron su camino, mientras que Jerry no encontraba diferencia entre las posesiones celestiales de Ada y los episodios de goce y satisfacción que conseguían los negros en el barrelhouse, a base de alcohol y música; dos formas diferentes de entrar en trance, dos caminos diferentes y contrapuestos.

Viendo que la situación se le escapa de las manos, Marie Lewis lo inscribe en el Southwest Bible Institute, en Waxahachie, Texas, de férrea disciplina cristiana. En la institución sólo estaban permitidos los cantos evangélicos y sentían un rechazo enfermizo para todo lo que ellos llamaban música mundana, y en donde hallaba un lugar privilegiado para el repudio la música de los negros.

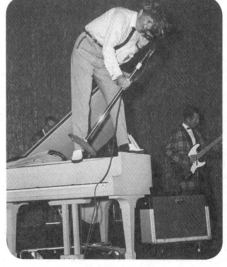

Jerry Lee Lewis *on fire*.

Poco duró su estancia en Southwest Bible, puesto que en una ceremonia eclesiástica el joven Lewis interpretó «My God Is Real» en clave de boogie woogie como un poseso golpeando el piano, en una especie de exorcismo maléfico que terminó con su expulsión.

Al verse apartado de la vida religiosa que pretendían sus padres, Lewis se sintió liberado y comenzó a tocar en clubes de Ferriday, llevando su sonido poco a poco por otros antros de Misisipi, convirtiéndose en uno de los pioneros del nuevo rock'n'roll.

Su forma de tocar el piano era diabólica, se levantaba, lanzaba el taburete lejos de él y tocaba con los pies, o incluso se sentaba en las teclas; en ocasiones parecía un combate de boxeo entre el instrumento y el músico que terminaba con Lewis subido a lomos del piano como si quisiera domarlo, esa actitud le proporcionó el seudónimo de The Killer.

En febrero de 1957 grabó una versión de «Whole Lotta Shakin Goin' On», escrita por Dave Curley Williams y James Fay Roy Hall, aunque muchos atribuyen a la vocalista Big Maybelle. El single alcanzó el #3 de las listas pop del Billboard y el #1 de la lista de rhythm & blues. El single fue portentoso ya que en su cara B incluía «Great Balls Of Fire», que llegó a ser su mayor éxito internacional. Esos dos temas vendieron más de un millón de copias en tan sólo diez días y un total de cinco millones de copias vendidas, siendo uno de los singles más vendidos de la historia.

Jerry Lee Lewis se transformó en un semidios del rock'n'roll, participó en películas como «High Scholl Confidential» y sus conciertos se cerraban con *sold out* de forma rutinaria. Sin embargo todo se truncó muy rápido. Durante la gira que realizaba en mayo de 1958 por el Reino Unido, el periodista Ray Berry destapó el escándalo y fulminó la carrera de The Killer.

Lewis se había casado en tres ocasiones hasta la fecha, teniendo en cuenta que tan sólo tenía 22 años despertó la curiosidad de Berry, único reportero que cubrió el inicio de gira de The Killer en Inglaterra. El escándalo no era que se había casado con su prima Myra Gale Brown, y que no estuviera bien visto en ciertos sectores de la sociedad americana que lo consideraban incesto y romper la regla de exogamia preestablecida. La barahúnda floreció al saberse que Myra sólo tenía 13 años, mientras que Lewis era un adulto de 22 primaveras. La pareja y el mánager de Lewis esgrimieron que Myra tenía 15 años, edad que en algunos estados es lícita para contraer matrimonio consentido, pero en el Reino Unido no se

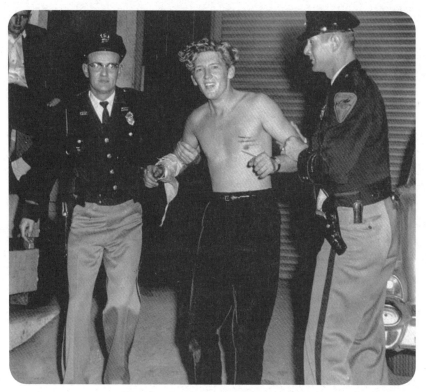

Jerry Lee Lewis camino de comisaría.

contemplaba tal posibilidad y se vistió el caso como una ejemplo claro del desenfreno y perversión de ese género importado de EE.UU. llamado rock'n'roll. Tan sólo hicieron falta tres conciertos y conflictos en las entradas de los recintos, organizados por asociaciones cristianas y de moral intachable de derechas, para que se suspendiera la totalidad de la gira y la carrera de Jerry Lee Lewis se hundiera de inmediato.

Al regresar a Estados Unidos se encontró con la estrepitosa reacción de su entorno más cercano, que viendo las orejas al lobo y la cruzada que se estaba manteniendo contra el rock'n'roll, prefirieron nadar y guardar la ropa a hundirse en el naufragio. Tan sólo Alan Freed siguió pinchando sus discos ante la censura encubierta que otras emisoras habían impuesto y le colocó en alguno de sus shows en directo, hasta que le estalló en la cara el caso Payola.

La carrera de Lewis continuó y llega hasta nuestros días, siendo una de las personas más respetadas y admiradas del rock'n'roll. Ha editado discos de country, soul, góspel y rock'n'roll, ha obtenido infinidad de premios y galardones.

El karma a veces es justo

Cuando Lewis alcanzó el éxito a finales de 1956, vio cómo sus relaciones con su primo Jimmy Swaggart se rompieron unilateralmente por parte de este. Convertido en telepredicador, consideró que Lewis había sucumbido a los placeres demoníacos del sexo, alcohol y el envanecimiento narcisista del éxito.

Jimmy levantó su propia cruzada contra su primo: «Jerry Lee puede ir a Sun Records en Memphis, estoy de camino al cielo con un Dios que suple todas mis necesidades de acuerdo con sus riquezas en gloria de Cristo Jesús». No se detuvo en Lewis, arremetió especialmente contra Elvis Presley, Johnny Cash y Sam Phillips, al haber sido miembros de la Iglesia pentecostés y según él, haber traicionado la fe.

Pero contradiciendo sus propios sermones, jamás perdonó a Lewis cuando volvió a abrazar la fe en el Evangelio, acusándole públicamente de haber llevado la vergüenza a su familia, a su misma casa. Swaggart levantó una enorme cruzada contra el rock and roll avivada por una euforia radical en la era Reagan y acusó desde su púlpito a homosexuales, pacifistas, comunistas, feministas y liberales de ser corruptos de la doctrina maligna, de ser siervos perniciosos de Satanás, convirtiéndose en uno de los televangelistas más populares de Estados Unidos: «Mi familia sucumbió al rock and roll. No lo digo con alegría, lo digo con vergüenza y tristeza porque he conocido la muerte y la destrucción, la miseria y el dolor, traída a mi familia por Jerry Lee Lewis y el rock and roll. Me dolía el corazón cuando lo tuve que admitir, la música del Diablo es el rock and roll».

Swaggart fue víctima de su propia radicalidad. A principios de 1988 admitió delante de ocho mil feligreses del Centro de Adoración Familiar de Baton Rouge, que había pecado contra ellos y contra Dios. Se supo que mantenía una relación con Debra Murphee, una prostituta de Nueva Orleans desde hacía bastante tiempo. El cazador cazado, el enviado de Dios visto como sirviente del Diablo, el karma, si es que existe, le colocó a la misma altura que a The Killer, en un pedestal que él mismo había ayudado a construir.

Es posible que Satanás se partiera de risa, y no le culpo por ello.

Little Richard, la reencarnación de Satanás

Si alguien representa sin contemplaciones la eterna lucha entre el bien y el mal, lo divino y lo infernal, ese personaje es Little Richard.

Richard Wayne Penniman nació el 5 de diciembre de 1932 en Macon, Georgia, siendo el tercero de doce hermanos en una familia ultracatólica. Su abuelo y sus tres hijos, incluyendo el padre de Richard eran predicadores, quienes al nacer el pequeño Richard con una malformación física -tenía una pierna notablemente más corta y era muy bajo en comparación a sus hermanos-, le introdujeron rápidamente en los cánticos pentecostales para buscar una reinserción del muchacho que la calle no le iba a dar. Precisamente de esas burlas nació el apelativo de Little que añadió al nombre años más tarde.

Con diez años era un experto pianista y cantante de góspel, presentándose como un sanador de fe, cantando para concurrencias enfermas, que en el fervor de la oración y la excitación producida por la música del pequeñajo afirmaban que se sentían mejor, sin duda debido a la producción de endorfinas en el hipotálamo y sin mediar la mano divina en la exaltación originada.

En 1947, con catorce años, ofreció su primera actuación remunerada en el Auditorio de Macon City y decidió dedicarse de lleno a ser profesional del piano. Con quince años se marchó de casa y trabajó en varios espectáculos ambulantes llamados Medicine Show; en uno de ellos conoció a un pintoresco personaje llamado Dr. Nubillo que esgrimía un bastón oscuro con lo que decía ser el cuerpo disecado de un bebé con garras. Nubillo, seguidor de la práctica del hoodoo le vaticinó que llegaría a ser grande, pero que para ello debería desprenderse de todo su lastre emocional y liberarse de prejuicios. Sin embargo hay otra versión que apunta que Richard conoció al músico Esquerita (Steven Quincy Reeder), que fue quien le enseñó todo lo que sabía, desde una nueva forma de tocar rhythm & blues a cómo vestirse y moverse en el escenario. Cierto o no, las similitudes entre Little Richard y Esquerita son más que evidentes y es muy complicado saber quién copió a quién.

En esos Medicine Show fue donde realmente Richard conoció el blues y el rhythm & blues de la mano de artistas como Roy Brown y Billy Wrigth. Grabó para RCA Victor su primer single, «Every Hour» que fue un éxito en la escena de Georgia. Esa metamorfosis le unió a su padre, otro personaje que jugaba con la dualidad moral de ser ministro de Dios, pero ganándose la vida como contrabandista de licor y propietario de un local nocturno, desde donde apoyó la incipiente carrera de su tercer hijo, hasta que en 1951 lo mató de un balazo uno de sus mejores amigos, tras una discusión.

En febrero de 1955 Little Richard comenzó a grabar con el productor Robert Bumps Blackwell en los J&M Studios de Nueva Orleans. Las sesiones no daban ningún resultado llamativo, hasta que apareció un grito incomprensible, «A wop bop-a-lu a whop bam boo», casi gutural que fue una revelación para Blackwell, que inmediatamente grabó una versión previa de «Tutti Frutti».

Un tema complicado con demasiadas connotaciones eróticas y en especial homosexuales, que reflejaban las andaduras de un Richard que se había introducido en el ambiente gay de la ciudad y explotado su condición de voyeur compulsivo. Contrataron a la compositora Dorothy LaBostrie para que suavizara un texto que a todas luces sería censurado y a la tercera toma estaba listo; como si hubiera sido el mismo Diablo quien se hubiera introducido en el cuerpo de Richard y hubiera grabado el single.

«Tutti Frutti» se lanzó al #2 de la lista de rhythm & blues del *Billboard* instantáneamente, el #21 del *Billboard Top 100* y traspasó el planeta para aterrizar en el #29 de la lista de singles británicos, vendiendo a las pocas semanas de su edición casi un millón de copias.

Little Richard pasó a ser uno de los pioneros del nuevo sonido, el rock'n'roll, y se sumergió inmediatamente en un mundo de riqueza, excentricismo y despilfarro que no hizo otra cosa que granjearle enemigos. Sus actuaciones eran verdaderas catarsis espirituales donde se alcanzaban estados cercanos al orgasmo y la alucinación. El Consejo de Ciudadanos Blancos de Alabama, entidad de carácter supremacista lo declaró enemigo de la moral blanca americana y lo señaló como la reencarnación de Satanás en la Tierra, pero su principal pecado no era su música, ni siquiera el ser negro ni gay, él, como Chuck Berry y Fats Domino, fueron los primeros en promulgar que a sus conciertos fueran negros y blancos, si bien en un principio segregados y separados, los tres incitaron a sus audiencias a saltarse las prohibiciones y juntarse para bailar.

Si en un principio la homosexualidad de Richard podría ser un alivio para las familias blancas que no temían que el negro pianista fornicara con

Little Richard.

sus hijas, el libre albedrío promulgado por el músico fue mucho más peligroso. Algunas actuaciones no podían terminar porque jóvenes sin distinción de sexo o color saltaban al escenario para abrazar, besar o tocar al
pianista. Richard se mudó a Los Angeles y lo hizo en una zona residencial
rica, destinada a los blancos, que se lo tomaron como una ofensa más del
malvado titiritero satánico.

Todo duró escasamente dos años, durante los cuales Little Richard
llegó a lo más alto que un afroamericano podía llegar en Estados Unidos
e Inglaterra, 17 sencillos en el Top 40 de rhythm & blues, varias películas, entró en el paquete de conciertos de Alan Freed como protagonista,
Elvis Presley y Bill Haley interpretaron sus temas y el cantante Pat Boo-
ne, apoyado por la industria blanca para apropiarse de temas de músicos
afroamericanos, grabando y lanzando al estrellato sus canciones de forma
edulcorada, grabó una nueva y exitosa versión de «Tutti Frutti».

La profecía divina

El 4 de octubre de 1957 la Unión Soviética puso en órbita el primer saté-
lite terrestre, el Sputnik 1, con el eslogan propagandístico: «Todo el que
dude de su realidad puede salir a la calle al atardecer y verlo pasar», y durante tres semanas que duraron las baterías fue cierto y millones de perso-

nas vieron pasar por el firmamento una esfera brillante de 58 centímetros de diámetro. Little Richard, ajeno a la carrera espacial de las dos superpotencias, pudo contemplar su paso desde Australia, donde compartía gira con Gene Vincent y Eddie Cochran, tomándose el evento científico como una señal divina, que le incitaba a abandonar la música pagana y la vida de desenfreno que llevaba. Terminó la gira antes de lo previsto y regresó a Estados Unidos para recibir una nueva revelación, su vuelo original se estrelló en el Océano Pacífico, lo que interpretó como una segunda oportunidad que Dios le ofrecía.

Richard renegó del rock'n'roll en un concierto despedida en el teatro Apolo y tras una última sesión de grabación en los estudios de Speciality, abandonó la música para ingresar en el Oakwood College de Alabama a estudiar teología.

Regresó en los años sesenta para fascinar a una nueva generación de músicos como The Beatles, The Rolling Stones o Elton John entre otros. Cada regreso significaba sucumbir a los encantos del infierno, si en los cincuenta fue el sexo el catalizador de todos sus males, en los sesenta estuvo acompañado de alcohol y drogas. Little Richard, que había llegado a expulsar a músicos de su entorno por ir borrachos, y se vanagloriaba de ser un abstemio depravado en el sexo, cedió al influjo del alcohol y la marihuana en los sesenta, se volvió adicto a la cocaína en los setenta y finalmente se tornó heroinómano. Todas esas adicciones se evaporaron por la intervención divina o por el desapego diabólico, según se mire.

Little Richard repudió el rock'n'roll en numerosas ocasiones, llegando a decir: «Estaba dirigido por el poder de la oscuridad. Ese poder del que tanto habéis escuchado hablar y que muchos de vosotros pensáis que no existe. Es el poder del Diablo, es el poder de Satán», durante una época se dedicó a vender el libro llamado *Black Heritage Bible*, donde destacaba el poder de los personajes negros en el Evangelio. Predicó en los funerales de Wilson Pickett e Ike Turner, a quienes consideraba amigos pero pecadores que no supieron abandonar la música del Diablo: «El rock'n'roll no glorifica a Dios. No puedes estar con Dios y el Diablo al mismo tiempo. Fui uno de los pioneros de esa música y sé de qué están hechos los muros porque yo los construí».

Su lucha interna entre lo bendito y lo maldito ha continuado décadas después de «Tutti Frutti» y su «A wop bop-a-lu a whop bam boo», hasta incluso hay quien piensa que con el tiempo le han pasado factura sus excesos, ofreciendo un giro apocalíptico en 2012 cuando pronosticó: «Dios me habló una noche para avisarme de que el mundo está llegando a su fin. Él vendrá envuelto en fuego y sentado en su trono». Posiblemente ni la humanidad está preparada hoy en día para escuchar sus teorías apocalípticas, por muy divinas que sean, igual que no estaban capacitados para entender que en 1955 se nos presentará como la reencarnación de Satanás y gritando «A wop bop-a-lu a whop bam boo».

Chuck Berry, el padre del rock and roll

Charles Edward Anderson Berry nació en St. Louis, Misuri, el 18 de octubre de 1926 como cuarto hijo de una familia afroamericana de clase media. Su padre, Henry William Berry era diácono de una iglesia baptista y tenía una buena posición como contratista; su madre Martha Bell era la directora de una escuela pública para afroamericanos y la encargada de la educación de sus hijos, que llegaron a ser seis. La música estaba presente en la casa de los Berry igual que la religión, pero al pequeño Edward sólo le atrajo lo primero y la espiritualidad brillaba por su ausencia, más bien abrazó desde muy pequeño el lado oscuro de la vida, siendo como era un chico muy inteligente se desvió rápidamente de los planes que tenían diseñados sus progenitores.

Su primera actuación la realizó con catorce años, siendo estudiante del Sumner High School, pero con diecisiete años le detuvieron y acusaron de robo de un vehículo y de haber atracado varias tiendas armado con una pistola de pega, por lo que fue condenado a tres años de internamiento en el Intermediate Reformatory for Young Men de Algoa en Jefferson City.

Allí se endureció dedicándose al boxeo al mismo tiempo que formó un cuarteto de canto que llegó a actuar fuera de la institución penitenciaria. Berry salió en libertad el mismo día que cumplía 21 años cambiado por completo, huraño, tacaño, desconfiado y controlador hasta la obsesión. Al poco de gozar de la libertad se casó con Themetta 'Toddy' Suggs, en un matrimonio que sobrevivió a su muerte y le aportó cuatro hijos.

Berry tuvo numerosos trabajos de baja calidad debido a sus antecedentes; trabajó durante dos años en una fábrica de automóviles, compaginando su jornada, haciendo de conserje del edificio donde vivía con su familia, que rápidamente creció a trío con la llegada de Darling Ingrid en 1950.

Paralelamente ya como Chuck Berry, comenzó a tocar con numerosas bandas de blues para sacarse un extra adicional, muy marcado por la influencia de T-Bone Walker y Ira Harris. Musicalmente se afianzó como guitarrista del trío de Johnnie Johnson, con el que mantuvo una larga y estrecha colaboración durante décadas, relación que terminó en los tribunales porque Berry le estuvo estafando derechos de autor de la mayoría de las composiciones de los primeros años.

Fue en un viaje a Chicago cuando conoció a Muddy Waters, músico del que interpretaba algunos temas, quien le presentó a Leonard Chess, afanado en encontrar un nuevo sonido que superara el estancamiento del mercado del blues.

El 21 de mayo de 1955 se grabó en los estudios de Chess Records el tema «Maybellene», inspirado en el tema «Ida Red» de Bob Wills, conocido como el Rey del Western Swing. Planchado y puesto en circulación con desesperante urgencia, «Maybellene» vendió más de un millón de copias y alcanzó el #1 de la recién creada lista de rhythm & blues del *Billboard*, salvando la economía del sello y lanzando a Chuck Berry a la cabeza de un sonido nuevo que Alan Freed bautizaría como rock and roll, aunque no se le concedió el trono que justamente merecía porque un chico blanco de Tupelo llamado Elvis Presley lo usurpó.

La carrera de Chuck Berry tenía un ascenso meteórico, tras el primer éxito, siguió «Roll Over Beethoven» que se posicionó en el #29 y le proporcionó una de las giras más excitantes de 1956 junto a Carl Perkins. Berry se convirtió en el músico fetiche de Alan Freed y el 1957 giró por todo el país con el espectáculo *Biggest Show Of Stars for Alan Freed*, junto a Everly Brothers y Buddy Holly.

El tipo más tacaño y desconfiado del rock'n'roll

Como en el caso de otras estrellas del rock and roll, llegaron los éxitos, el cine y el dinero, pero a diferencia del resto de músicos de su generación, no entró en un bucle de descontrol y despilfarro, al contrario, su afán de ahorrar, evitar impuestos y prosperar junto a su familia, le llevaron a comprar un club nocturno llamado Berry's Club Bandstand, declarado abiertamente como un local racialmente integrado.

Berry era un negro tremendamente materialista que siempre pensaba que el hombre blanco le iba a
engañar, mientras no se demostrara
lo contrario. Durante décadas re-
nunció a tener un mánager porque
nadie debería enriquecerse con su
dinero, además casi todos los representantes del negocio eran blancos,
por lo tanto ladrones. Durante muchos años no contó con banda propia que lo acompañara y pedía que le
pusieran músicos en cada escenario
que debían aprenderse su repertorio,
algo que es habitual ahora con los
músicos de blues, pero que antes era
impensable. Nunca tocó con guitarras buenas, y prefería instrumentos
baratos que cambiaba a menudo des-
gravando impuestos, una de sus ob-
sesiones. Evitaba por todos los me-

Chuck Berry y Alan Freed.

dios volar y generalmente siempre viajaba solo y en su propio vehículo,
rehusando la mayoría de las ocasiones el alojamiento por un incremento
en el caché y pernoctando en el mismo automóvil.

A finales de 1959 el engranaje represor del estado cayó encima suyo
con enorme virulencia y destrozó su carrera. Fue detenido bajo la Ley
Mann, Ley de Tráfico de Esclavos Blancos, destinada a parar la prostitución interestatal y el tráfico de menores, pero que en la práctica fue
un método más de represión del aparato judicial norteamericano. Chuck
Berry fue arrestado y acusado de tráfico de menores para ejercer la prostitución. Berry conoció a Janice Escalante durante una actuación en El
Paso y le ofreció trabajo en su club de St. Louis, desconociendo que era
menor de edad. Cuando Berry estaba de nuevo en la carretera actuando,
Escalante fue detenida por ejercer la prostitución y el músico se encontró
la acusación al regresar a casa. Berry fue condenado a 5.000 dólares de
multa y sentenciado a cinco años de prisión, pero la actitud racista del juez

y el maltrato recibido durante el juicio, rebajaron la condena a tres años, de los cuales Chuck Berry sólo cumplió un año en prisión.

La carrera del músico continuó tras salir de la cárcel pero ya eran otros tiempos, el rock and roll como tal ya había sido reprimido.

Screamin' Jay Hawkins. El voodoo del rock'n'roll

A finales de 1955 el cantante de blues Jay Hawkins, grabó una balada de amor para una novia que lo había abandonado dejándolo hecho polvo. El tema se llamaba «I Put a Spell on You» y en él, Hawkins lanzaba un hechizo que intentaba retener a su amada fugitiva. El tema se grabó para el sello Grand Records, pero jamás se publicó.

Un año más tarde volvió a grabarla para Columbia's Okeh Records, pero en esta ocasión ocurrió un desastre maravilloso. Según el productor del estudio Hawkins apareció con «costillas y pollo y emborrachó a todos, y salimos con esta versión extraña». Se dice que además de alcohol en cantidades industriales, aquella noche hubo algo más que simple magia, que se realizó voodoo y se invocaron hechizos malignos contra la protagonista del tema, aunque eso pertenece más al imaginario rock que a otra cosa.

Abandonado en un orfanato

Ese día nació Screamin' Jay Hawkins, un personaje estrafalario con un cuento de terror como pasado. La vida le dio sus primeros porrazos sin haber salido de la barriga de su madre, puesto que esta sufrió una paliza estando en avanzado estado de gestación, muy probablemente del supuesto progenitor que se quiso desentender de todo el asunto. A la madre la metieron sin conocimiento en un autocar dirección Cleveland, que fue donde nació. Su madre, que tampoco estaba muy convencida, y lo único que le había aportado el crío eran disgustos, lo abandonó en un orfanato de donde salió adoptado por una familia de indios de la tribu Blackfoot.

Con su nueva familia obtuvo conocimientos musicales de conservatorio y desarrolló un inagotable amor por la ópera, al mismo tiempo que aprendía todas las costumbres de la cultura indígena, ritos y ceremonias paganas entre ellos.

Screamin' Jay Hawkins.

Con catorce años falsifica la documentación y se presenta voluntario para ir a luchar en la Segunda Guerra Mundial, donde es apresado al caer el paracaídas detrás de las líneas enemigas en el Pacífico. Cuando fue liberado regresó dominando el saxofón y con una resistencia brutal a golpes, amenazas y torturas, por lo que en vista de que no encontraba trabajo se metió en el mafioso mundo del boxeo llegando a ser campeón de los pesos medios en Alaska.

En escena, dentro de un ataúd

Con sólo 24 años se da cuenta que la igualdad entre blancos y negros es todavía una utopía en su país, aunque miles de afroamericanos hubieran derramado su sangre por la bandera, por lo que es inviable que un cantante de ópera sea negro como el betún. Sus poderosos registros vocales de barítono le ayudan a entrar en una banda de jazz y dos años más tarde compone y graba la primera versión de «I Put a Spell on You». La leyenda cuenta que ese tema fue destruido por la compañía porque en una discusión le partió la nariz de un puñetazo a uno de los directivos de Grand Records.

Cuando se edita «I Put a Spell on You» se produce una auténtica conmoción. El single es un éxito y alcanzó el millón de copias vendidas, aunque fue prohibido en la mayoría de las emisoras de radio por su alto contenido sexual. La propia compañía editó un segundo single del que se borraron los gritos, pero la prohibición continuó. Alan Freed lo llamó para sus shows contratándole por 300 dólares por concierto, con la condición de que debía salir de un ataúd a escena. Hawkins se negó en un principio alegando que: «Ningún negro inteligente entra vivo en un ataúd», pero al final aceptó por ser una gran oportunidad. Ahí comienza la leyenda del hombre que hacía temblar al público en sus espectáculos, cargados de terror con calaveras, fantasmas, explosiones... se trata del auténtico pionero del shock rock.

Desgraciadamente su vida no fue un camino de rosas después de «I Put a Spell on You». Pasó dos años en una prisión por tener una aventura con una menor de edad. Su primera esposa lo apuñaló atravesándole el pulmón y estuvo a punto de fallecer. Su fama de hombre salvaje, brujo del voodoo y poseído por el Diablo consiguió que las casas de ataúdes no quisieran venderle material para sus actuaciones, teniendo que recurrir a carpinteros para que le construyeran el atrezzo. En más de una ocasión tuvo accidentes en escena, uno de ellos terminó cayendo en llamas del escenario y le quemó la cara a una chica, mientras que él ingresó en el hospital con quemaduras de segundo grado y ceguera temporal.

Se casó en varias ocasiones y tuvo tres hijos reconocidos y casi medio centenar de bastardos, de los cuales 33 están identificados por su amigo y biógrafo Maral Nigolian, que creó un sitio web para rastrear su descendencia.

El éxito importante no le llegó hasta el año 1984 cuando el director Jim Jarmush incluyó el tema «I Put a Spell on You» en la banda sonora del film *Stranger Than Paradise*. Murió a los 70 años de un aneurisma en el sur de Francia.

Sin su figura es imposible comprender la existencia de Alice Cooper, Kiss, Marilyn Manson y Ghost entre otros.

Acoso y derribo

El rock and roll nació tras una de las etapas más oscuras de la administración norteamericana, sumergida de lleno en la Guerra Fría con el bloque soviético y en una lucha interna que destrozó el mundo de la cultura y el libre pensamiento, en plena era del macartismo, que entre 1950 y 1956 provocó una regresión de libertades como nunca antes se había conocido.

El Torquemada de Wisconsin

El senador por Wisconsin Joseph McCarthy, cual Torquemada, desarrolló una auténtica caza de brujas creando listas negras, acusaciones infundadas, inculpaciones falsas, tramas conspiranoicas levantadas en falso y un sinfín de actos antidemocráticos contra todo lo que fuera libertad de pensamiento, cultural, política y social que se transformó en una persecución anti comunista, xenófoba y racista.

McCarthy y el macartismo fueron finiquitados en una moción de censura en 1954, cuando el Senado norteamericano le acusó de «conducta impropia de un miembro del Senado» por 67 votos a favor y 22 en contra. El rock and roll nació inmediatamente después del macartismo, con un ansia irrefrenable de la juventud por saltarse todas las barreras culturales y sociales, pero como contrapartida se encontró con una maquinaria de represión bien engrasada y en perfecto funcionamiento, que desde un principio no vaciló en intentar aplastar el nuevo sonido.

Es por eso que mirando con la perspectiva que nos da el tiempo, la eclosión, esplendor y finalmente el declive y su ocaso, se produjo en un periodo muy corto, entre 1954 y 1959, escasamente cinco años fue lo que tardó en reaccionar la sociedad para acosar, derribar y asimilar el sonido del Diablo.

Little Richard abandonó el rock and roll en 1957 para abrazar la religión y renegar del sonido. En mayo de 1958 Jerry Lee Lewis se ve envuelto en un escándalo que lo defenestra de la primera fila del rock and roll; el 3 de febrero de 1959 fallecen en accidente de aviación Buddy Holly, Ritchie Valens y The Big Bopper, un hecho trágico que pasaría a la historia como «El Día que murió la música», pero ese mismo año la carrera de Chuck Berry se hunde al ser acusado de violar la Ley Mann y el escándalo Payola doma y amansa a la mayoría de los disc jockeys de rock and roll y destroza la carrera de su máximo mentor, Alan Freed. Finalmente, el 2 de marzo de 1960 regresa a Estados Unidos Elvis Presley, tras cumplir con el deber patriótico de servir a su país en Alemania, seguirá cosechando éxitos y cantando rock and roll, pero a partir de ahora lo hará como el héroe de América, como el joven que todas las madres quieren para sus hijas, como el Rey del Rock and roll, domesticado, desbravado, asimilado, estrella del cine y maravilloso cantante de baladas… todo está controlado, pero en el Reino Unido el Diablo se está armando y queda muy poco para que regrese a reclamar su reinado.

III. CORROMPIENDO LA FLEMA INGLESA

El Reino Unido y la Unión Soviética salieron como vencedores morales de la Segunda Guerra Mundial, pero con una tremenda crisis. En tan sólo cinco años el Reino Unido supo capear el temporal y gracias a las leyes Welfare State (Estado benefactor) promovidas por el partido laborista, auspiciando los beneficios para los más desfavorecidos de la sociedad, implantando la protección legal de desempleo, enfermedad, jubilación, maternidad, fallecimiento y viudedad, salieron airosos de la bancarrota total. También ayudada por el plan UNRRA de la ONU, por el plan Marshall americano y por perder paulatinamente la soberanía sobre los países de la Commonwealth, colonias de facto, pero no de su explotación y comercio de bienes. De esa época pasaría a la historia la frase del primer ministro Clement Attlee: «Hemos ganado la guerra, ahora ganemos la paz».

Con todo ello la sociedad británica de la década de los cincuenta inició una época de expansión económica y prosperidad, que generó una juventud ávida de olvidar las penurias de la guerra y los ajustes de postguerra. No fue tan explosiva y consumista como en Estados Unidos, pero inició un periodo donde los jóvenes, por encima de todo querían diferenciarse de sus mayores y buscar una identidad propia.

Semillas de maldad

De esa búsqueda de identidad nació la primera subcultura juvenil, los Teddy Boys. Jóvenes aficionados al rock'n'roll importado de Estados Unidos, que se enfundaban en trajes elegantes marcados por el estilo usado por los dandis del periodo eduardiano de principios de siglo. Generalmente, jóvenes de familias de clase media o adinerada, la mayoría descendientes de combatientes militares con rango, que crearon un mercado, lenguaje y moda propia que marcó la primera brecha generacional en Gran Bretaña.

Su punto más álgido llegó con el estreno de la película *Semilla de Maldad* de Richard Brooks en 1955; tras su proyección en un cine del barrio londinense de Elephant and Castle, se inició una violenta pelea entre dos grupos de Teddy's que terminaron destrozando el cine. La prensa creó una alarma que los catalogaba como pandilleros vandálicos y amantes del rock'n'roll, iniciando un efecto llamada que consiguió lo contrario al objetivo deseado, creando una cultura belicosa que degeneró cuando tres años más tarde en el prestigioso barrio de Notting Hill se produjeron unos graves disturbios raciales, donde más de 400 jóvenes provocaron el caos entre la comunidad de inmigrantes de las Indias Occidentales.

A finales de los cincuenta, nació el movimiento Mod, según la mayoría de teorías del seno de los Teddy Boys, al igual que sus eternos rivales, los rockers. Los Mods gustaban de ir bien vestidos, con trajes hechos a medida normalmente y aunque en un principio procedían de clases acomodadas, tenían conciencia social e ideas políticas netamente proletarias y de izquierdas. Además se interesaban por la cultura y en especial por la música, siendo devoradores de modern jazz, rhythm and blues y soul. Otra de las premisas importantes de los mods fue el consumo de anfetaminas, que utilizaban para soportar sus largas jornadas laborales, generalmente precarias y agotadoras, ayudándoles a mantener su vitalidad en el tiempo de ocio nocturno.

Los rockers era una importación directa de Estados Unidos, y estaban diseñados a su imagen y semejanza, donde el rock'n'roll, enfundarse en cuero, las motocicletas y el sentimiento de hermandad eran lo único importante. Usaban motocicletas de gran cilindrada, a diferencia de los mods, que estandarizaron el uso de la Scooter italiana, Lambretta o Vespa. Rockers y Mods convivían sin menor problema, salvo altercados sin

La multitudinaria batalla en la playa de Brighton.

importancia en espacios de ocio comunes, pero todo se transformó en una rivalidad que nació desde la prensa, ávida de titulares creó un panorama de histeria colectiva. Todo ello conllevó a un aumento de violencia entre los dos grupos que se enemistaron frenéticamente, llegando a su culminación en la Pascua de 1964, cuando se produjo una batalla campal en Clacton, Essex, con más de 90 detenciones, policías heridos y pérdidas multimillonarias por los destrozos de mobiliario urbano y hoteles de la zona.

La violencia generacional

Disturbios que se repitieron en Hastings, Margate y sobre todo en Brighton, inmortalizados por el film *Quadrophenia* de Frank Roddam.

El 18 de mayo de 1964 se produjo una batalla multitudinaria en la playa de Brighton, en la cual, según las fuentes pudieron participar entre 2000 y 3000 personas, la gran mayoría rockers y mods. El combate se saldó con numerosos heridos entre policías y combatientes, con cuantiosas multas, penas ejemplares de prisión de varios años para algunos detenidos y en uno de los episodios más violentos y deformados por la prensa, no sólo la británica, si no toda la prensa europea.

El periódico *ABC* lanzaba una alarma generalizada en forma de titular al día siguiente de los hechos: «Multitud de alborotos juveniles en

Inglaterra y EE.UU.», para varios días después lanzar el discurso moral que demandaba el franquismo rancio: «Este tipo de gamberro melenudo, perturbado mental que sólo se muestra valeroso cuando caza en manada como las ratas», no sin recurrir a fórmulas de demonización más que ejemplares: «El Santo Padre lamentó profundamente el hecho de que se hable de este tipo de juventud, tanto en literatura y en cine como en lugares de disipación mundana, convirtiéndolos en campeones y maestros, siendo lo peor de ello el que encuentren por doquier fáciles imitadores y seguidores».

Los disturbios siguieron con similar violencia hasta el mes de agosto, pero la respuesta política y policial fue mermando el movimiento que se disipó sin llegar a desaparecer, para tener un *revival* en la década de los setenta, aunque ya era tarde, del sector más radical de los mods nacieron los primeros skinheads, inicialmente izquierdistas, antirracistas y antifascistas, que terminaron creando paradójicamente un alter ego neofascista.

Con la llegada de los sonidos americanos, las Islas británicas habían perdido la inocencia.

Del skiffle al blues. La semilla del diablo

Aunque se tiene la convicción de que los Teddy Boys eran amantes del rock'n'roll, dicha afirmación no acaba de ser del todo cierta. El rock'n'roll entró en el Reino Unido con fuerza y alcanzando una notoriedad aceptable que sin embargo no duró mucho en el tiempo. Bill Haley & His Comets sonaba en la programación radiofónica, dominada casi en su totalidad por la BBC; Elvis consiguió el #2 con «Heartbreak Hotel» en 1956 y mantuvo nueve sencillos en el Top 30, pero no obtuvo un #1 hasta 1957 con «All Shook Up», al mismo tiempo que tenían bastante aceptación Buddy Holly & The Crickets o Jerry Lee Lewis. Este boom del rock'n'roll provocó cierto movimiento interno que se reflejó en algunas figuras relevantes como Wee Willie Harris, Tommy Steele, que provenían de un sonido llamado skiffle, pero no fue hasta el éxito de Cliff Richards & The Drifters con «Move It» que se produjo un movimiento musical interesante. De ahí salieron nombres como Tony Sheridan, conocido por trabajar con los futuros The Beatles, Terry Dene que giró por Estados

Unidos, Johnny Kidd & The Pirates, el propio Cliff Richard y su nueva banda The Shadows o Tornados que con «Telstar» fue el único single británico en entrar Top 100 USA.

Sin embargo los Teddy Boys también consumían jazz y sobre todo skiffle, un género que llegó a través de los soldados americanos que participaron en la Segunda Guerra Mundial y que causó una auténtica revolución musical en las islas.

El skiffle es una mezcla de jazz, blues y folk estadounidense, interpretada con instrumentos muy baratos, fabricados por los propios músicos o improvisados a base de objetos domésticos, con ritmos alegres y festivos que incitan a la diversión y al jolgorio colectivo. La escena de jazz más tradicional adoptó este tipo de música como propia y bandas como Bill Bailey Skiffle Group y Ken Colyer's Jazzmen, dirigida por Chris Barber, dejaban que sus músicos improvisaran en los descansos con música skiffle, consiguiendo que en poco tiempo esos intervalos fueran tan populares y atrajeran tanto público que usurparon espacio a las bandas de jazz. Uno de esos músicos era Lonnie Donegan de la orquesta de Barber, quien tocaba el banjo o guitarra acústica acompañado de una tabla de lavar o washboard y un bajo construido con un cajón de hojas de té como caja de resonancia, conocido como Tea-Chest Bass. El arrollador éxito del skiffle convenció a Decca para importar discos americanos y editar a Donegan en 1954, este grabó un par de años más tarde el tema «Rock Island Line» de Leadbelly que se mantuvo durante ocho meses en el Top 20 llegando a posicionar en el #6 y resultando un éxito tremendo en Estados Unidos con un extraordinario #8. Fue el primer disco debut que alcanzó el millón de copias vendidas en Gran Bretaña.

Se calcula que entre 1953 y 1958, año en el que llegó el declive del skiffle, en el Reino Unido existieron más de 50.000 bandas de este sonido, con el consiguiente aumento de venta de instrumentos y el florecimiento de un enorme circuito de música en vivo, afincado más en el Soho de Londres que se transformó en un hervidero musical que marcaría a las nuevas décadas. Algunos de los jóvenes que comenzaron tocando skiffle eran Alexis Korner, Van Morrison, Ronnie Wood, Alex Harvey, John Renbourn, Roger Daltrey, Jimmy Page, Ritchie Blackmore, Robin Trower, David Gilmour, Barry Gibb, Mick Jagger o John Lennon con The Quarrymen, grupo de skiffle antesala de The Beatles.

Disfrazados de skiffle llegaron discos importados de blues rural que atrajeron a la juventud británica, nombres como el citado Leadbelly, Big Bill, Josh White, Brownie McGhee y Sonny Terry, marcando cierto interés por un sonido diferente al establecido como auténtica revolución musical.

Todo comenzó a cambiar cuando Chris Barber consiguió que Muddy Waters realizara una serie de diez conciertos en el Reino Unido. Si bien las primeras fechas fueron un completo desastre y las críticas resultaron nefastas, a medida que los conciertos iban cayendo el público sucumbía a los terribles encantos de la que sin duda podemos definir como la primera gran estrella del blues.

El 30 de octubre la gira de Chris Barber y Muddy Waters realizó su última parada en el Barrelhouse and Blues Club del Soho londinense, un local regentado por el armonicista Cyril Davies y el guitarrista Alexis Korner, que habían reformado el Blues and Skiffle Club para dedicarlo al blues, aportando actuaciones de músicos como Big Bill Broonzy, Brother John Sellers, Sister Rosetta Tharpe, o Sonny Terry & Brownie McGhee, pero nadie había actuado electrificado, algo inimaginable para 1958.

McKinley Morganfield, verdadero nombre de Muddy Waters era un hombre gigantesco, rudo y que sin embargo no tenía ningún complejo de mostrar en público su gran carisma sexual, moviéndose y contoneándose al mismo tiempo que lanzaba proclamas como: «Soy un hombre adulto / Soy un amante nato / Soy una piedra rodante / Soy un hoochie coochie man», mientras que se insinuaba y gemía, aporreando su Fender Telecaster como si no hubiera un mañana y sacando un sonido extremo que jamás habían escuchado. Muddy Waters era el auténtico demonio y había llegado para mostrarles la lujuria del sexo y el volumen atronador; su blues no era acústico, ni divertido, era siniestro, desconcertante, erótico, pervertido y sobre todo adictivo, muy adictivo.

Cyril Davies y Alexis Korner iniciaron sus actuaciones eléctricas, cuidaron la semilla plantada por la visita de Waters y a principios de los sesenta habían construido una escena, lo suficientemente sólida como para montar su propia escuela de blues eléctrico, Blues Incorporated, por donde pasaron Jack Bruce, Charlie Watts, Terry Cox, Davy Graham, Ginger Baker, Art Wood, Long John Baldry, Ronnie Jones, Danny Thompson, Graham Bond, Malcolm Cecil y Dick Heckstall-Smith, siendo asiduos de sus sesiones y colaborando en las jam sessions una nueva generación que cambió el mundo musical tal y como lo conocían hasta la fecha, Mick Jagger, Keith Richards, Robert Plant, Jimmy Page, Pete Townshend, Roger Daltrey, Ray y Dave Davies, Eric Burdon, Eric Clapton, Jeff Beck, Peter Green, Mick Fleetwood o Van Morrison entre otros.

La semilla del Diablo la había introducido un demonio negro llamado Muddy Waters y nada volvería a ser igual.

Aleister Crowley, The Beast 666

La nueva generación de músicos británicos, hambrientos de nuevas experiencias vitales, buscaron más allá de las enseñanzas convencionales marcadas por el conservadurismo intrínseco de sus progenitores y la férrea doctrina de la Iglesia anglicana. Con la llegada de los nuevos sonidos americanos como el rock'n'roll, el skiffle y el blues, llegaron ciertos aires de cambio que implicaron enormes ansias de libertad. La búsqueda de ese cambio se basó, mayoritariamente, en el consumo de alcohol, drogas y un despertar sexual, además del sentimiento de pertenencia a un grupo que ya hemos descrito anteriormente.

Los clubes de música en directo se convirtieron en las nuevas iglesias de jóvenes, donde un mandamiento se extendió como la pólvora: «Hacer lo que quieras es la única ley», promulgado por un personaje extraño y perverso, Aleister Crowley, que había fallecido a finales de 1947, cuando la mayor parte de sus acólitos no habían asomado la cabeza en esta tierra. Como suele suceder con los profetas, no todos los seguidores terminaron convirtiéndose a su religión o en apóstoles de la misma, pero es cierto que un sentimiento general del libertinaje marcado por Crowley quedó impregnado en la idiosincrasia de la generación musical de la década de los sesenta.

Edward Alexander Crowley nació en octubre de 1875 en Royal Leamington Spa, un pequeño pueblo inglés famoso por sus balnearios de aguas medicinales, como tantos otros nombres que aparecen en este libro, se crió en el seno de una familia evangelista, donde el padre obtuvo una fortuna invirtiendo en la industria cervecera, en la empresa Crowley's & Co.

El progenitor era un devoto cristiano que pertenecía al grupo fundamentalista religioso Quakers, creadores del Religious Society Of Friends,

Aleister Crowley de joven.

radicalizándose más e ingresando en The Exclusive Brethren, grupo que limita la creencia a las enseñanzas de la Biblia y niegan entre otras cosas el uso de la tecnología, por lo que en muchos estamentos están considerados una secta.

Su madre le culpó desde los cinco años de la muerte de su hermana a muy temprana edad, bajo extrañas circunstancias y desde esa desgracia lo llamaba The Beast, consiguiendo internarlo a los ocho años en una institución inquisidora regentada por el reverendo Henry d'Arcy Champney, un sádico en descripción del propio Crowley.

El padre falleció de cáncer de lengua cuando Crowley tenía 11 años y el muchacho comenzó a descarrilar su fe cristiana y su conducta social, adoptando el desenfreno como filosofía de vida, que le aportó una visión distinta de la vida y una gonorrea antes de cumplir la mayoría de edad.

Legalmente consiguió una tercera parte de la fortuna de su padre y con esa dote se dedicó a conocer el mundo y su mente, logrando ser un escalador de fama mundial al mismo tiempo que se sumergió en las profundidades del ocultismo y satanismo, influido por las enseñanzas del ocultista francés Eliphas Lévi, de quien decía ser la reencarnación.

Aleister escribió numerosos libros sobre ocultismo y creó su propia religión llamada Thelema, ideada en El Cairo tras realizar un conjuro de invocación a Horus, deidad mitológica egipcia y recibir la psicofonía de un ser etéreo llamado Aiwass, quien durante tres días de abril de 1904 le dictó los preceptos de Thelema, consiguiendo transcribir los tres capítulos del libro *Liber AL vel Legis* o texto sagrado de Thelema.

La filosofía thelemita se puede reducir a dos frases, o al menos su visión más imperfecta e insustancial: «Haz tu voluntad, será toda la ley» y «El amor es la ley, el amor bajo tu voluntad», resumidas en el eslogan «Hacer lo que quieras es la única ley» que hemos visto antes. Esta consigna es la que caló especialmente en los músicos a mediados de la década de los sesenta y no ha dejado de influir en todas las generaciones hasta nuestros días.

Pero Thelema es algo mucho más profundo y sin necesidad de llegar al fondo, se puede interpretar como una expresión intensa del libre albedrío, encajada en una filosofía totalmente individualista que marca la posibilidad de conocer y explorar el verdadero sentido de la existencia, buscar el autoconocimiento y descubrir tus propios límites. Para conseguirlo, Thelema no introduce restricciones a la hora de buscar vehículos que ayuden a las experiencias como son las drogas, la magia y el sexo, pero en las páginas del texto de Thelema no hay ninguna indicación por la que la voluntad individual deba perjudicar la voluntad de los demás.

El hombre más malvado del mundo

No obstante, Aleister Crowley llegó a ser conocido como *El hombre más malvado del mundo* e identificado con el Mal en su máxima expresión, méritos que él mismo estimulaba denominándose The Beast (como su madre le llamaba) y añadiendo el número 666 para remarcarlo. En su época de explorador tuvo varios incidentes graves y mortales que iniciaron su reputación terrorífica, como en su ascensión al Kanchenjunga, tercera montaña más alta del mundo y primera de la India, donde su expedición decidió abandonar la subida por el mal tiempo en contra de la voluntad de Crowley que maldijo al grupo y continuó solo la ascensión hasta coronar el pico; según cuenta la leyenda se produjo una avalancha que sepultó a sus compañeros muriendo varios de ellos.

Samuel Liddell, famoso ocultista británico que fundó la Orden Hermética de la Aura Dorada y fue maestro de Crowley, falleció en no-

Aleister Crowley como Baphomet X.

Aleister Crowley en la portada del álbum *Sgt. Peppers Lonely Hearts Club Band*.

viembre de 1918 en extrañas circunstancias y siempre se ha barajado la posibilidad de que Crowley, que se había enemistado públicamente con él, hubiera realizado un hechizo de magia negra.

Por culpa de la heroína fue declarado proscrito en Inglaterra y se refugió en Sicilia, donde construyó la Abadía de Thelema, creando una comunidad en la que se inspiraron muchas comunas hippies en los sesenta. En la Abadía se le acusó de practicar magia negra, ritos sexuales ilegales, consumo de estupefacientes prohibidos, sacrificios de animales e incluso violaciones. Fue expulsado por el dictador Benito Mussolini tras la muerte de un joven apóstol británico, que bebió sangre infectada de un felino sacrificado. Crowley falleció el 1 de diciembre de 1947 en la más triste de las miserias, con una fuerte adicción a la heroína y completamente alcoholizado.

Crowley, el mesías del rock

La influencia de Crowley en el mundo de la música ha sido y sigue siendo importantísima, desde Jimmy Page que posiblemente sea su mayor fan, como ya veremos, a Bowie que además de coleccionar objetos de él, le dedica la canción «Quicksand», pasando por The Beatles que lo introducen en la portada del álbum *Sgt. Peppers Lonely Hearts Club Band* y centenares de ejemplos más: Ozzy Osbourne, Bob Daisley, Jim Morrison, John Lennon, Ian Gillan, Sting, Daryl Halland, John Oates, Eddie Vedder, Iron Maiden, Judas Priest, Marilyn Manson, Ministry, Akercocke, Behemoth,

Morbid Angel, Tool, Mastodon, Bring Me The Horizon, Cradle of Filth
o Celtic Frost, han sido marcados por el signo de Aleister Crowley, un
personaje siniestro que para ser justo, jamás se pudo probar ninguna de
las terribles acusaciones que se vertieron sobre él y que sin embargo ha
dejado una extraordinaria huella en la cultura popular.

Graham Bond, el genio ocultista

Graham John Clifton Bond, verdadero nombre de Graham Bond, fue
uno de los padres del rhythm and blues británico, ese sonido que supuso
una renovación extraordinaria de la música popular y que desde el Reino
Unido inició la invasión de Estados Unidos y el planeta entero.

La importancia de Bond como músico innovador está fuera de cualquier discusión.

Procedente del jazz, se vinculó durante un tiempo a Blues Incorporated de Alexis Korner, cuando marchó creó primero Graham Bond Quartet que mutó con el tiempo en The Graham Bond Organisation, una verdadera escuela de rhythm and blues por la que han pasado verdaderos
mitos de la música del pasado siglo como son Jack Bruce, Ginger Baker,
Dick Heckstall-Smith y John McLaughlin.

Por otro lado, Bond consiguió primero una extraordinaria reputación
como saxofonista de jazz en el Don Rendell Quintet, para pasar a sentarse
en la banqueta de las teclas del piano y compartir los dos instrumentos.
Como teclista innovó al ser pionero en tocar con la combinación de órgano Hammond y altavoz Leslie, hecho vital no sólo para el rhythm and
blues, sino para el posterior desarrollo en el rock y hard rock. Finalmente
es bueno recordar que Bond fue el primer instrumentista de música popular que realizó una grabación con mellotron, marcando el punto de
partida para que otros lo ejecutaran con normalidad, Moddy Blues, King
Crimson o Genesis siempre han venerado a Bond, incluso The Beatles
recogieron sus enseñanzas para introducir el mellotron en «Strawberry
Fields Forever» o The Rolling Stones en «2000 Light Years from Home».

Pero Graham Bond tiene una parte trágica en su biografía, que siempre fue un lastre para ser reconocido como se merecía. Dicha faceta va
unida al ocultismo, la magia y el satanismo.

Bond fue abandonado al nacer, el 28 de octubre de 1937, entregado en el condado de Essex al noroeste de Londres, a un hospicio propiedad de la organización de caridad Banardo's (Believe in Children), fundada por el filántropo Thomas John Banardo en 1986 para trabajar en la ayuda de niños huérfanos, abandonados o en riesgo de exclusión social. Dicha organización, que sigue operando hoy en día, siempre ha estado rodeada de escándalos y sospechas. Una de las más graves era el secuestro de niños, sin el consentimiento de sus padres y enviar a los menores bajo coacciones y amenazas, a trabajar a las antiguas colonias británicas, en lo que se conoció como «migración forzada de niños», al mismo tiempo que en sus centros los niños padecían malnutrición, problemas de higiene, así como malos tratos y abusos sexuales. Todas estas prácticas se mantuvieron hasta bien avanzada la década de los setenta y por ello el primer ministro Gordon Brown pidió disculpas públicamente en 2010.

Esta experiencia le marcaría de por vida con un carácter introvertido, violento y muy oscuro. Su educación, a partir de los 11 años se desarrolló en la Royal Liberty School, escuela donde cultivó su afición por la música. En su juventud comenzó a tocar jazz al mismo tiempo que se introdujo en el universo de Aleister Crowley, siguiendo sus enseñanzas y albergando la sospecha de que Crowley podía ser su padre biológico, nebulosa que pasó a ser una obsesión en el futuro, creyendo ser la reencarnación de Crowley.

Ocultismo y drogas, peligrosa combinación

A medida que se sumergía en la religión thelemita, se adentró en el consumo de drogas de forma descontrolada, hecho que afectó muchísimo a su carrera musical, por lo que no pudo mantener en funcionamiento The Graham Bond Organisation. En la etapa final de GBO aparecieron los primeros síntomas depresivos, sufrió de manía persecutoria y brotes de violencia descontrolada.

Marchó a Estados Unidos donde trabajó en el estudio con Dr. John y se empapó de la cultura de magia y brujería de Nueva Orleans. Al mismo tiempo descubrió la psicodelia de la mano de Jimi Hendrix, Jefferson Airplane y Grateful Dead, profundizando en el uso de las drogas para llegar a una conciencia plena. Regresó a Inglaterra a finales de 1969 y creó Graham Bond Initiation junto a Diane Stewart, con quien se había casado

Graham
Bond.

recientemente y compartía su afición por la magia. En 1970 editaron el
álbum «Holy Magik» y al año siguiente «We Put Our Magick On You»,
dos trabajos marcados por las experiencias mágicas de la pareja y como
homenaje a Crowley, que no tuvieron apenas repercusión.

Todo ofreció un giro más dramático cuando en 1972 su esposa Diane
le acusó de haber estado abusando sexualmente de su hija Erica, por lo
que se le prohibió mantener contacto con ella, entrando en una etapa
de adicciones sin control a opiáceos y antidepresivos farmacéuticos. Un
último intento de crear con el grupo de música pagana Magus, con el
que estuvo actuando pero no llegó a grabar, no le sacó de su bancarrota
económica ni mental, y fue posiblemente esta situación límite lo que le
indujo el 8 de mayo de 1974, a lanzarse bajo las ruedas del tren en la
estación londinense de Finsbury Park, en lo que se cerró como un claro
caso de suicidio.

En cambio, su reducido círculo de amigos y especialmente Paul Olsen
de Magus no creen en la versión oficial. Bond fue detenido por posesión
de estupefacientes y recluido durante dos meses en una institución mental
de Springfield, donde se pudo desenganchar. Olsen asegura que ya no
consumía nada y que su cordura le había llevado a la conclusión de abandonar su camino en el ocultismo y dedicarse a la música. Lo cierto es que
no hubo nota de suicidio, pero… el resto es una leyenda urbana.

Tipos extraños en un mundo decadente

Las enseñanzas de Aleister Crowley calaron en la escena musical británica de los sesenta sin necesidad de adentrarse en el ocultismo o la religión thelemita, lo hicieron como doctrina de vida, como máxima expresión del culto egocentrista y el empoderamiento personal, que se mantuvieron unidos a las grandes estrellas del rock de los setenta y siguen vigentes en nuestros días. En realidad la definición que podríamos hacer de rockstar no es muy dispar a la figura de Crowley y sus comportamientos están esencialmente extraídos de los mandamientos thelemitas: «Hacer lo que quieras es la única ley», una forma de comprender sus excentricidades, vidas descontroladas y alocadas, sus demostraciones de deidades sobrenaturales o simplemente su desprecio por el resto de los humanos y especialmente el sexo femenino, utilizado como vehículo de placer.

Pero algunos de los músicos de una forma u otra entraron dentro del círculo maligno de las enseñanzas de Crowley y se transformaron en tipos extraños en un mundo en plena decadencia.

Chris Curtis, el batería visionario

Paralelamente al auge del rhythm & blues británico, surgió otra corriente musical denominada merseybeat, british beat o simplemente beat, cuyo epicentro sería la ciudad de Liverpool o más concretamente las orillas del río Mersey. Sus raíces provienen del rock'n'roll americano y el skiffle, pero no hay que confundir con el término Beat Generation que describe un movimiento literario acaecido en la postguerra estadounidense, completamente ajeno al Liverpool de los sesenta.

Dentro del merseybeat la banda más importante fueron The Beatles, pero si alguna agrupación le seguía a la zaga era The Searchers, cuyo batería Chris Curtis era el cerebro que manejaba los hilos al ocuparse de las relaciones públicas del grupo, diseñar el aspecto artístico, introdujo instrumentos de percusión que jamás se habían utilizado y escogía las versiones que la banda debía tocar, al mismo tiempo que colaboraba con las composiciones.

Chris Curtis, criado en una familia cristiana ortodoxa, descubrió las drogas junto con Tony Sheridan en una residencia musical de The Searchers en Hamburgo, al mismo tiempo que se interesó por la parte más lúdica de las enseñanzas de Crowley, que le daban aires de libertad para poder vivir libremente su homosexualidad, reprimida y escondida en una sociedad británica que no despenalizó la homosexualidad parcialmente hasta el año 1967.

Curtis sucumbió a los encantos de las drogas especialmente el speed o sulfato de anfetamina, que combinado con el alcohol le produjeron problemas de conducta graves.

Los compañeros de Curtis contaron años más tarde que se encerraba en los armarios a componer canciones en solitario, composiciones que no mostraba a la banda porque tenía la obsesión que alguien los vigilaba y se las robarían. La degeneración mental de Curtis llegó a su punto más alto cuando en una gira por Filipinas y Australia en 1966, compartida con The Rolling Stones, desaparecía de los hoteles sin que el grupo conociera su paradero, aparecía en los conciertos bajo los efectos de las drogas y completamente aislado mentalmente. Fue detenido en Australia por la policía militar al intentar entrar ilegalmente en una base del ejército y al día siguiente sufrió un colapso en medio de una grabación en un programa de televisión.

Curtis fue expulsado del grupo e intentó lanzar su carrera en solitario consiguiendo un single de cierta repercusión llamado «Aggravation», donde tocaban como músicos de sesión Jimmy Page y John Paul Jones. No publicó nada más aunque sí produjo un par de singles para otros músicos, en un periodo en el que comulgó con el LSD.

En su paranoia convenció al empresario Tony Edwards para invertir en un proyecto musical llamado The Roundabout, donde bajo una base fija irían apareciendo músicos que se subían o bajaban como si se tratara de un tío vivo. Curtis y Edwards reclutaron a Jon Lord y Ritchie Blackmore para iniciar un proyecto del que también fue expulsado por sus delirios y paranoias. Una de las más graves fue forrar con papel de aluminio la totalidad del apartamento de Jon Lord mientras este estaba de gira con su banda The Flower Pot Men, esgrimiendo que un ente desconocido intentaba borrarle el cerebro. Tras la expulsión de Curtis, Blackmore y Lord crearon el embrión de Deep Purple, obteniendo su primer éxito con la versión de «Hush» del americano Joe South, en una adaptación que al parecer fue idea de Curtis.

Chris abandonó la música y las drogas e ingresó a trabajar en el Servicio de Impuestos Internos del Reino Unido, pero sus problemas mentales y comportamientos extraños no cesaron, siendo una persona oscura, aislada y se le atribuían creencias ocultistas que no gustaban a sus nuevos compañeros. Tras diecinueve años en la empresa se le concedió la larga enfermedad por el Síndrome del Edificio Enfermo.

Ya jubilado, Chris Curtis abrazó de nuevo el catolicismo e ingresó como feligrés en la comunidad de la iglesia de Holy Rosary en Sefton, Liverpool, donde tocaba folk y rock'n'roll para jóvenes parroquianos. Falleció placidamente en su cama el 28 de febrero de 2005.

Joe Meek. El loco del rock espacial

Robert George Meek fue uno de los productores e ingeniero de sonido más importantes de la explosión de la música popular en el Reino Unido, pasando a la historia como uno de los pioneros de la lounge music o música espacial, así como del pop experimental. Produjo singles de éxito como «Johnny Remember Me» de John Leyton, «Tribute to Buddy Holly» de Mike Berry en 1961 o «Have I the Right? » de la banda The Honeycombs en el 1964; siendo recordado por ser el compositor y productor de «Telstar», un instrumental grabado por The Tornados que consiguió ser el primer single británico que alcanzó el #1 en Estados Unidos en 1962.

La revista *New Musical Express* lo nombró como el mejor productor de todos los tiempos en el año 2014, pasando por delante de George Martin, Quincy Jones, Nile Rodgers y Phil Spector.

La cara oscura de Meek siempre estuvo presente y le ayudó a crear su seña de identidad musical. Aficionado al espiritismo, se obsesionó en la comunicación con los muertos, esgrimiendo durante décadas que estaba en contacto permanente con Buddy Holly. Su amor por la tecnología sonora y la electrónica se transformó en la creencia de la existencia de otros mundos y que los extraterrestres estaban ocultos entre nosotros.

Reprimido sexualmente en una Inglaterra homófoba, escondió su homosexualidad desde niño, profundizando un enorme sentimiento de vergüenza que marcaría su personalidad adulta. En 1963, cuando ya gozaba

de un prestigio musical que lo podría haber catapultado a lo más alto
de la industria, fue arrestado por
mantener relaciones inmorales con
un joven en un baño público, siendo
repudiado por amigos y un sector de
la profesión.

Meek se refugió en sus paranoias y se adentró en el mundo
del ocultismo en paralelo al consumo de antidepresivos con los que
combatía una situación traumática
marcada por una bancarrota profesional que lo estaba arruinando.
Para terminar de destruir su débil
moral, se vio amenazado por los ge-
melos Kray y su banda The Firm,
gánsters que dominaban el crimen
organizado en el este de Londres y
que querían hacerse con la gestión   Joe Meek, comunicándose con los muertos.
económica de The Tornados. Lo
amenazaron, chantajearon y destrozaron su automóvil, un Ford Zodiac
de lujo.

Amenazado por la mafia, perseguido por la policía

Quizás el hecho de haber sido amenazado por la mafia, sumado a su frágil
estado mental y su interés ya enfermizo por temas de ocultismo, Meek
comenzó a creer que estaba poseído por demonios. Su trastornada mente terminó en una esquizofrenia extrema que le llevó a una etapa de su
vida cargada de sufrimiento. Sostenía que Decca Records había colocado
micrófonos en su casa para robarle las ideas, acusó públicamente al productor Phil Spector de apropiación intelectual indebida, que se había producido supuestamente por inducción en una llamada telefónica de este.
Cuentan que en una ocasión en el estudio de grabación le puso una pistola
en la cabeza al batería Mitch Mitchell (posteriormente en The Experience
de Jimi Hendrix), por no tocar con la energía que él buscaba.

Para desmoronar toda su estructura mental, la policía lo detuvo para interrogarle en un caso macabro de crimen homosexual conocido como The Suitcase Murder, donde la víctima fue descuartizada. Meek fue puesto en libertad, ya que se trató de una horripilante rutina policial, que arrestaba a todos los homosexuales con antecedentes ante casos como ese, pero fue la gota que colmó el vaso. El 2 de febrero de 1967, Joe Meek irrumpió violentamente en casa de un amigo, vestido completamente de negro y gritando que estaba poseído por Satanás; a la mañana siguiente, cuando se cumplían 18 años del aniversario de la muerte de su ídolo Buddy Holly, asesinó de un tiro en la cabeza a su casera Violet Shenton, a quien acusaba de espiarle para otras compañías discográficas, para acto seguido volarse la tapa de los sesos.

Para los amantes de las casualidades macabras, hay que apuntar que Phil Spector, justo 36 años después, otro 3 de febrero, asesinó en su propia casa, de un tiro en la boca a la actriz californiana Lana Clarkson.

Crazy World Of Arthur Brown. Quemándolo todo

Arthur Wilton Brown es otro personaje extravagante, ecléctico y algo alocado que desde su innovación artística ha marcado numerosos estilos musicales. Su extravagancia en escena, así como su forma de interpretar los temas o entender los espectáculos en directo lo presentaron como pionero del art rock o shock rock. Su visión del maquillaje como vehículo de cohesión del personaje y la obra mostrada, dejaron huella en bandas que van desde unos primerizos Genesis a los endiosados KISS. La forma de cantar con rasgos operísticos usando gritos y aullidos como método dramático de expresión sigue vigente hoy en día en el Heavy Metal y nombres como Bruce Dickinson de Iron Maiden o King Diamond, Ghost o Rob Zombie lo mencionan como influencia remarcada, y su forma de crear en constante ebullición y cambio le llevaron por caminos que nunca nadie había pisado, realizando los primeros pasos por el rock progresivo o la música electrónica.

Inconformista desde juventud, se cultivó estudiando filosofía y derecho, pero siempre le atrajo más la llamada de las artes y en especial la

Arthur Brown.

música. Comenzó en una banda llamada Blues and Brown, se introdujo en el teatro parisino y finalmente creó su propia banda, The Crazy World of Arthur Brown, en la que no incluiría la guitarra y estaba formada por Vincent Crane al piano y órgano Hammond, Drachen Theaker a la batería y Nick Greenwood al bajo. El proyecto se diseñó de forma completamente invertida a lo que suele ser habitual: «Desarrollamos un espectáculo conceptual. Comenzamos con los disfraces, y eso nos llevó al maquillaje, y luego obtuvimos un espectáculo de luces adecuado. En ese momento, prácticamente no había nadie más aquí que conectara las luces con la música o realmente lo intentara». Esto le llevó a contactar con los programadores del Club UFO, donde existía una corriente cultural que, entre otras cosas, utilizaba los espectáculos de luz como vehículo de apoyo para conseguir una percepción diferente, sumando música y drogas sicodélicas para lograr alteraciones de la consciencia. Pink Floyd y Soft Machine surgieron de ese local subterráneo de Londres, fueron habituales en las sesiones de luz The Incredible String Band, Tomorrow, Procol Harum y Crazy World Of Arthur Brown.

En 1968 editó el tema «Fire», que alcanzó el #1 en el Reino Unido y Canadá a los pocos días de su publicación, situándose en el #2 del Billboard Americano y transformándose en un éxito mundial y el más significativo de su carrera.

No podemos decir de él que fuera experto en ocultismo y mucho menos satánico, pero igual que ocurriría con el afroamericano Screamin' Jay Hawkins, fue acusado precisamente de embajador del Diablo por las asociaciones cristianas y moralistas.

Su pintoresco espectáculo fue mutando con tintes tenebrosos, tanto por su maquillaje en blanco y negro que le presentaba como un cadáver, incluía poesías y relatos oscuros y terroríficos que apoyados por percusiones y efectos de sonido, conseguían helar la sangre de los espectadores. Una de las piezas clave fue la utilización del fuego en el set y su cabeza ardiendo se catapultó como un icono personal de identidad, por lo que se le comenzó a llamar The God Of Hellfire, extraído del tema «Fire»:

«Soy el dios del fuego del infierno y te traigo Fuego.
Te llevaré a quemar Fuego.
Te llevaré a aprender ¡Te veré arder!
Peleaste duro y salvaste y aprendiste, pero todo va a arder».

Aunque el texto es muy ambiguo y puede tener muchas interpretaciones, muchos son los que asimilaron The God Of Hellfire con una sociedad secreta llamada Hellfire Club, nacida en Gran Bretaña en el siglo XVIII creada por un grupo de satanistas a las órdenes del Duque de Wharton. Se cree que el Hellfire Club no llegó a desaparecer nunca y hoy en día están extendidos por todo el mundo.

Sus espectáculos adquirieron una fama mundial, no sin traerle numerosos disgustos, como cuando en el Windsor Jazz & Blues Festival del 67, se le volcó el colador con metanol, que llevaba en el casco en llamas de su cabeza y el fuego le recorrió todo el cuerpo hasta que un *roadie* lo consiguió apagar volcando cerveza sobre él.

Tres décadas después de editar «Fire» el tema le dio el mayor susto de su vida, al sufrir un derrame cerebral mientras lo interpretaba en escena: «Era un club sofocante y caluroso en Southend y estaba cantando la nota alta en Fire».

Arthur Brown sigue hoy en día con su reformada banda Crazy World, su último disco se llama *Gypsy Voodoo* y sus espectáculos siguen siendo tan tenebrosos y temibles como antaño, pero cuando le preguntan por su relación con el ocultismo siempre contesta lo mismo: «Yo sólo exploré y me divertí».

Screaming Lord Sutch. El padrino del shock rock

David Edward Sutch nació en Londres en 1940, perteneciendo a la primera generación de adolescentes que creció con la música estadounidense de figuras como Elvis Presley, Chuck Berry, Little Richard, Bo Diddley, Jerry Lee Lewis o Bill Haley. Se trataba de un personaje al que la definición estrafalario se le quedaba corta, siendo muy apropiada la denominación de lunático en el mejor sentido de la palabra. Adoptó el nombre artístico del admirado Screamin' Jay Hawkins, sumado al título de lord que según decía le venía heredado, cuando en realidad no tenía ninguna relación con la nobleza británica.

En 1960 fundó la banda Screaming Lord Sutch and The Savages, casi una década avanzada a las grandes bandas de rock británica de los setenta, pero tenía mucha más relación con ellas que con la incipiente escena de rhythm and blues, no por el sonido ni por el talento, más bien por la actitud mostrada, un huracán en escena y un personaje arrollador que se supo rodear de los más grandes. Con Sutch colaboraron músicos de la talla de Jeff Beck, John Bonham, Jimmy Page, Ritchie Blackmore o Keith Moon, entre muchos otros.

A nivel estético fue el primer músico en lucir el pelo largo en la historia del rock, en un momento que era impensable y probablemente sinónimo de homosexualidad.

Creó un personaje sobre el que pivotó toda su energía e imaginación, desarrollando un espectáculo basado en las novelas, cuentos y películas de terror, al mismo tiempo que lo presentaba con un espíritu punk que asustaba. En sus conciertos atacaba al público con armas blancas, quemaba instrumentos y todo lo que se le ocurría, intentaba ahorcarse o cortarse la cabeza, además de entrar en trance y descontrolarse en numerosas ocasiones.

David Edward Sutch, un personaje desubicado en su
tiempo y obsesionado por los extraterrestres.

Su mentalidad se entrelazaba con el anteriormente mencionado Joe
Meek en la obsesión por los muertos y los extraterrestres, trabajando jun-
tos al principio de su carrera cuando Meek le produjo el primer single
«Til The Following Night», o el mayor éxito «Jack The Ripper», entre
otros muchos.

Nunca tuvo excesiva repercusión y su carrera tuvo muchos momentos inocuos, en los que se sumergía en largas depresiones, de las cuales
resurgía con ideas más demenciales que las anteriores, como la de crear
el partido político Monster Raving Looney Party, con el que se estuvo
presentando a todas las elecciones durante varias décadas sin conseguir
resultados meritorios. También creó la emisora pirata Radio Sutch que
fue rápidamente desmontada.

En junio de 1999 no pudo vencer a la depresión y se ahorcó en su casa
londinense.

Actualmente es reconocido con gran prestigio por una generación
freak que han sabido verle como un personaje desubicado en su tiempo;
The Cramps, The Fuzztones o The Nomads, son algunos de los que lo
consideran el rey de la serie B.

IV. SIMPATÍA POR EL DIABLO

Ya hemos podido ver las consecuencias de la introducción de Aleister Crowley en la floreciente escena musical británica. No hace falta ser adivino para darse cuenta que esos mismos postulados emigraron con la llamada Invasión Británica, encontrando un caldo de cultivo más prolífico en Estados Unidos, que terminaría de germinar en la segunda mitad de los alocados sesenta. Pero no podemos pasar página sin pararnos a repasar las consecuencias del huracán Crowley en las tres bandas británicas más populares: The Beatles, The Rolling Stones y Led Zeppelin. No sería justo.

The Beatles, de chicos buenos nada

Hoy en día vemos a The Beatles como un grupo de jóvenes modélicos, hasta que se descarriaron por la cultura hindú, las drogas y por qué no decirlo, Yoko Ono. Además la estrategia de enfrentarlos a The Rolling Stones; los primeros como los niños buenos y los segundos como los gamberros y niños malotes funcionó.

Pero realmente la cosa no es tan sencilla, si partimos de la base que los primeros procedían de familias de clase obrera, creciendo en una ciudad salvaje como el Liverpool de postguerra, donde la ley de la calle era la

Los Beatles satanistas.

asignatura más complicada de aprobar, mientras que los Stones eran cinco niños de clase media londinense. Podemos asimilar que la imagen era sólo una fachada más o menos controlada por los mánagers de ambos, Brian Epstein y Andrew Loog Oldham.

En 1960 John Lennon, Paul McCartney, George Harrison, Stuart Sutcliffe y Pete Best se trasladaron a Hamburgo, principal puerto de la renaciente Alemania Federal, que tras renacer de los escombros de la Segunda Guerra Mundial se había convertido en el epicentro del vicio y la delincuencia europea. Allí, durante dos años, crecieron como músicos y se cohesionaron amistades férreas. The Beatles actuaban en locales gestionados por mafiosos, donde las amistades se centraban en chicas de striptease, prostitutas y chorizos; aunque los únicos mayores de edad eran Lennon y Stuart, todos disfrutaron de una época de liberación sexual, al mismo tiempo que se volvían más violentos, sobre todo Lennon que acostumbraba a increpar a la audiencia hasta el punto que en alguna ocasión habían intentado atacarle. Una de las provocaciones más empleadas por Lennon era colocarse un peine negro de bigote y gritar «Heil Hitler».

Además del sexo y el alcohol, ambos en abundancia, en Hamburgo también entró el consumo de drogas, en concreto el popular Preludin, marca comercial de la fenmetrazina patentada en Alemania durante la posguerra, que se utilizaba para contrarrestar el apetito y dotar de energía el cuerpo, administrándosela incluso a los niños, pero que ingerida con alcohol ofrece síntomas parecidos a las anfetaminas. Los músicos las comenzaron a tomar para aguantar las tremendas jornadas que debían cumplir en los locales, tal y como declaraba Lennon: «Los camareros siempre tomaron estas píldoras, así que cuando veían a los músicos caerse con cansancio o beber, te daban la píldora. Podías trabajar casi sin cesar hasta que la píldora desapareciera, y entonces tendrías otra». Queda claro que The Beatles no eran unos angelitos, tal y como nos querían hacer creer, pero también es cierto que la experiencia alemana les marcó positivamente: «Tuvimos que tocar durante horas y horas. No había nadie a quien copiar».

Más famosos que Jesucristo

Un año antes de su asesinato, John Lennon concedía una entrevista a la revista *Playboy*, en la cual entre muchas otras preguntas le consultaron sobre su conexión con Aleister Crowley, su respuesta no deja opción a la duda: «La idea de los Beatles era hacer lo que quisieras, ¿verdad? Tomar tu propia responsabilidad» en referencia inequívoca a Crowley. De todas formas, que eso sea cierto nunca ha quedado claro.

Hay muchas teorías sobre el lado oscuro de The Beatles y la gran mayoría parecen sacadas de un libro de extremistas cristianos, esos que ven fantasmas y diablos en todas las situaciones de la vida. En el libro *The Memoirs of Billy Shears* de Thomas E. Uharriet, se afirma que «fueron una herramienta de una conspiración masónica para alejar a los adolescentes de Dios y estaban al servicio del hedonismo satánico del estilo de vida rock'n'roll»; sin apenas pestañear afirman que cuando Paul McCartney discrepó del sentido maldito que estaba tomando el grupo, el resto de compañeros lo mataron y sustituyeron por otro, teoría que encaja perfectamente con la leyenda urbana de Paul Is Dead, que ya se relata en el libro *Leyendas urbanas del rock*, en esta misma colección.

Ciertamente The Beatles provocaron la discordia generacional en la Inglaterra de los sesenta, cuando los jóvenes se preocupaban más de las tribulaciones del cuarteto de Liverpool que de su propio porvenir, más dramático cuando las jovencitas demostraban comportamientos que no estaban bien vistos en la férrea disciplina británica. Pero el descarrilamiento fue al llegar a Estados Unidos y visitar el *Show de Ed Sullivan*, verdadero detonante de la explosión Beatles y la invasión británica del nuevo continente.

El 9 de febrero de 1964 los cuatro de Liverpool se presentaron en el *Show de Ed Sullivan*, tan sólo 780 personas estaban presenciando el programa en directo en el Studio 50 de la CBS, pero más de 5.000 se agolpaban en los alrededores completamente histéricos. El programa contabilizó un récord de audiencia que se mantuvo durante el resto del siglo. Se estimó que más de 73 millones de personas vieron la actuación de The Beatles, un total aproximado de 23 millones de hogares sintonizaron su aparato de televisión con la BBC, marcando un hito en Estados Unidos e iniciando el interés de los medios por los grupos británicos.

Para los amantes de la conspiración, todo fue un montaje de EMI para adentrarse en el mercado americano y socavar la moral de la juventud blanca, por eso las asociaciones cristianas, de extrema derecha y moralistas, se pusieron en guardia con los melenudos de Liverpool. Es por eso que todos estaban al acecho de cualquier incorrección, metedura de pata o escándalo que pudiera darles la excusa definitiva para lanzarse a la yugular y acabar con los mensajeros del Diablo, tal y como pasó dos años más tarde.

La entrevista blasfema

La periodista Maureen Cleave publicó una serie de artículos denominados «¿Cómo vive un Beatle?», en el periódico sensacionalista londinense *Evening Standard*. Cada músico tenía su propia entrevista y se trataba de mostrar la faceta cotidiana de los causantes de la beatlemanía. La entrevista con John Lennon se publicó el 4 de marzo de 1966 y en ella se profundizó en el interés de Lennon por las religiones y en su creciente curiosidad por la cultura y música de la India. Dentro de este contexto, hablaron de cómo había influido el libro *El complot de Pascua* de Hugh J. Schonfield, sobre su visión del cristianismo y se produjeron las siguientes declaraciones del Beatle: «El cristianismo se irá. Desaparecerá o se encogerá. No necesito discutir sobre eso; tengo razón y se me dará la razón. Somos más populares que Jesús ahora! No sé cuál irá primero: rock'n'roll o cristianismo. Jesús estaba bien, pero sus discípulos eran bastos y ordinarios. Son ellos los que lo retuercen lo arruinan». George Harrison también dejó claras sus simpatías sobre la cultura hindú y arremetió contra la autoridad eclesiástica: «Si el cristianismo es tan bueno como dicen que es, debería resistir un poco de discusión».

En el Reino Unido el artículo no creó ningún tipo de controversia, pero Estados Unidos era completamente diferente al Reino Unido. La moralidad americana ya se sintió atacada el 8 de abril de 1966 cuando la revista *Time* publicó la primera portada de su historia sin fotografía, sólo una leyenda que decía «Is God Dead?» con tipografía roja sobre fondo negro. En el interior había un estudio serio sobre las nuevas tendencias de la teología, que ni quiso, ni pudo entender el radicalismo religioso imperante, iniciando una cruzada moralista con críticas de clérigos importantes, políticos y organizaciones cristianas y de ultraderecha. La portada fue nombrada en un artículo de *Los Angeles Time* en 2008 titulado «10 portadas de revistas que sacudieron al mundo».

Tony Barrow, jefe de prensa de The Beatles y persona que acuñó el término *The Fab Four* para la banda, vendió las entrevistas a la revista liberal americana *Date Book*, que las publicó unidas en el número de septiembre de 1966, con una portada donde sólo aparecía Paul McCartney acompañada con un titular referido a Estados Unidos «¡Es un país pésimo donde cualquier negro es un negro sucio!» y otra de Lennon «No sé cuál irá primero: el rock'n'roll o el cristianismo».

A la caza de The Beatles

Los comentarios de John Lennon fueron considerados blasfemos por numerosos grupos religiosos de derechas, el locutor cristiano Tommy Charles de la WAQY de Alabama, destrozó discos de The Beatles en directo incitando a los oyentes para imitar su conducta: «Es tan horrible el sacrilegio que no podemos permitir que se salgan con la suya». Medio centenar de emisoras de radio contribuyeron a una campaña que maldijo, juzgó y condenó a The Beatles. La WAQT alquiló una trituradora de árboles para destrozar todos los discos que aportaran los oyentes; la estación KCBN de Reno, Nevada, organizó una hoguera liberadora donde cientos de personas se purificaron quemando discos, fotografías, revistas y periódicos donde aparecían *The Fab Four*; se celebraron ceremonias de destrucción o quema en cientos de localidades del Cinturón Bíblico, zona del sur del país donde el conservadurismo religioso, mayoritariamente evangelista, dominaba la sociedad y la política, comprendiendo los estados de Alabama, Arkansas, Florida, Georgia, Kentucky, Louisiana, Misisipi, Missouri, Carolina del Norte, Oklahoma, Carolina del Sur, Tennessee, Texas y Virginia.

Brian Epstein tuvo que viajar con urgencia a Estados Unidos para intentar detener el desastre que de entrada había provocado una bajada fulminante de las acciones de la editorial de The Beatles Northern Songs, e intentar salvar una gira americana que peligraba. Finalmente el tour comenzó el 12 de agosto en el International Amphitheatre, Chicago, pero con la obligación de que John Lennon se retractara y pidiera perdón, algo que hizo en la conferencia de prensa previa del 11 de agosto con estas palabras: «Lo siento. Usé la palabra Beatles como algo remoto y abstracto... No me expresé debidamente».

De forma mayoritaria se aceptaron las disculpas e incluso se desmontaron manifestaciones y aquelarres cristianos de quema y destrucción de objetos, pero no todos los sectores cesaron en su condena. El Ku Klux Klan amenazó de muerte a la banda y en especial a Lennon, se produjeron incidentes y altercados durante el tour en el sur del país y en Memphis el alcalde los recibió con una enorme pancarta donde se podía leer «The Beatles no son bienvenidos a Memphis», mientras que el reverendo evangelista Jimmy Stroad convocó una manifestación cristiana a las puertas del Mid-South Coliseum, el 19 de agosto, para demostrar a los Beatles que Jesucristo era más famoso que ellos, aunque sólo consiguió congregar a unos cientos de fanáticos. Esa misma noche durante el concierto, alguien del público tiró un petardo sobre el escenario, provocando que los músicos pensaran que les estaban disparando.

La gira fue probablemente la peor de la historia de la banda con numerosos problemas y fricciones entre ellos, incluso McCartney se planteó dejar el grupo. Su mensaje se radicalizó durante los 14 días de la gira, pero lejos de atacar a la Iglesia, mostraron su rotunda condena contra la Guerra del Vietnam. La gira americana de 1966 fue la última realizada por la banda, que decidió dedicarse a evolucionar en el estudio, entre otras cosas porque su mejor obra hasta la fecha, *Revolver* pasó completamente desapercibida en la gira por la *Controversia de Jesús*, como se conoció esta historia, a lo que se debía sumar el griterío de los fans y el precario equipo de sonido, que

Quema de discos de los Beatles en Georgia, 1966.

impedía que el público escuchara bien su música. Ese mismo 1966, Derek Taylor del gabinete de prensa de la banda declaró a *Los Angeles Times*: «Estoy seriamente preocupado por alguien con un rifle. Después de todo, ya no está Kennedy, pero siempre puedes dispararle a John Lennon».

El 12 de abril de 2010, el periódico *L'Osservatore Romano* de el Vaticano, entidad que condenó en su día las declaraciones de Lennon, perdonó la actitud de la banda en 1966, rebajando todo a una mera actitud juvenil rebelde y elogiando la música del cuarteto, así como su importancia en la historia.

La conexión Crowley

En medio de la *Controversia de Jesús*, The Beatles publicaron en Estados Unidos *Yesterday & Today*, el noveno álbum de los de Liverpool para el mercado yanqui. El álbum creó una fuerte polémica por la portada, conocida como la «portada del carnicero» donde la banda posa con muñecos descuartizados y con piezas de carne cruda sobre piernas y brazos. La portada fue censurada de inmediato y se publicó de nuevo con una foto de los músicos posando junto a un baúl donde aparecía sentado Paul McCartney. Al parecer la portada con la fotografía original de Robert Whitaker, era una alegoría en contra de la Guerra del Vietnam, mientras que otra teoría explicaba que era una broma para denunciar el destrozo que se había realizado con sus discos en Estados Unidos, descuartizándolos y mezclándolos de manera absurda.

El 26 de mayo de 1967, tras cuatro meses encerrados en el estudio de grabación, se editó *Stg. Pepper's Lonely Hearts Club Band*, un trabajo influido directamente por el *Pep Sounds* de The Beach Boys y por el propio *Revolver* de la banda, disco osado y iluminado que fue incomprendido en su tiempo. La banda había decidido dejar de tocar en directo y tras tomarse un descanso que algunos aprovecharon para airear ideas, regresaron al estudio bajo la premisa de libertad total, sin preocuparse de tener que plasmar más tarde lo grabado en un directo. Durante ese periodo de tres meses Lennon participó en la película *How I Won The War* y conoció a Yoko Ono. George Harrison viajó a la India para aprender a tocar el sitar de la mano de Ravi Shankar al mismo tiempo que profundizó en sus conocimientos de filosofía hindú. Ringo Starr tan sólo descansó, mientras que Paul McCathney colaboró con el productor de The Beatles, George Martin en la banda sonora del film *The Family Way* y planeó la idea de un disco conceptual que supuestamente grabaría una banda ficticia, la banda del Sargento Pepper.

Con esa premisa compusieron un disco que revolucionó los esquemas de la música pop hasta la fecha. La libertad de no tener que tocar nada del material en directo, produjo una innovación en las técnicas de grabación que impulsó a ingenieros y técnicos a innovar en un campo que creció espectacularmente a partir de ese momento. Las enseñanzas adquiridas por Harrison se ven reflejadas en el disco con la introducción del sitar en

Preparando la portada de *Stg. Pepper's Lonely Hearts Club Band*.

«Within You Without You»; sus desmanes con las drogas, desde que Bob Dylan les introdujera en el consumo de marihuana se plasman en «A Day In The Life» y «Lucy In The Sky With Diamonds», hasta el punto que la primera fue prohibida en multitud de radios de todo el planeta, incluida la británica BBC.

Un disco mítico incluso en la portada, donde se utilizó la técnica de *collage* para presentar a la banda ficticia con una serie de personajes históricos que los músicos admiraban. Un total de 70 personas que fueron escogidas por los cuatro Beatles, y por Robert Fraser, director artístico. Peter Blacke y Jann Haworth fueron los responsables del diseño de la portada tras una idea de Paul McCartney, que terminó fotografiando Michael Cooper.

No vamos a entrar en la polémica de la portada en referencia a la historia de la posible muerte de Paul McCartney, pero sí es necesario hacer hincapié que uno de los 70 personajes que aparecen es Aleister Crowley, en la parte superior izquierda, provocando la polémica.

Una de las teorías indica que fue Paul McCartney quien adjudicó la plaza a Crowley, dejando entrever que era un seguidor del ocultista y que compartían su afán por fingir la muerte. Crowley fingió su propia muerte, dejando una nota de suicidio cerca de un acantilado y desapareciendo durante un tiempo, para provocar el pánico haciendo esporádicas apariciones como un fantasma.

Sin embargo otras fuentes apuntan a que Lennon fue el interesado en introducir a Crowley, igual que quiso hacerlo con Adolf Hitler y Jesucristo. Tras la polémica de sus declaraciones, EMI no permitió que apareciera la figura de Jesús en la portada y tampoco Hitler, por las connotaciones fascistas que engendraba, no obstante iba incluido en las primeras fotografías hasta que fue tapado con la figura de Johnny Weissmüller (actor que representó a Tarzán), igual que se desestimó la petición de George Harrison de incluir a Mahatma Gandhi, por posibles trabas legales en la India, aunque se aceptó que Harrison incluyera a tres gurús hindús.

El disco ocultista de The Beatles

El que aparezca Crowley en la portada disparó todo tipo de especulaciones, algunas de ellas afirmaban que el disco era un homenaje al ocultista, como remarcaba el periódico británico *The Telegraph*: «En su lanzamiento, una de las teorías sobre el álbum fue que era un tributo encubierto al ocultista Aleister Crowley: que el misterioso sargento Pepper era Crowley. Esto surgió del hecho de que Crowley aparece en la icónica portada de Peter Blake y Jann Haworth y del rumor (falso) de que el LP llegó a las tiendas de discos en lo que habría sido el cumpleaños de Crowley».

Lo cierto es que Crowley pudo entrar en el imaginario Beatles gracias a Barry Miles, quien dirigía la librería Indica Book, donde Lennon comenzó a empaparse de la contracultura, mientras McCartney mantenía una fuerte amistad con Miles, hasta el punto de que terminó siendo su biógrafo. Miles era un gran estudioso de las enseñanzas de Crowley, publicando varios artículos sobre el ocultista en el periódico clandestino *International Times*, del cual Miles era editor y Paul McCartney colaboró con dinero para su lanzamiento. El periódico fue uno de los divulgadores más importantes del movimiento hippie en Londres y conocido por su cercanía a nuevas corrientes filosóficas y místicas.

Con *Stg. Pepper's* se inició una conexión Beatles Crowley que tendría un fatal desenlace.

El misticismo hindú

Brian Epstein siempre fue una persona muy importante y vital para The Beatles; él y George Martin se disputan el honor de ser el quinto Beatle, pero cuando la banda decidió dejar de actuar en vivo, Martin se encontró con un protagonismo específico como productor, mientras que Epstein se vio relegado a un segundo plano.

Al mismo tiempo, una serie de malas decisiones provocaron pérdidas económicas importantes para la banda, creando incertidumbre sobre su continuidad al frente. Todo ello sumado al fuerte consumo de drogas, especialmente cannabis y LSD, más la frustración de una homosexualidad escondida, derivó en una fuerte depresión. Brian falleció el 27 de agosto de 1967 de una sobredosis de barbitúricos para dormir y alcohol, en lo que se consideró una muerte accidental, pero que nunca cerró las sospechas de suicidio. Lennon declaró a los pocos años de su muerte: «Cuando Brian murió, supe que ahí se acababa todo».

La muerte de Epstein pilló a la banda en Bangor, Gales, asistiendo a un seminario de diez días impartido por Maharishi Mahesh Yogi, gurú hindú fundador del movimiento Meditación Trascendental. Con la repentina muerte de Epstein, el grupo tuvo que suspender su estancia, pero planificó una expedición al centro de enseñanza del Maharishi en Rishikesh, en el Valle de los Santos del Himalaya.

El líder de esta expedición hacia la meditación trascendental fue George Harrison, quien había demostrado un interés inusitado por la cultura musical de la India y como consecuencia de sus filosofías y corrientes de pensamiento o religiosas. En 1965 ya descubrió la música hindú, encontrando un aliado en George Martin que había trabajado en los cincuenta con ese tipo de música al realizar grabaciones para Peter Sellers en *The Goon Show* de la BBC, donde Sellers parodiaba a hindús anglófilos con gran éxito, hecho que le llevó a protagonizar la película *The Party* en 1968. Harrison aprendió a tocar el sitar, la tambura y la tabla, pero también se adentró en el concepto raga y las religiones de la India.

La comitiva Beatle, donde además de los cuatro músicos se encontraban sus mujeres, novias, asistentes y un séquito de reporteros, llegó a la India en febrero de 1968, acoplándose a un grupo de otras sesenta personas entre las que destacan el cantautor Donovan, Mike Love de The Beach Boys, el saxofonista de jazz Paul Horn y la actriz Mia Farrow.

El impacto en la banda fue tremendo y decisivo para entender la última etapa del grupo, con una explosión de creatividad insultante; tan sólo hace falta remarcar que durante la estancia en la India se escribieron más de 40 canciones, casi todas ellas destinadas a su próximo disco, *White Album*. Quien sobresalió en implicación e impacto fue George Harrison que pudo abandonar el consumo de marihuana y LSD en pro de la meditación, comulgando con la creencia de la Sociedad Internacional para la Conciencia de Krishna, más conocida como Hare Krishna, fe que no abandonó jamás.

De hecho durante la estancia en Rishikesh, George logró implantar en el ADN de The Beatles la cultura y música de la India, además de una forma de ver las cosas que se reflejaron en los siguientes trabajos. Llegados a este punto debemos hacer hincapié en el Maharishi y el estatus alcanzado en el seno de la banda, no sólo por el viaje a la India y su aprendizaje de la meditación trascendental, sino por el rol que ejerció en la última etapa de la banda, en cuanto a adoctrinamiento personal, mentalidad creativa y variación de objetivos.

Algunos estudiosos de The Beatles apuntan que su vitalidad y energía dotó a la banda de una de las etapas más inspiradoras de su carrera, pero al mismo tiempo les llevó a la disolución.

Cierto es que se podría deducir que el Maharishi utilizó a The Beatles para su propio beneficio, si tenemos en cuenta que la cultura espiritual de Medio Oriente era rechazada por desconocida en la cultura occidental y que sin embargo el hecho de que la banda más importante del planeta accediera a ella, abrió las puertas para que entrara en Occidente a una velocidad inusitada.

El Maharishi ofrecía charlas individuales con cada miembro de la banda, rompiendo la norma de sesiones grupales, con la excusa de que ellos estaban más retrasados al no haber terminado el curso de Gales. Cada Beatle fue marcado de forma diferente, pero sólo George terminó el plan establecido.

Si el viaje a la India parecía que había reunido a la banda en armonía de nuevo, sobre todo a Lennon y McCartney, se trató de un simple espejismo. *White Album* fue un disco desastroso a la hora de grabarlo, la banda completamente deshecha, grabando en estudios independientes y con in-

The Beatles en un ejercicio de meditación.

genieros diferentes, la utilización de Yoko Ono por parte de Lennon para dinamitar la banda fue exasperante y el desprecio de McCartney por las composiciones y la persona de Lennon era más que evidente. La banda se rompió en varias ocasiones, Ringo abandonó por sentirse menospreciado, pero regresó por la mediación de Harrison, George Martin abandonó la producción, Harrison marchó a media grabación a California para grabar un documental sobre Ravi Shankar, pero la adicción a la heroína de John Lennon y su colaboración con Yoko Ono en el álbum experimental *Two Virgin*, fue el momento de inflexión que puso el punto de no retorno.

White Album es para muchos el mejor disco de The Beatles, una obra de arte, grabada con infinidad de problemas, pero lo peor estaba por llegar todavía.

La inspiración de Charles Manson

El 8 de agosto de 1969 el fotógrafo escocés Iain Macmillan realizó la sesión de fotos para la portada del disco *Abbey Road* de The Beatles. La banda cruzaba el paso de cebra que se encuentra junto a los estudios que adoptaron el nombre de la calle y donde The Beatles grabaron la mayor parte de su música.

Charles Manson en el juicio.

Ese mismo día 8 de agosto de 1969 Charles Manson ordenaba a Tex Watson, Susan Atkins, Linda Kasabian y Patricia Krenwinkel, miembros de su secta, conocida como The Manson Family, que fueran a la antigua casa de Terry Melcher en 10050 Cielo Drive en Los Angeles y mataran a todos los allí presentes y de la forma más horrible posible.

En la casa encontraron y asesinaron a la actriz Sharon Tate, esposa del director de cine Roman Polanski, embarazada de ocho meses y medio, el peluquero de las estrellas Jay Sebring, el guionista Abigail Folger y su novia Wojtek Frykowski; además Steven Parent, que había estado visitando al cuidador de la casa.

Al día siguiente, 9 de agosto, Manson, los cuatro asesinos de la noche anterior y dos miembros más del clan, Leslie van Houten y Steve Clem Grogan, asaltaron la casa situada en el 3301 Waverly Drive, ubicada en la urbanización de lujo Los Feliz de Los Angeles y propiedad del magnate de supermercados Leno LaBianca, a quien asesinaron cruelmente junto con su esposa Rosemary.

No eran los primeros asesinatos de los Manson, puesto que ya habían finiquitado a Gary Allen Hinman, profesor de música y estudiante de doctorado en la UCLA, quien permitió que vivieran un tiempo con él a cambio de favores sexuales de las chicas. Fue asesinado por el músico Bobby Beausoleil (quien volverá a aparecer en este libro), el 25 de julio de ese mismo año.

Todo lo relatado formaba parte de una paranoia de Charles Manson, persona conflictiva desde joven que tras varias estancias en prisión, había estudiado diferentes teologías, esoterismo, ocultismo y satanismo, que le había llevado a practicar un mesianismo esquizofrénico aprovechando el interés del entorno hippy del Summer Of Love, creando su propia secta en formato de comuna semejante al ejecutado por Aleister Crowley en la Abadía de Thelema. Manson, que además era un músico frustrado, estudiaba las canciones de The Beatles y buscaba interpretaciones retorcidas en forma de mensajes.

La llegada del Apocalipsis Helter Skelter

Su desequilibrio llegó a su punto más álgido cuando a finales de 1968 escuchó el *White Album* y en especial el tema «Helter Skelter». Durante el juicio celebrado en 1970 declaró que interpretaba las canciones de The Beatles en ese disco como un ejemplo del caos que se avecinaba para la Tierra, anunciando una sangrienta y apocalíptica guerra racial.

La visión de Manson era que el Apocalipsis llegaría cuando la raza negra se levantara en armas contra su gran enemigo el hombre blanco, ello desembocaría en una terrible guerra mundial de razas que dejaría diezmado el planeta. Mientras que su séquito, un ejército de 140.000 fieles, se esconderían en un mundo subterráneo llamado Agartha, que construirían en Spahn Ranch. Se armarían y renacerían como el clan dominador con él como mesías indiscutible.

Todas las canciones de *White Album* hablaban de él y sus seguidores o eso es lo que pretendía hacer creer, tal y como relataba Foz Watson en el juicio: «Cuando el levantamiento no fue lo suficientemente rápido para Manson, tuvo que avanzar y hacer algo brujo. Manson cambió la letra de las canciones de los Beatles para que se ajustara a su propia visión deformada de lo que quería que sucediera».

Comenzó a hablar del «Helter Skelter» como el llamamiento a la rebelión negra, y que él debía liderar el Armagedón. Una trama que comenzó él mismo cuando intentó asesinar a un traficante de color llamado Bernard

Lotsapoppa Crowe, que estaba vinculado a los Panteras Negras, el 1 de julio de ese año 1969. Manson creía que ese sería el detonante del *Helter Skelter*, pero no sucedió porque entre otras cosas Crowe no falleció aunque quedó gravemente herido.

La interpretación enferma de diferentes canciones le empujó a ordenar los brutales asesinatos, ya que él no mató a nadie.

«Blackbird» anunciaba que el momento había llegado, que tenía que provocar el levantamiento negro: «El mirlo cantando en la muerte de la noche/ Toma estas alas rotas y aprende a volar/ Toda tu vida/ Solo estabas esperando que surgiera este momento».

«Piggies» le mostraba el objetivo a seguir, asesinar a gente poderosa con gran impacto social, para provocar una reacción en cadena más salvaje: «¿Has visto los cerditos?/ Arrastrándose en la tierra?/ Y para todos los cerditos/ La vida empeora/ Siempre teniendo tierra para jugar». En los asesinatos, pintaron con sangre de las víctimas la palabra *Piggies*.

«Helter Skelter» era la orden firmada, el inicio del Apocalipsis, hasta tal punto que Manson envió telegramas a The Beatles para informarles y consultar por las acciones a emprender. Misivas que probablemente terminarían en una papelera desechas. «Cuando llego abajo, regreso arriba del tobogán/ Donde me detengo, me giro y me tiro otra vez/ Hasta que llego abajo y te vuelvo a ver/ Dime, ¿no quieres que te ame?/ Estoy bajando rápido pero estoy a millas por encima de ti/ Dime, dime, dime, ven y dame la respuesta/ Podrías ser una amante, pero no eres una bailarina/ Helter Skelter Helter Skelter/ Helter Skelter». En el escenario de los crímenes encontraron la palabra mal escrita, *Healter Skelter*.

«Revolution 9», un tema de experimentación de estudio donde Lennon introdujo la repetición «Number 9», refiriéndose al estudio donde se grabó, fue interpretada como una señal del auténtico número del Diablo. Si bien es conocido que el número de la Bestia es el 666, el número real del Diablo es el nueve, ya que simplifica el anterior: 6+6+6= 18; 1+ 8= 9.

La relación de los crímenes de Manson con The Beatles surgió cuando la banda estaba desecha, puesto que Lennon informó a McCartney su decisión de abandonar la banda el 20 de septiembre de 1969. McCartney declaró al salir a la luz el juicio, «Manson lo interpretó que en la canción "Healter Skelter" nosotros éramos los cuatro jinetes y que nos habíamos propuesto exterminar a todo el mundo. Es terrible que te relacionen con una cosa así». Lennon no le dio mucha importancia e intentó mantenerse alejado de comentarios: «Está chiflado. No sé qué tiene que ver Helter Skelter con el hecho de apuñalar a la gente». Harrison fue posiblemente el más beligerante de los cuatro de Liverpool: «Todo el mundo quiso aprovecharse del fenómeno de los Beatles. La policía, los promotores, los alcaldes y hasta los asesinos. Nos disgustó mucho que nos asociaran con un tipo tan indeseable como Charles Manson»; mientras que Ringo dejaba claro el contraste del horror en una época de utopía generalizada: «Nos quedamos helados ante ese estallido de violencia en medio de aquel ambiente de amor, paz y psicodelia. Fue horrible. Dios mío, puede ocurrirnos a cualquiera de nosotros». Palabras que resultaron proféticas para su compañero y amigo Lennon.

El 8 de diciembre de 1980 John Lennon era asesinado a tiros por Mark Chapman, un fan de la banda, un cristiano radical que pretendía eliminar al anticristo o un satanista seguidor de Aleister Crowley. Todas las especulaciones pertenecen al terreno de las leyendas urbanas, pero es cierto que con el asesinato de Lennon se cierra el círculo abierto al incluir en la portada de *Stg. Pepper's Lonely Hearts Club Band* a Crowley, quien precisamente residió en el edificio Dakota, en la calle 72 de Central Park West, en el Upper West Side de Manhattan, Nueva York, pero esa es otra historia.

The Rolling Stones o Sus Satánicas Majestades

Un joven vividor llamado Andrew Loog Oldham, había pasado de estafar a turistas en la costa francesa a ser publicista de periódicos y revistas americanas y británicas, decantándose por la creciente escena musical londinense, en la cual trabajó para el productor Joe Meek y para Brian Epstein a principios de 1963, por lo que realizó algunos trabajos específicos para The Beatles.

Quizás por eso tenía claro en la cabeza cuál era la estrategia a seguir para levantar de la nada a una banda y colocarla en el centro del universo sonoro, convertirla en la antítesis de The Beatles, encontrar a un grupo y desaliñarlo, presentarlos como un auténtico The Muddy Moptop (la parte superior de la fregona fangosa). Oldham lo encontró en una banda de cinco jóvenes llamada The Rolling Stones que tocaban a menudo en The Marquee e inmediatamente levantó el andamio para reconstruir la fachada a su antojo.

Marchó raudo a entrevistarse con el A&R Disck Rowe de Decca, conocido por ser el hombre que rechazó a The Beatles, en una perfecta jugada que le colocó entre la espada y la pared, fichando de inmediato a los Stones quizás por miedo a ser el hazmerreír del negocio musical de nuevo. Su relación con The Beatles le permitió convencer a Lennon y McCartney para que se pasaran por el estudio y conocieran a los chicos, planificando una trama de amistad y complicidad que terminó con la cesión del tema «I Wanna Be Your Man» de los primeros, convirtiéndose en el primer éxito de The Rolling Stones.

Diseñó una campaña sobre la banda, convirtiéndoles en los chicos malos, los parias y sobretodo remarcando su diferencia con *The Fab Four*. Compró artículos que alimentaban la histeria y avisaban que los bárbaros The Rolling Stones llegaban a la ciudad a tocar, provocando la histeria en la juventud que comenzó a llenar sus actuaciones y a causar altercados, al mismo tiempo que escandalizó a la generación de progenitores que los veían como unos auténticos diablos que llegaban para pervertir a los jóvenes.

Con todo ello, Oldham consiguió que se extendiera una aureola de malditismo sobre el grupo, rematada por una increíble campaña de publicidad que directamente preguntaba a las mentes bienpensantes: «¿Dejaría que su hija se case con Rolling Stone?».

Bienvenidos al lado oscuro

La banda fue creciendo en popularidad al mismo tiempo que en escándalos. En la gira de 1965 por Canadá la policía cortó alguno de sus conciertos provocando la ira del público y convirtiendo los recintos en auténticos campos de batalla; un año antes en Blackpool, Glasgow, los Stones actuaban para más de 6.000 personas, la mayoría de ellas borrachas por ser el último día de una feria comercial. Un grupo de primera fila insultaba y abucheaba a la banda, hasta que uno de ellos escupió a Keith Richards, por lo que este, sin pensárselo, le pateó la cabeza provocando una invasión

The Rolling Stones.

del escenario; se destrozó todo el *backline* del grupo. El ayuntamiento de Blackpool declaró personas *non gratas* a los músicos y levantó una orden por la que se prohibía a The Rolling Stones volver a la ciudad; prohibición que se levantó en el año 2008. Los excesos se les fueron de las manos, sobre todo porque Brian Jones cada día estaba más inestable, y las autoridades levantaron la veda de la caza de un Stone, abarrotando su agenda de redadas, controles y registros en busca de drogas y estupefacientes. The Rolling Stones era la banda que estandarizaba el eslogan sexo, drogas, rock'n'roll.

Brian Jones comenzó a interesarse por el ocultismo, la brujería y el satanismo, tal y como confirmó la cantante alemana Nico en el libro *Nico, the Life and Lies of an Icon* de Richard Witts: «Era como un niño pequeño con un juguete mágico. Fue realmente una excusa para él ser desagradable y sexy. Leía libros de un viejo inglés llamado Aleister Crowley que era el diablo. ¡Le dije a Brian que sabía que él era el Diablo! No fue difícil quedar absorto y, como muchos chicos aburridos de su generación, Brian Jones estaba fascinado. Leyó lo que pudo y aprendió a amar el espíritu desviado del ocultismo». Posiblemente el interés de Jones por el ocultismo viniera por alguna de las varias interpretaciones que existen sobre la posesión de un tercer pezón, que el Stone tenía en la cara interna de un muslo.

En algunas culturas el tercer pezón es signo de virilidad y poderes divinos, mientras que en muchas otras es un signo característico de las personas endemoniadas o que nacen bajo el signo del Demonio.

Sin embargo parece demostrado que quienes introdujeron el ocultismo, la brujería y el satanismo en el universo Stone fueron Anita Pallenberg y Marianne Faithfull, dos *groupies* que llegaron a ser musas y parte importante en los destinos del grupo.

Las brujas de los Stones

Anita era una actriz, modelo y diseñadora de moda que llegó a The Rolling Stones tras ser un componente de La Factoría de Andy Warhol. Anita se coló en el *backstage* de la banda en Munich en el año 1965 y rápidamente se estableció como pareja sentimental de Brian Jones. Su interés por el ocultismo y la brujería era conocido por todos, y aunque era una persona bastante discreta, sus rituales en compañía de Brian Jones no siempre terminaron siendo una buena experiencia.

La adicción a las drogas sumada al componente desestabilizador de la personalidad de Brian Jones les condujo a una relación toxica y destructiva, donde quien se llevó la peor parte fue Jones. La propia Anita lo reflejaba de esta forma: «Solíamos tomar grandes cantidades de ácido y a Brian no le sentaba bien. Tenía malos viajes. Era frágil y enfermizo, violento».

Jones se precipitó en una espiral de violencia hacia ella nada saludable. La Diablesa se procuró las atenciones de Keith Richards, con quien mantuvo una relación de quince años (1967 - 1980) y engendró tres niños, Marlon, Dandelion Angela y Tara, que murió a las diez semanas de nacer.

Se decía de Anita que tenía una auténtica Mano de Gloria, talismán macabro que era muy buscado por ladrones y asaltantes, puesto que dotaba del poder de volverte invisible, así como de doblegar la voluntad de terceros. Existen datos de cómo se puede conseguir una Mano de Gloria en el *Diccionario Infernal* que escribió Collin de Plancy en el año 1826, pero se cree que data de varios siglos de antigüedad. La Mano de Gloria se consigue cortándole la mano a un ahorcado, siendo la mano con la que cometió su crimen y si se desconoce se amputa la mano izquierda, otro símbolo satánico. El miembro amputado se debe sangrar y conservar en salmuera envuelto en ropa del cadáver. Cuanto más horrible era el crimen cometido por el dueño de la mano, más efectiva era la reliquia. Anita no

Anita Pallenberg, la reina oscura.

sólo la poseía, sino que realizaba conjuros y maleficios con ella, al mismo tiempo que estaba obsesionada con los vampiros y siempre estaba rodeada de ajos. Seguramente por efecto del consumo desproporcionado de drogas, comenzó a sentirse vigilada y perseguida por la magia negra, llevando como protector un frasco de agua bendita. Los Stones creían que Anita era una auténtica bruja y entre otras cosas sabían que no se la podía interrumpir cuando estaba realizando un hechizo.

Marianne Faithfull dijo que Anita «era una especie de reina oscura, hermosa y malvada a pesar de su aspecto rubio. La mejor manera en que puedo describirla es que era como una serpiente y podía transfigurarte y mantenerte en su lugar hasta que quisiera mudarse».

Marianne Faithfull entró en el universo Stones de la mano de Andrew Loog Oldham, quien la descubrió como cantante y la invitó con su futuro esposo, John Dunbar, a la fiesta de presentación de la banda en 1964. Faithfull grabó el tema «As Tears Go By» compuesto por Mick Jagger y Keith Richards, alcanzando un gran éxito, previo a que los Stones la grabaran un año más tarde. Faithfull se convirtió en una de las mujeres más populares de la invasión británica de Estados Unidos. En 1965, cuando acababa de dar a luz a su primer hijo, se separó de Dunbar e inició una relación con Mick Jagger.

Marianne Faithfull y la etapa satánica de los Rolling Stones.

Marianne Faithfull se codeaba con el ambiente intelectual del Swinging London, dentro de círculos de paganismo e interesados en el esoterismo y el ocultismo. La relación con Mick Jagger la introdujo en el consumo de cannabis y se vio implicada en las redadas sufridas por Jagger y Richards. La policía la sacó de casa del guitarrista sólo tapada con una alfombra, hecho que 30 años más tarde recordaba como nefasto: «Me destruyó. Una mujer en esa situación se convierte en una puta y una mala madre». Tanto ella como Anita fueron consideradas *groupies* de la banda, pero fueron algo más, eran musas de los Stones y marcaron un camino que hoy en día se conoce como la etapa satánica de la banda.

El inicio de la etapa satánica

La persecución policial, con las consabidas detenciones y escándalos, deterioraron la confianza de la banda en Andrew Loog Oldham. Cuando se presentaban a la justicia por posesión de estupefacientes Oldham, en lugar de preparar su defensa, se marchó a Estados Unidos y dejó el caso en manos del gerente comercial Allen Klein. Mick Jagger fue condenado a tres meses de prisión, Keith Richards a un año y Brian Jones a nueve meses. Jones salió en libertad con la condición de entrar en una clínica de rehabilitación, mientras que Jagger y Richards fueron liberados por el Tribunal de apelación de la Corte Suprema de Londres el 31 de julio de 1967, debido a la presión que ejercieron en las calles miles de fans.

La banda grabó el single «We Love You» en agradecimiento a sus fans. Se editó el 18 de agosto de 1967 y fue el último disco que produjo Oldham, que se vio obligado a abandonar la representación de The Rolling Stones.

George Harrison invitó a los Stones al seminario del Maharishi Mahesh Yogi en Gales, al que acudieron Mick Jagger, Marianne Faithfull y Brian Jones, siendo Jones quizás el único que quedó impregnado de la esencia allí desprendida habiendo demostrado de antemano su interés por la cultura de la India.

La banda comienza a trabajar en lo que será su próximo disco, que se debería llamar *Cosmic Christmas*, un intento desesperado de subirse al tren de The Beatles en *Stg. Pepper's Lonely Hearts Club Band*, pero que no agradó a nadie. El hecho de no tener productor y que ellos mismos se encargaran de las tareas de Oldham, fue uno de los mayores errores profesionales de su carrera, configurando el que para muchos es el peor álbum de la banda.

En busca del Diablo perdido

En aquella época Jagger y Marianne buscan nuevos horizontes personales más allá de las drogas, sobretodo el LSD y comienzan a frecuentar la Iglesia del Proceso del Juicio Final, un grupo religioso fundado por la pareja inglesa Mary Ann y Robert DeGrimston, quienes procedían de la Cienciología. Se les acusó de satanistas, pero adoraban por igual a Dios y a Satán, pues abogaban por el Apocalipsis y enjuiciar a la humanidad. Otro de los músicos que militó en la Iglesia del Proceso durante bastante tiempo fue Miles Davis.

Los devaneos de Jagger y Faithfull en esta travesía en busca de la espiritualidad perdida, les llevaron a experimentar con las Leyes para el Descubrimiento Personal, acrónimo L.S.D, basadas en las experiencias del psicólogo estadounidense Timothy Leary.

Con todo este terremoto de sensaciones, más la presión de grabar un disco psicodélico en clara referencia a la obra maestra de The Beatles, se produjeron varios cambios radicales. El primero de ellos en la portada donde querían provocar un impacto demoledor y se propuso una foto de Mick Jagger crucificado, que no aceptó la compañía ni como tema de discusión. La propuesta final fue que Michael Cooper, fotógrafo que les había acompañado al seminario del Maharishi y había colaborado en el *Sgt. Peppers*, trabajó una imagen lenticular, que con el movimiento da sensación de profundidad e incluso cambia de posición; todos los músicos salvo Jagger debían girarse y entrelazar las manos delante del vocalista, si se mira con detenimiento se pueden ver las caras de los cuatro Beatles. En respuesta a la inclusión de una muñeca con la leyenda «Welcome the Rolling Stones» en *Sgt. Peppers*.

Pero el cambio más significativo fue el título del álbum que pasó a denominarse *Their Satanic Majesties Request*, que terminó por transformarse en el apodo de la banda hasta el día de hoy.

Sympathy for the Devil

Marianne y Anita presentaron al grupo al cineasta *underground* Kenneth Anger, polémico por su estilo surrealista, homosexual, erótico y su afición al ocultismo y satanismo. Anger, un discípulo aventajado de Aleister Crowley, procedía de California donde se había truncado un proyecto llamado *Lucifer Rising*, en el cual el músico Bobby Beausoleil interpretaba al protagonista, un Lucifer simbólico. Durante la filmación Beausoleil comenzó a desconfiar de Anger y preocuparse por Anton LaVey, creador de la Iglesia de Satán, quien tenía mucha influencia sobre Anger, hasta el punto de aparecer en escenas que estaban destinadas a él. La relación entre Anger y Beausoleil se deterioró hasta tal punto que el primero fingió que le habían robado las grabaciones y dio por finalizado el proyecto. Bobby Beausoleil terminó involucrado con Charles Manson como ya hemos visto anteriormente, aunque veremos que regresaría al proyecto final de *Lucifer Rising*.

Kenneth Anger, imitando a su maestro Aleister Crowley fingió su muerte publicando un anuncio en *Village Voice*, «In Memoriam Kenneth Anger. Filmaker 1947 - 1967», para presentarse en su propio funeral en una de las sedes de la Iglesia de Satán. Confesó que había quemado todas sus primeras grabaciones porque no le satisfacían y abandonó la escena californiana para enriquecerse de ideas en la decadencia del Swinging London.

Kenneth Anger en el set de *Lucifer Rising*, Londres, 1970.

Mick Jagger ejerciendo de Lucifer

Anger consiguió un mecenas londinense en John Paul Getty Jr., filántropo que tenía una inmensa fortuna procedente del petróleo y retomó el proyecto *Lucifer Rising*. Rápidamente reclutó a Mick Jagger, Keith Richards, Anita Pallenberg y Marianne Faithfull, el primero para interpretar el papel de Lucifer. La implicación de Jagger fue total e inmediatamente se volcó en componer temas para la banda sonora, sabiendo el potencial que suponía lo oculto dentro de la contracultura y buscando sacar el máximo beneficio. Finalmente Anger realizó un *pastiche* que mezclaba las imágenes grabadas en San Francisco con Beausoleil y LaVey con las nuevas filmaciones de Londres, editando *Invocation of My Demon Brother*, donde se podía ver imágenes del concierto gratuito de The Rolling Stones en Hyde Park, presentación de Mick Taylor como nuevo componente y homenaje póstumo a Brian Jones recientemente fallecido. *Invocation of My Demon Brother* se estrenó en agosto de 1969 en Estados Unidos y obtuvo un gran éxito en el circuito *underground*.

Anger intentó grabar una película biográfica sobre Crowley en la que también contaba con Mick Jagger, pero todo terminó en un falso proceso de preproducción. Cuando retomó el proyecto *Lucifer Rising*, Mick Jagger estaba en un proceso de abandono del ocultismo, debido a los incidentes

Jumpin' Jack Flash   The Rolling Stones

de Altamont, que contaremos más adelante en este libro, pero se sintió obligado a colaborar y le ofreció a Anger la participación de su hermano Chris Jagger, quien finalmente interpretó a Lucifer. Marianne Faithfull continuó involucrada interpretando a la diosa Lilith y se apuntó al equipo el fotógrafo Michael Cooper, encargado de la portada de *Their Satanic Majesties Request*.

Con todo el revuelo que creó que miembros de The Rolling Stones estuvieran trabajando con Kenneth Anger, un discípulo del «Hombre más malvado del mundo» (A. Crowley), que además jugaba con esa fama y se presentaba en sociedad como el «Cineasta más monstruoso del *underground*»; el 24 de mayo de 1968 se publica en single «Jumping Jack Flash» como adelanto de lo que será su nuevo disco, *Beggars Banquet* y volvieron a saltar todas las alarmas cuando la banda se presenta en público en un concierto para *New Musical Express* con su nueva imagen. Mick Jagger maquillado como un nativo norteamericano, mientras que el resto de la banda llevaban los labios y ojos pintados, todos con el cabello extremadamente largo y con pinta de decadentes y siniestros. Para rizar el rizo la portada del single se presenta con esa imagen, pero mientras Mick Jagger lleva un cuchillo en la boca, Bill Wyman se tapa en rostro con una careta de diablo y Brian Jones en primera fila, sostiene una copa de vino, donde muchos quisieron ver sangre y un tenedor en forma de tridente en la otra. Era una declaración de guerra contra el catolicismo más rancio, los Stones se habían pasado definitivamente al lado oscuro y era sólo el principio. Una letra tan inocente como «Jumping Jack Flash» inspirada en el jardinero de Keith Richards al que siempre se le escuchaba trabajar feliz, fue descifrada como la declaración esencial del anticristo en la Tierra:

«Fui criado por una bruja barbuda sin dientes,
Fui educado con una correa golpeando la espalda
Pero todo está bien ahora…
Fui ahogado, fui lavado y dado por muerto
Me caí de pie y vi cómo sangraban, sí, sí
Fruncí el ceño ante las migajas de una corteza de pan
Sí, sí, sí
Fui coronado con un pico justo en mi cabeza
Pero todo está bien»

El 6 de diciembre de 1968 se edita *Beggars Banquet*, un álbum donde abandonan la psicodelia de *Between the Buttons* y *They Satanic Majesties Request* para regresar a las raíces del rock blues con la estupenda producción de Jimmy Miller, pero experimentando con ritmos latinos y nuevos instrumentos hindúes como la tempura, la tabla baya y el shehnai.

La canción más diabólica del mundo

Abriendo el disco bajo un ritmo de samba aparece el tema «Sympathy for the Devil», transformando a The Rolling Stones en unos auténticos apóstoles de Satanás para la mayoría de la opinión pública y a Mick Jagger en el *Príncipe de las Tinieblas*. Posiblemente todo fue sobredimensionado, pero las circunstancias que envolvieron el tema ofrecieron mucho juego.

La letra, aunque se atribuye a Jagger y Richards, es obra del primero, basada en la novela *El maestro y la Margarita* del escritor ruso Mijail Bulgakov, terminada en 1940 poco antes de fallecer y publicada por su esposa veintiséis años después. La novela es una dura crítica al régimen comunista de Stalin en la antigua Unión Soviética. Marianne Faithfull le regaló un ejemplar del libro a Jagger al poco de editarse en inglés y su lectura fue lo que le inspiró a la letra de la canción, si bien el vocalista ha declarado en alguna ocasión que se trataba de una antigua idea del escritor francés Baudelaire.

Jagger narra atrocidades históricas para la humanidad desde el punto de vista de Lucifer, solicitando pleitesía y sumisión:

«Por favor, permítame presentarme
Soy un hombre rico y de buen gusto.
He estado vagando desde hace muchos años
Robé el alma y las creencias de muchos hombres
Yo estaba vagando cuando Jesucristo
Tuvo su momento de duda y dolor
Aseguré que Pilatos
Se lavara las manos y firmó su destino.
Encantado de conocerte
Espero que adivines mi nombre
Pero lo que te desconcierta
Es la naturaleza de mi juego
Me quedé por San Petersburgo
Cuando vi que era tiempo de cambiar
Maté al zar y a sus ministros.
Anastasia gritó en vano.
Monté en un tanque
Luciendo el rango de un general
Cuando la guerra relámpago
Y los cuerpos apestando.
Encantado de conocerte…
Vi con alegría
Mientras tus reyes y reinas
Luchaban durante diez décadas
Para los dioses que hicieron, grité
¿Quién mató a los Kennedy?
Cuando después de todo
Fuimos tu y yo…
Así como cada policía es un criminal
Todos los Santos son pecadores
Como la cara y la cruz

Llámame solo Lucifer
Porque necesito un poco de moderación
Entonces si me conoces
Ten un poco de cortesía
Ten un poco de simpatía y buen gusto.
Utiliza toda tu buena educación
o echaré a perder tu alma»

Para aumentar el malditismo de la banda, está el documental *Sympathy for the Devil* (inicialmente *One Plus One*) de Jean-Luc Godard, en el cual se puede ver la construcción del tema paso a paso, su transformación y se adivina cómo Mick Jagger va caracterizándose poco a poco en un emisario poseído. Anita Pallenberg, famosa por su afición a la brujería, graba los coros del tema, con el inquietante «Who, who, who», que terminó siendo «Woo, woo, woo». Se aprecia como Brian Jones está completamente anulado, ignorado, y se ha transformado en un autista y todo ello mezclado con imágenes de los Black Panthers o el cambio de la frase «¿Quién mató a Kennedy?» pasándola al plural, puesto que cuando se estaba grabando el tema, entre el 4 y el 10 de junio de 1968, Sirhan Sirhan, un palestino de 24 años, asesinó a Robert F. Kennedy de tres disparos en el Hotel Ambassador de Los Angeles.

Por si eso no fuera suficiente, una semana después de la edición de *Beggars Banquet* y en plena polémica sobre el satanismo de los Stones, salieron a la luz pública unas imágenes del programa de televisión que la banda estaba grabando para la BBC, llamado *The Rolling Stones Rock and Roll Circus*, donde un Jagger completamente fuera de sí se desgarra la camisa y deja su pecho descubierto con un enorme tatuaje del Diablo. No cabía ninguna duda que sus Satánicas Majestades habían venido para destrozar la moral de Occidente y derribar todas sus creencias sagradas, eran auténticos discípulos del mal, de Lucifer.

1969, el año maldito

Jagger era el mismísimo Diablo y el mayor exponente maligno del rock, jamás antes nadie había representando tal cruelmente la decadencia en la juventud, ni siquiera Lennon cuando aseguró ser más popular de Jesucristo. Tal y como declaraba Jagger a la revista *Rolling Stone*: «Antes, solo éramos niños inocentes para pasar un buen rato, pero después de *Sympathy for the Devil*, están diciendo: "Son malos, son malos..." Hay magos negros que piensan que estamos actuando como agentes desconocidos de Lucifer y otros que piensan que somos Lucifer».

No obstante hay algo irrefutable, «Sympathy for the Devil» abrió la Caja de Pandora y todo lo que llegó después fue diferente. Kieran Leonard, músico ocultista y periodista musical, apunta en un artículo en el tabloide británico *Independent* con motivo del 50 aniversario de la edición del tema: «Abrió la puerta al satanismo en el rock como corriente principal. El lado oscuro siempre estuvo en el aire, era fascinante, pero *Sympathy* fue el pinchazo en el mapa del tiempo». Posiblemente sea cierto que sin esa apertura musical descarada de los Stones al lado oscuro, hubiera sido muy complicado el uso de lo diabólico, lo infernal o el propio Demonio como inspiración artística, un hecho que se ha convertido en cotidiano a día de hoy.

Entonces llegó 1969, un año nefasto para la música rock y en especial para The Rolling Stones. El 11 de diciembre la banda realiza la grabación del programa de la BBC *The Rolling Stones Rock and Roll Circus*, donde junto a la banda aparecían actuaciones de The Who, Jethro Tull con Tommy Iommi, que sustituía a Mick Abrahams durante dos semanas antes de reunirse con sus antiguos compañeros y formar Black Sabbath, Taj Mahal, Marianne Faithfull, Yoko Ono y el supergrupo Dirty Mac formado por John Lennon, Eric Clapton, Keith Richards y Mitch Mitchell. A la consabida difusión de la instantánea de Mick Jagger con el pecho tatuado con el Diablo, se debe sumar la inoperancia absoluta de Brian Jones y el excesivo consumo de drogas por parte de toda la banda. El resultado fue desastroso; The Who, que acababan de terminar una gran gira barrieron del mapa al resto de bandas en calidad y actitud, por lo que The Rolling Stones secuestraron el proyecto y se perdió en un cajón hasta que se estrenó el 12 de octubre de 1996 en el Festival de Cine de Nueva York.

Cuando en mayo del 69 estaban con más de media grabación terminada del nuevo disco *Let It Bleed*, Brian Jones sólo había contribuido en un par de temas, por lo que todo el peso de las guitarras recayó sobre Keith Richards, quien hacía tiempo que no soportaba a Jones, debido a su tóxica relación con Anita. Episodios de violencia, consumo de drogas descontrolado, accidentes de tráfico y capítulos de esquizofrenia llevaron a la banda a despedirlo el 8 de junio, aunque un día más tarde Jones ofreció una rueda de prensa donde anunció que abandonaba la banda por voluntad propia, «ya no me veo trabajando cara a cara con los demás por los discos que estamos grabando».

The Rolling Stones Rock and Roll Circus.

Brian falleció en extrañas circunstancias, ahogado en su piscina y con la sombra de un asesinato de por medio, el 3 de julio de 1969, dos días antes de que la banda que creó junto a sus amigos presentara al nuevo guitarrista, que ocuparía su lugar, en un concierto gratuito en Hyde Park, que finalmente terminó siendo su homenaje póstumo.

La banda sustituyó a Brian por Mick Taylor un joven y prometedor guitarrista de blues de 20 años que militaba en los Bluesbreakers de John Mayall. *Let It Bleed* (Déjalo sangrar) es un disco donde la música afroamericana marca el nuevo sonido de los Stones, blues, góspel y soul, sabor negroide para un disco donde explotan el lado oscuro. Por un lado el nombre, *Déjalo Sangrar*, introduciendo el dedo en la llaga para que no se pueda curar jamás, el segundo tema del disco es una versión maravillosa de «Love In Vain» de Robert Johnson, el *bluesman* que hizo el pacto con el Diablo, un pacto que parece repetirse con el slide que coloca Taylor. Se suman algunos textos que rápidamente fueron tildados de malévolos e incluso satánicos.

«Midnight Rambler»
«Estoy hablando del excursionista de medianoche
¿Me viste saltar la pared del jardín?
No te provoco mucha alarma
Vestido con mi capa de gato negro
No veo la luz de la mañana
Voy a parar el gallo que canta
Estoy contando sobre el excursionista de medianoche
Bueno, cariño, no es un espectáculo de rock and roll
Y todos tienen que irse…
Dejará tus huellas por toda la sala…
¿Me viste saltar la puerta de la habitación?
Me llaman ladrón que golpea con ira
O simplemente un cuchillo afilado, punta puntiaguda
Te clavaré mi cuchillo en medio de la garganta y eso duele»

Muchos quisieron leer entre líneas que el Excursionista de Medianoche no era otro que Charles Manson cometiendo los atroces asesinatos de Sharon Tate, sus amigos y el matrimonio LaBianca. Aunque hay
otra versión que afirma que se trata de un tema sobre el estrangulador
de Boston, un asesino en serie que asesinó a trece mujeres entre 1962
y 1964.

En el tema «Let It Bleed» que daba título al disco, hubo quien vio una
invitación a refugiarse en Satán.

«Estaba soñando con un compromiso de guitarra de acero
Cuando te bebiste mi salud en té de jazmín perfumado
Pero me encerraste en mi sucio sótano
Con esa enfermera hastiada, desvaída y drogadicta, qué compañía
tan agradable
Sin embargo, todos necesitamos a alguien con quien podamos
sentirnos
Sí, y si quieres, puedes sentirme…
Sí, todos necesitamos a alguien a quien podamos sangrar
Sí, pero si quieres, me puedes sangrar…».

El asesinato de Meredith Hunter en Altamont.

La infame prepotencia Stone

Ese verano de 1969 se celebró el legendario festival de Woodstock y The
Rolling Stones no estaban en el cartel; su gira americana había sido un
extraordinario éxito a pesar de las entradas tan caras, y la soberbia de Mick
Jagger no podía aceptar que un festival tan multitudinario les hiciera sombra, por lo que organizaron un festival gratuito para intentar superar el
éxito de Woodstock. El Altamont Speedway Free Festival fue un concierto de rock realizado el 6 de diciembre de 1969 en el abandonado autódro-
mo de Altamont, al norte de California. La banda configuró un cartel con
Santana, Jefferson Airplane, The Flying Burrito Brothers, Crosby, Stills,
Nash and Young y Grateful Dead que finalmente abandonaron el recinto,
cuando vieron el desastre que se avecinaba.

La organización del evento puede estar calificada como el mayor desastre de la historia y es muy complicado encontrar en los archivos un concierto de similares características tan pésimamente preparado. Infinidad de
errores, las prisas, y sobretodo el despotismo de The Rolling Stones, les
llevó a contratar como seguridad del evento a la banda de motoristas Hell
Angels, pagando su tarea (por llamarla de alguna forma) con un furgón de
cerveza y drogas. Los Hell Angels agredieron a músicos de Jefferson Airplane, cargaron con sus Harley Davidson contra la multitud y finalmente, du-

rante el concierto de los Stones agredieron indiscriminadamente al público de primera fila que se amontonaba para ver a sus ídolos. Tras varios parones y mientras la banda interpretaba «Under My Thumb» fue asesinado Meredith Hunter, un joven afroamericano de 18 años, implicado en un altercado anterior con los Hell Angels, Hunter sacó una pistola y el Angel Alan Passaro le asestó cinco puñaladas, para acto seguido ser pateado y linchado por sus compañeros. Esta brutal escena se puede observar en el documental *Gimme Shelter* grabado por los cineastas Albert y David Maysles y Charlotte Zwerin. En Altamont hubieron tres muertes más por accidentes y noventa y ocho heridos, la mayoría a consecuencia de atropellos de los Hell Angels. Es posiblemente el hecho más execrable de la carrera de The Rolling Stones y ellos son, sin la menor duda, los responsables directos de tal desastre.

Escapando del Demonio creado

Tras la tragedia de Altamont, tanto Jagger como Richards se plantearon sus incursiones en el ocultismo, su arrogancia había tenido consecuencias dramáticas tal y como contaba Marianne Faithfull: «Mick y Keith se sentían inmortales e intocables, como si no pudieran equivocarse. No habían pensado en las consecuencias de lo que estaban haciendo, los actos aleatorios de locura. No tenían idea de las fuerzas demoníacas que se estaban reuniendo. Hicieron bromas sobre estas cosas, porque en Inglaterra, El Apocalipsis es un concepto bíblico. En los Estados Unidos, dada la mezcla de fantasía y vida real, especialmente en la cultura hippie, parecía una posibilidad definitiva. Los Stones no tomaron nada de esto en serio. Anita y yo, siendo mujeres, éramos un poco menos cínicas sobre estas cosas».

Tony Sánchez, asistente y *dealer* de Keith Richards durante esa época, fotógrafo y coautor junto con John Blake del libro *Up and Down with The Rolling Stones. My Rollercoaster Ride with Keith Richards* describe la situación en una carta enviada a la revista *Rolling Stone*: «Los Stones, o al menos algunos de ellos, han estado involucrados en la práctica de la magia desde el álbum *Satanic Majesties Request*. Pero al menos el color era más blanco que negro. Desde entonces, el tono se había vuelto cada vez más oscuro. En Altamont, apareció en toda su majestad con su consorte de demonios, Los Angeles del Infierno. Fue solo unos días antes del solsticio de invierno cuando las fuerzas de la oscuridad son más poderosas. Se pagó un precio agonizante por la lección».

Mick Jagger decidió alejarse del mundo en el que se había involucrado y de su principal emisario, Kenneth Anger, abandonando el proyecto *Lucifer Rising* y según Faithfull: «era espeluznante, pero cuando sus protestas y frustraciones se quedaron sin respuesta y comenzó a arrojar copias de William Blake por las ventanas... Mick tomó todos nuestros libros de magia e hizo una gran pira en la chimenea».

Por su parte Richards había tenido de inquilino durante un tiempo a Anger en su casa de Redlands y se desprendió de él. Por aquel entonces Anita estaba teniendo problemas con la administración británica y se podría producir una expulsión del país, por lo que Kenneth sugirió una boda pagana de igual validez administrativa. En principio la pareja accedió pero tras conocer ciertos requisitos como pintar la puerta de la casa de oro y otros actos ceremoniales a modo de hechizos y amuletos protectores, renunciaron provocando una fuerte discusión con Anger que marchó de la casa. Sánchez cuenta en su libro *Up and Down...* que a la mañana siguiente, cuando se despertaron, la puerta estaba completamente pintada de oro por dentro y por fuera y nadie había forzado la cerradura. «Todos nos miramos y vi miedo en los ojos de Keith y Anita», cuenta Sánchez, apostillando que Richards dijo «no quiero seguir con ninguna boda de magia negra. Hemos ido lo suficientemente lejos».

Altamont acabó con las aspiraciones satánicas de los Stones, y su nuevo disco, *Sticky Fingers*, no incluía ninguna alusión a lo oculto en las letras, aunque se volcó de lleno en la apología de las drogas y tuvo serios problemas de censura por la portada, donde unos pantalones tejanos en primer plano dejaban entrever la marca de los genitales, además de incluir una cremallera para poder abrirlo. Entre otras cosas, la censura franquista dio muestras de su supina ignorancia prohibiendo la publicación de la imagen, pero dejando otra más dantesca, una mano saliendo de una lata de conservas con una salsa que parecía sangre, dando pie a varias interpretaciones, por un lado el título *Dedos Pringosos* y la mano saliendo de la lata en una sugerencia muy sexual, por otro la sangre la transformaba en una de las portadas más satánicas de la banda.

Otro detalle a tener en cuenta de *Sticky Fingers* es que lanza por primera vez la imagen de la lengua de los Stones, un diseño creado por John Pracher. La lengua está basada en la diosa hindú Kali, un nombre que deriva de Kala, significando «Negro», «Tiempo», «Muerte». Kali es una deidad que tiene dos visiones, mientras que para unos es la devoradora de demonios, sedienta de su sangre y sanadora; otros la asocian como un anexo indivisible de Shiva, salvaje e irrefrenable, por lo que se asocia a forajidos, asesinos y violadores.

Del caldero del infierno a la ruleta rusa

No fue hasta 1973 con la grabación de *Goats Head Soup* que volvería a saltar la polémica, primero por la portada elegida, donde se podía ver una cabeza de macho cabrío en un caldo sanguinolento en ebullición dentro de una gran marmita, dispuesta a ser consumida en un aquelarre satánico. Portada que fue censurada inmediatamente, sin reparar que lo verdaderamente grotesco y diabólico estaba en el interior, la que es de lejos, la canción más gótica y terrorífica que han podido escribir las mentes de Jagger y Richards.

«Dancing With Mr D»

«En el cementerio tenemos nuestra cita, el aire huele a algo dulce, a enfermo.

Él nunca sonríe y su boca sólo se retuerce. Pero sé su nombre, le llaman Mr. D.

y un día de estos nos va a liberar.

Calaveras humanas cuelgan alrededor de su cuello, las palmas de las manos pegajosas y húmedas…

Entonces vi cómo su carne se desprendía de los huesos

Los ojos le ardían como carbones en la calavera

Señor, ten piedad, fuego y azufre

Estaba bailando con Miss D».

En octubre de 1974 los Stones parecen completamente arrepentidos de sus devaneos con el Demonio y lanzan el álbum *It's Only Rock'n'roll*, «es sólo rock'n'roll, pero me gusta, es sólo un montaje, una imagen, pero siempre me ha gustado». Entran en una de las etapas más pobres creativamente hablando y para muchos, jamás retomaron los niveles de su época dorada, de su época satánica.

Pero la historia de los Stones sigue teniendo pasajes oscuros que no hacen otra cosa que agrandar su mala reputación. El 20 de junio de 1979 Keith Richards se encontraba grabando en Bahamas el nuevo ál-

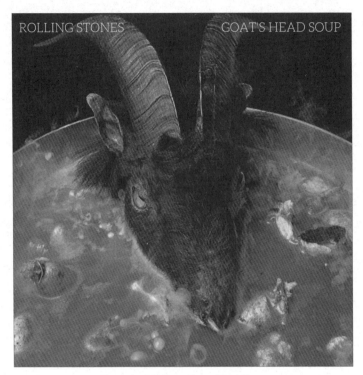

Portada del disco *Goats Head Soup.*

bum *Emotional Rescue*, cuando se enteró de que en su casa de Nueva York habían encontrado muerto a un adolescente de 17 años llamado Scott Cantrell que trabajaba de jardinero para la pareja. Todo indicaba que él y Anita estaban jugando a la Ruleta Rusa en la cama con una pistola Smith & Wesson del 38. Una bala en un cargador de seis proyectiles, se gira el bombo y el azar determina quién se vuela la tapa de los sesos, siendo Scott el agraciado con el macabro premio. Anita se libró de la cárcel en un caso que se determinó como suicidio, pero jamás aceptaron los padres de la víctima, siendo el final definitivo de la pareja y para muchos, con el alejamiento de Anita se cerraba la etapa más oscura de la banda.

Hay quien insiste en que la última incursión en el satanismo de los Stones fue la portada del single «Start Me Up» de 1981, donde una pata de cabra se calza un zapato femenino. Pero todo terminó en Altamont en 1969, el año de Charles Manson, el mismo en el que Anton LaVey, creador de la Iglesia de Satán anunciaba el inicio de un nuevo ciclo, el de las Nueve Confirmaciones Satánicas.

Led Zeppelin. El ocultismo de Jimmy Page

Jimmy Page es uno de los mejores guitarristas de la historia y pocos se atreven a cuestionarlo, pero también es cierta su fama de ladrón de canciones, o mejor dicho de suplantador de autores, con una larga lista de apropiaciones que se dirimieron en los tribunales o con acuerdos económicos a las puertas de ellos. Otra de las vertientes más oscuras del guitarrista se debe a la larga lista de desmanes y escándalos provocados en los años de máximo esplendor de Led Zeppelin, donde las drogas y el sexo eran el centro de atención; escándalos que en muchas ocasiones traspasaron la línea de lo inmoral y posiblemente de lo ilegal, aunque tapado por la creencia absurda de que las rock stars tenían patente de corso para hacer lo que les viniera en gana. Especialmente su relación con la *groupie* Lori Madox, que no por ser consentida deja de ser pedofilia al tener ella 14 años y él 28 largos.

Sin embargo lo que nos atañe en este relato es su faceta ocultista y en algunos casos satánica, que es la que produce la especulación y la leyenda, pero que tiene un lado oscuro completamente demostrado.

El interés de Page por el ocultismo le viene desde bien joven, cuando con 15 años cayó en sus manos un ejemplar del libro *Magick in Theory and Practice* de Aleister Crowley. Desde ese momento se cultivó en las enseñanzas de Crowley y sin haber obtenido la mayoría de edad se sumergió en el foco de la escena musical londinense, como las jam session organizadas por Ciryl Davies y Alexis Korner, donde conoció a dos jóvenes interesados por la guitarra como él, Jeff Beck y Eric Clapton. Como ya hemos visto en este libro la contracultura londinense y en concreto la escena del skiffle y el blues estuvieron muy marcadas por las enseñanzas de Crowley, lo que hizo que Page se sintiera como pez en el agua. Con 17 años realizó su primera grabación como músico de sesión para Brian Howard & The Silhouettes y nada más cumplir la mayoría de edad Mike Leander de Decca Records le ofreció un contrato como músico de sesión de sus estudios.

Cuando Eric Clapton abandona The Yardbirds le ofrecen el puesto de guitarrista pero lo rechaza por la estabilidad económica que le proporciona el estudio. Page pasó casi una década encerrado en el estudio y es incalculable el número de grabaciones en las que ha participado, la mayoría está sin acreditar.

Jimmy Page frente a un retrato de Aleister Crowley.

Finalmente, cuando Paul Samwell-Smith anunció que dejaba The Yardbirds, Page aceptó el puesto de bajista durante un breve tiempo hasta que intercambió instrumento con Chris Dreja y pasó a ser el segundo guitarrista.

Tras la marcha de Beck la banda continúa como cuarteto liderado por Page/Dreja, editando un sólo disco, *Little Games* de 1967 donde aparece una primitiva versión de «Dazed and Confused», primer tema donde se deja entrever la inspiración oscura de Page en las atmósferas sonoras del mismo. La transformación completa del grupo pasa por The New Yardbirds y finalmente en Led Zeppelin, con Robert Plant, John Paul John y John Bonham, una de las bandas más poderosas del rock.

Cuando Led Zeppelin se plantearon grabar el primer disco, Page tenía una fe ciega por el éxito del grupo por lo que arriesgó todo su dinero en una producción de nueve días, mientras que el mánager Peter Grant, otro individuo siniestro y oscuro, consiguió que Atlantic pagara 143.000 dólares de adelanto por una banda que editaba su primer álbum, además asegurando no inmiscuirse en las tareas de grabación, producción, management, diseño y promoción. Era la primera vez que esto ocurría, ni siquiera The Beatles o The Rolling Stones tuvieron tanta libertad. Con estas premisas Led Zeppelin pasó de la nada a la cima del rock en cuestión de meses, creciendo a la misma velocidad su fama de salvajes fuera de los escenarios, lo que propició que se comenzara a hablar de un posible pacto con el Diablo, y señalando a Jimmy Page como el verdadero ejecutor del contrato demoníaco.

Descubriendo el lado siniestro

Page pierde el autocontrol que hasta la fecha había conseguido con su afición al ocultismo en el tercer disco de la banda. En el vinilo del álbum y en el single «Inmigrant Song», aparece el mandamiento más importante de la ley de Thelema, «Hacer lo que quieras es la única ley», serigrafiado junto a la etiqueta, se dice que el resto de la banda desconocía esos planes.

En 1970 compró Boleskine House, una mansión a orillas del Lago Ness, que había sido propiedad de Crowley a principios de siglo. Se trata de una antigua iglesia del siglo XVIII a orillas del Lago Ness, que fue consumida en un terrorífico incendio en el cual perecieron el párroco y todos los feligreses y donde Crowley realizó conjuros, hechizos e incluso sacrificios.

La paranoia del guitarrista de Led Zeppelin le llevó a contratar a Charles Pierce para acondicionar la casa a imagen y semejanza de cómo se suponía que la tenía Crowley. Page declaró en 1985 cuando se deshizo de la casa: «Han ocurrido cosas extrañas en esta casa que no tienen nada que ver con Crowley, un hombre fue decapitado allí antes de que Crowley llegara. Por supuesto, después hubo suicidios, gente ingresada en hospitales mentales…».

Page abrió una librería ocultista en Londres bajo el nombre de Equinox, extraído de una revista que Crowley comenzó a publicar en 1909. La librería divulgó todo tipo de contenido literario relacionado con el ocultismo, satanismo, paganismo, así como creencias de culturas ancestrales al margen del cristianismo, pero sobretodo la obra de Aleister Crowley. La biblioteca cerró en 1979 debido a las enormes pérdidas económicas que producía y la complejidad de compaginar las giras y compromisos de Led Zeppelin con la gestión de Equinox.

El despliegue esotérico completo se llevó a cabo en el Volumen IV de Led Zeppelin. La grabación se realizó en una mansión llamada Headley Grange, una mansión de más de 200 años a seis kilómetros de Londres,

Jimmy Page frente a la mansión Boleskine House.

que había sido destruida en 1830 por una turba de cerca de mil campe-
sinos para revelarse contra los diezmos elevados. El equipo de grabación
y la propia banda contaron historias de ruidos extraños y la presencia de
fuerzas incomprensibles que deambulaban por la mansión. Sin embargo
durante unos años fue alquilada por varias bandas de rock como Fleetwood Mac, Bad Company, Genesis o The Pretty Things sin que tuvieran
la misma sensación.

Lo cierto es que el tema «Black Dog» fue compuesto inspirado en
un perro Retriever que fue descubierto ahorcado dentro de la propiedad
durante la grabación.

La foto de la portada se dice que es George Pickinggill, un gran brujo
practicante de la Wicca, religión celta precristiana que creó escuelas de
magia llamadas Covens, siendo una de ellas donde Crowley fue instruido.
En el interior de la carpeta presenta un grabado de la que podría ser la carta del Tarot El Ermitaño, la novena de los arcanos mayores que representa
la prudencia equilibradora, portando el bastón de la autoridad y el farol
de la sabiduría. Pero lo más destacado es la inclusión de las cuatro runas
identificativas de cada uno de los músicos.

Las runas de Led Zeppelin IV

John Paul Jones se representa con un antiguo sello de origen celta, la Triquetra, que simboliza la vida, la muerte y el renacimiento.

John Bonham «Bonzo» se decanta por tres círculos entrelazados que podrían estar vinculados a la Trinidad, aunque lo más probable es que fueran las marcas que dejan los vasos de cerveza en el mostrador el bar.

Robert Plant escogió una pluma en un círculo que muchos entendieron que reflejaba ser el compositor del grupo, pero que lejos de ser cierto es uno de los símbolos que posee la diosa de la justicia, Matt. Según la creencia, el corazón del difunto se pesa contra una pluma de Anubis delante del guardián del inframundo, aquel que pese más que la pluma está lleno de envidia, desprecio y tiene la entrada vetada en el reino de Osiris. El propio Robert Plant desveló que su simbología estaba inspirada en la leyenda del continente desaparecido hace unos 15.000 años y llamado Mu.

Jimmy Page portaba el más complicado de entender y descifrar, la palabra Zoso. Una de las explicaciones esotéricas más arraigadas apunta a un arquetipo que representa Saturno en asociación con Capricornio, signo astrológico del guitarrista. En algunas culturas, así como filosofías esotéricas y ocultistas, Saturno representa a Satán, es el dios de los oculto, es el nombre del sexto planeta del sistema solar, del sexto día de la semana, Saturn – Day y posee una distribución nubosa hexagonal como tercer 6, es decir Saturno representa el 666, el número de la bestia.

Además el tema «Starway to heaven» fue acusado de contener mensajes satánicos si se escuchaba reproduciendo el disco al revés, *backmasking*.

«Canto porque Satán vive en mí / Dios me repugna y no
puedo escapar / pero aquí está mi dulce Satán, mi poder
es Satán / Él me dará el 666, Satán vive en mí».

Lucifer Rising.

La maldición de Lucifer Rising

En 1973 Jimmy Page conoce a otro gran admirador de Crowley, el cineasta Kenneth Anger, quien tras la decepción sufrida con Mick Jagger, consiguió terminar su proyecto *Lucifer Rising*. Anger le ofrece a Page la composición de la banda sonora y el guitarrista accede, pero los compromisos con la banda le impiden dedicarse a la composición y al igual que con la librería Equinox, debe abandonar el proyecto, entregando en julio de 1976 tan sólo 28 minutos de música. Anger se sintió engañado y estafado, por lo que inició una campaña de desprestigio hacía el guitarrista, concediendo entrevistas a la prensa en las que dijo que Page era adicto a la heroína y no podía componer más música, declaraciones que fueron recibidas por las hienas del periodismo conservador como maná del cielo y material disponible para destruir al Paganini del rock. Anger llegó a decir: «No soy cristiano y no tengo porque poner la otra mejilla. Lo que he hecho es lanzarle una maldición».

Al final la banda sonora de *Lucifer Rising* la compuso desde la cárcel Bobby Beausoleil, donde cumplía cadena perpetua por el asesinato de Gary Hinman, como miembro de la familia de Charles Manson.

A los pocos días se produjeron graves disturbios a las puertas del concierto en Cincinnati, con varios heridos de consideración. Jimmy Page terminó enganchado a la heroína tal y como pronosticó Anger. El 4 de agosto Robert Plant y su familia tuvieron un grave accidente en Rodas, Grecia. En el coche viajaba la hija de Jimmy Page, Scarlett, que fue la única que resultó ilesa, mientras que la peor parte se la llevó Plant con fractura de brazo y tobillo. John Bonham sucumbió al alcohol y el rendimiento de la banda bajó para la grabación de *Presence*, que fue el primer álbum que no funcionó como lo esperado. La gira americana de 1977 tenía todas las entradas agotadas, pero a mitad de la manga se suspendió porque el hijo de Robert Plant, Karac, había fallecido de una infección respiratoria muy extraña. Al funeral no acudió Page que estaba visitando la Abadía de Thelema en Sicilia.

Tras una fuerte depresión de Plant, vuelven al estudio para grabar *In Throught The Out Doors*, donde Page introduce sonidos rescatados de la banda sonora que preparó para *Lucifer Rising*. El 24 de septiembre de 1980 falleció ahogado en su propio vómito John Bonham y la banda decide poner punto final a su carrera.

Como he apuntado al principio, este terreno pertenece al de las leyendas urbanas, pero los hechos están narrados, ahora depende de la imaginación de cada uno.

V. BUSCANDO LA NUEVA ESPIRITUALIDAD

En noviembre de 1938, el científico y químico suizo Albert Hofmann trabajaba en los laboratorios Sandoz de Basilea y sintetizó por primera vez dietilamida de ácido lisérgico (LSD) con fines terapéuticos en la estimulación respiratoria. En abril de 1943 por accidente, absorbe a través de las yemas de los dedos una pequeña cantidad y descubre sus poderes alucinógenos y de estimulación mental. Tres días más tarde decide experimentar los efectos del LSD ingiriendo una dosis de 250 microgramos, que le provoca profundos cambios de percepción y su ayudante se ve obligado a acompañarle a su casa montado en una bicicleta. Se trata del primer viaje por LSD, reconocido desde entonces como *El Día de la Bicicleta*.

Hofmann fue pionero en la investigación de plantas visionarias y en sugerir la administración de enteógenos para el tratamiento psicológico y el crecimiento espiritual. Sus estudios sobre los efectos de las sustancias psicodélicas en la naturaleza humana, la psique y la expansión de la conciencia, le valieron la reputación de científico místico, filósofo visionario, e involuntariamente sentó las bases de la revolución psicodélica de la década de los sesenta, del movimiento contracultural más importante del siglo XX.

Albert Hofmann.

Hofmann reconoció la existencia de lo sobrenatural más allá de la materia. Curiosamente un experto científico facilitó una visión filosófica de la espiritualidad. La ciencia no puede explicarlo todo por mucho que queramos convertirla en el nuevo dogma, y es en esos resquicios desde donde se puede entrever el alma: «Toda esta conexión entre el mundo material y el espiritual sucede en nuestro cerebro. Hasta ahí podemos seguir las ondas energéticas que vienen del exterior... pero ahí empieza el mundo espiritual».

En 1952 los laboratorios Sandoz exportan el LSD a Estados Unidos y rápidamente comienza a adentrarse en ciertos sectores de la sociedad intelectual. El psiquiatra Humphry Osmond es de los primeros en experimentar con LSD para fines terapéuticos, ya que encuentra ciertas similitudes con la mescalina (derivada del peyote). En 1953 el escritor Aldous Huxley, autor de la novela *Un mundo feliz* (1932), distopía tecnológica que vaticinaba el uso de drogas para la manipulación del ser humano, participa en experimentos organizados por Osmond con mescalina y LSD, volcando sus descubrimientos en el libro *The Doors of Perception*, frase de William Blake y que Jim Morrison utilizó para poner el nombre de su banda, The Doors. En 1957 Osmond y Huxley acuñan el término *psychodelic* para calificar la experiencia inducida por el LSD, un término derivado del griego que significa *psyché* (mente, espíritu) y *delos*, (revelar, manifestar).

El LSD se somete a un periodo de pruebas con 100 escritores, pintores y compositores para comprobar los efectos en la creatividad artística, que resulta enormemente potenciada por su consumo. En los experimentos participan los académicos de Harvard Timothy Leary y Richard Alpert, que inmediatamente se constituyen en los principales defensores de las teorías de Hofmann, hasta el punto de ser expulsados de la universidad por experimentar con alumnos.

Se instalan en la Universidad de Cambridge, Massachusetts, donde crean la Fundación Internacional para la Libertad Interna, antes de ser de nuevo expulsados de por el mismo motivo.

Millbrook, la puerta de la consciencia

Peggy Hitchcock, una niña bien de la jet set americana y heredera junto a sus tres hermanos de la incontable fortuna de Andrew Mellon, banquero y hombre de negocios que llegó a ser Secretario del Tesoro de EE.UU. entre 1921 y 1932, y uno de los hombres más ricos de América, era una de las acólitas de Leary y Alpert.

Peggy convenció a sus hermanos Billy y Tommy Hitchock para ceder su mansión Hitchock State a los expulsados para proseguir con su labor a principios de 1963. La mansión estaba situada en una finca de diez kilómetros cuadrados en las afueras de Millbrook, al norte de Nueva York. La finca, conocida simplemente como Millbrook, ya que era tan extensa como la villa a la que está inscrita, se convirtió en la primera comuna pre-hippie, al instalarse Leary, Alpert y Ralph Metzner (profesor en Harvard que se unió al equipo), más una treintena de seguidores.

Por allí desfilaron intelectuales como los poetas Allen Ginsberg, Peter Orlovsky o Jack Kerouac, personajes influyentes de la generación beat, actores como Jack Nicholson, psicólogos como Alan Watts y RD Laing, o músicos como Charles Mingus y Maynard Ferguson, aunque también se dice que visitaron la comuna miembros de The Beach Boys, Grateful Dead, Bob Dylan, The Kingsmen y la factoría de Andy Warhol en varias ocasiones.

Predicando con LSD

En 1966 Leary, Alpert y Metzner publican el libro *The Psychedelic Experience*, que sirvió de inspiración para componer el tema «Tomorrow Never Knows» del álbum *Revolver* de The Beatles.

Fundan la *Liga para el Descubrimiento Espiritual*, una opción religiosa muy enraizada en el budismo, que declara el LSD como su sacramento religioso, provocando una avalancha de solicitudes de entrada, cerrando las adhesiones cuando consiguen 400 seguidores, aunque invitan a la creación de nuevas comunas religiosas psicodélicas.

Con el fin de divulgar la nueva teología nace en el seno de Millbrook el colectivo *The Merry Pranksters*, dirigido por el escritor Ken Kesey, que recorre los Estados Unidos en un autobús escolar cargado de pintadas psicodélicas, realizando las famosas Acid Tests, perfomances de música, con espectáculos de luz y consumo de LSD.

Aquí aparece un personaje de suma importancia en el movimiento musical de la bahía de San Francisco, Owsley Stanley, más conocido como Bear, un ingeniero de sonido reconvertido en el químico que producía LSD para la comitiva.

Bear conoció a la banda Grateful Dead y se ofreció como técnico de sonido siendo responsable de la mayoría de las grabaciones en directo de la banda, pues tenía la costumbre de grabar todo lo que sonorizaba, para supervisar su trabajo a posteriori. Bear trabajó como técnico de sonido, proporcionando ácido y la nueva filosofía a infinidad de bandas entre las que cabría destacar Quicksilver Messenger Service, Jefferson Airplane, Old & In the Way, Janis Joplin y Big Brother & The Holding Company, Taj Mahal, Santana, Miles Davis, The Flying Burrito Brothers, Jimi Hendrix, Johnny Cash, Blue Cheer, Coven y The Beatles durante el rodaje del film *The Magical Mystery Tour*.

Bienvenidos al verano del amor

El 17 de abril de 1966, el nuevo fiscal del distrito G. Gordon Liddy, que en 1974 fue declarado máximo responsable de las cloacas de la Casa Blanca en el Caso Watergate de la administración Nixon, entró con un ejército de agentes del FBI en la finca Millbrook. En la redada destrozaron la mansión en busca de drogas ilegales (no el LSD), intentando acusar a sus huéspedes de pederastia, comportamiento indecente, actividades antiamericanas, pero sólo pudieron arrestar a tres miembros de la comuna por posesión de una pequeña cantidad de cannabis, en lo que a día de hoy sigue pareciendo un montaje de la fiscalía.

Los detenidos fueron Leary, Alpert y John Perry Barlow, poeta que colaboró con Grateful Dead escribiendo canciones para la banda. La acusación no se sostuvo y quedaron en libertad, pero Liddy colocó controles policiales en todos los accesos de Millbrook deteniendo y registrando a todo aquel que se atrevía a acercarse. El sueño de la comuna había terminado en tan sólo tres años, de 1963 a 1966; Leary marchó a San Francisco para seguir difundiendo la doctrina de la Liga para el Descubrimiento Espiritual, mientras que Alpert marchó a la India para sumergirse en las diferentes creencias y en la cultura esotérica hindú, regresando a Estados

Timothy Leary, Allen Ginsberg y Gary Snyder sobre el escenario del Human Be-In.

Unidos como Ram Dass, cristalizándose como uno de los gurús de la contracultura al escribir el libro *Be Here Now*, que muchos consideran la biblia de la meditación yogi y la espiritualidad, siendo dos de sus más conocidos seguidores George Harrison y Steve Jobs.

El 14 de enero de 1967, Leary, Allen Ginsberg y gran cantidad de intelectuales de Millbrook organizaron en el Golden Gate Park de San Francisco, un evento llamado Human Be-In como respuesta a la nueva ley de prohibición del consumo de LSD que entró en vigor el 6 de octubre del año anterior.

Más de 30.000 personas asistieron a Human Be-In y fueron irradiadas con la filosofía de Leary transformándose en la primera masa de hippies que asumieron las consignas como propias: la capacitación personal, descentralización cultural y política, la vida comunal, ecológica y sensibilización ambiental, conciencia superior (con la ayuda de las drogas psicodélicas). Dogmas que calaron en la mayoría de comunidades de estudiantes descontentos que se unieron en comunión con el discurso de Leary y su famoso «Turn on, tune in, drop out». El presidente Richard Nixon llegó a calificar a Timothy Leary como el hombre más peligroso de América y posiblemente desde su perspectiva administrativa y conservadora tenía mucha razón. Leary consiguió que bandas como Jefferson Airplane, The

Jefferson Airplane en 1967 actuando en el Golden Gate Park.

Grateful Dead, Big Brother and The Holding Company, Quicksilver Messenger Service y Blue Cheer entre muchas otras, colaboraran desinteresadamente en el Human Be-In y con sus giras expandieran su mensaje.

Nada volvería a ser como antes, ese verano más de cien mil hippies se juntaron en el barrio Haight-Ashbury de San Francisco para celebrar una cita histórica conocida como Summer Of Love.

Jim Morrison, el chaman eléctrico

La puerta es un símbolo universal de transición, dando paso entre dos mundos, entre dos dominios. Se trata de la apertura de dos conceptos completamente diferentes, abandonando lo sabido y adentrándonos en lo desconocido. Puertas físicas o espirituales que nos separan de la luz y la oscuridad, la vida y la muerte, la ignorancia y la sabiduría, la culpa y el perdón, el cielo y el infierno... La puerta siempre nos introduce al viaje, al misterio.

Posiblemente eso es lo que pretendían Ray Manzarek y Jim Morrison al crear The Doors, construir un símbolo dinámico que nos invitara a traspasar sus puertas, crear la invitación al viaje hacia el más allá para penetrar en lo profano, desconocido, prohibido de nuestra mente.

Los dos, tanto Manzarek como Morrison habían asistido a la Escuela de Teatro, Cine y Televisión de UCLA, en Venice Beach, y sentían curiosidad e interés por las experiencias del psiquiatra Humphry Osmond y el escritor Aldous Huxley, quienes como hemos visto en el apartado anterior, crearon el término *psychedelic* para describir las sensaciones producidas por el LSD. Precisamente del libro de Huxley *The Doors of Perception*, que es una referencia a la frase de William Blake, «Si las puertas de la percepción fueran depuradas, todo aparecería como es: infinito», extrajeron el nombre de la banda, con la intención de traspasar las puertas de lo convencional.

Era el verano de 1965 y Manzarek estaba asistiendo a las clases que el Maharishi Mahesh Yogi impartía en Los Angeles sobre meditación trascendental, mientras Morrison ya se había iniciado en la experimentación del LSD y la mescalina, descubriendo que el consumo de esta última, sustancia alucinógena presente en plantas como el peyote o el cactus San Pedro, podía ayudar a abrir nuevos horizontes de percepción.

En el caso de Jim Morrison, la mescalina le ayudó a contactar y posiblemente comprender los fantasmas de su propio pasado, de ahí los viajes que realizó al desierto mexicano para experimentar con el peyote, cuyo consumo había formado parte durante siglos de la cultura y los ritos de tribus de indios americanos que le ayudaron a guiar sus pasos en dos direcciones; la primera, asimilar un trauma infantil que algunos niegan que sucedió y la segunda, a convertirse en un verdadero chamán encima del escenario.

En 1947 Morrison viajaba en automóvil por la autopista de Santa Fe con su padre y su hermana Clara, se encontraron con una camioneta de aparceros indios de la tribu de los hopi que había volcado, dejando cuerpos repartidos por el asfalto y algunos de ellos desangrándose. Jim tenía apenas cuatro años y aquella imagen le supuso un trauma que marcaría su vida desde ese momento, sintiendo una atracción por la cultura de los indios americanos que se vería reflejada en toda su obra. Jim creía que cuando llegaron al lugar del accidente algunos de los indios ya habían fallecido y sus espíritus estaban desfilando hacia el más allá, pero uno de ellos poseyó el alma del joven Morrison. Este hecho sale reflejado en el tema «Peace Frog» del álbum *Morrison Hotel* de 1970 y más tarde en «Dawn's Highway» del disco *An American Payer* de 1978.

«Indios dispersos en la carretera del amanecer sangrando
Los espíritus llenan la frágil mente de cáscara de huevo del niño.»

Ese verso lo comparten los dos temas antes comentados, mientras que
en el segundo se extiende más en la descripción.

«El desierto, al amanecer, y un camión cargado de indios
Los trabajadores golpearon otro auto o simplemente, no
sepa lo que sucedió, pero había indios dispersos
por toda la carretera, desangrándose.
Entonces el auto para y se detiene. Esa fue la primera vez
que probé el miedo. Debo tener unos cuatro años, como un niño es
como una flor, su cabeza está flotando en la brisa, hombre.
La reacción que obtengo ahora pensando en ello, mirando
atrás, es que las almas de los fantasmas de esos muertos
indios... tal vez uno o dos de ellos... eran solo
corriendo enloquecidos saltando sobre mi alma
y todavía están ahí.»

Las experiencias con la mescalina, el LSD, la cultura indígena americana y el paganismo en general, como rechazo a la educación proporcionada
por un padre, militar autoritario y católico, que no dudó en capitanear
un escuadrón de aviones que participaron en bombardeos en Vietnam, se
mezclaron con un entusiasmo muy marcado por la literatura de Nietzsche
y Rimbaud, y un interés tardío por la filosofía griega, lo que dotó a sus
textos de unas atmósferas esotéricas y cargadas de misterio y muerte.

Poco a poco, Morrison se fue transformando en un chamán encima del
escenario, un ser dominador que impartía algo más que conciertos, que
removía la conciencia colectiva, que hacía florecer los instintos más básicos
entre la audiencia, se transformó en un brujo, un druida, un mago, un chamán eléctrico. Un personaje que se volvió tremendamente peligroso para
el poder establecido, pues se decía que una sola palabra suya podía mover
a miles de seguidores. Cuando Morrison lanzaba proclamas como: «Quien
controla los medios de comunicación, controla las mentes», «Si mi poesía
intenta algo, es liberar a la gente de sus límites para ver y sentir», «Soy
el hombre de la libertad, esa es toda la fortuna que tengo», «Cada nueva

Jim Morrison ejerciendo de Rey Lagarto.

generación quiere un símbolo, gente nueva, nuevos nombres: quieren divorciarse de las generaciones anteriores», se estaba presentando como uno de los hombres más peligrosos del país y es posible entender de este modo su persecución policial, el acoso al que fue sometido, la huida del país y la muerte tan misteriosa que tuvo.

El propio Huxley había advertido que la ingestión de sustancias psicodélicas podía incentivar la falsa sensación de disfrutar de una conciencia libre, pero al mismo tiempo podría reflejar altas dosis de angustia y pánico en un proceso prolongado de experimentación. Jim Morrison comenzó a sufrirlo a final de su carrera, no se encontraba cómodo con su nueva piel y tenía la sensación de que el público no le prestaba atención a él, si no que buscaban al ídolo, al showman, al peligroso rockero que en cada concierto provocaba un escándalo. Sensaciones que también se describen perfectamente en «The Celebration of The Lizard»:

«Una vez tuve un pequeño juego. Me gustaba gatear, de vuelta en mi cerebro
Creo que sabes, el juego que quiero decir. Me refiero al juego, llamado volverse loco».

Jim Morrison haciendo de mago.

Cuando Morrison jugó con la brujería

La caída en picado de Jim Morrison, se vio agravada por una época en la que la relación con su novia Pamela Courson, siempre traumática y tóxica, se deterioró. Morrison nunca había sido fiel, pero su punto de apoyo era contradictoriamente, su relación con Pamela. En esta ocasión apareció Patricia Kennealy, editora de la revista *Jazz & Pop*, con la que Jim tuvo una relación intensa y peligrosa en enero de 1969.

Nunca había sentido interés por lo satánico, pero sí por el paganismo en sus formas más ancestrales, Patricia lo inició en la magia negra y el ocultismo.

Patricia era Dama del Ordo Supremus Militaris Templi Hierosolymitani, Suma Sacerdotisa en una tradición pagana celta. El Ordo Supremus es una orden creada en 1705, afirmando ser la lógica continuación de los Caballeros Templarios, sumergida en el mundo oscuro de la masonería. También se decía que ejercía la brujería blanca y era diestra en hechizos y conjuros del paganismo celta, pero no de Wicca, nueva religión del esoterismo y ocultismo occidental.

Una vez que introdujo a Jim Morrison en sus ritos celtas, la relación terminó en una boda pagana celta el 24 de junio de 1970, en la fiesta del solsticio de verano llamada Litha. Una ceremonia que dista mucho del rito que supuestamente realizaron y que consistía en realizarse un corte en la mano, mezclar la sangre en una copa y beber de la misma, en una liturgia oficiada por sacerdotes de la comunidad a la que pertenecía Patricia, y que es más cercano a las liturgias ocultistas y satánicas. El matrimonio se mantuvo en la distancia y mientras Morrison nunca reconoció la boda, argumentando que simplemente se trató de un juego, Patricia llevó su apellido desde entonces.

Cuando Jim Morrison falleció en París el 3 de julio de 1971, disfrutaba de una relación estable con Pamela Courson, pero una de las especulaciones fue que Pamela lo asesinó porque sabía que tenía intención de volver con Patricia. Esta tiene un blog que se llama Hotel Sra. Morrison y se presenta como «El blog oficial 100% personal para Patricia Kennealy Morrison, autora, sacerdotisa celta, crítica de rock retirada, esposa de Jim», así como The Lizard Queen. Desde el blog alimenta la idea del asesinato de Jim Morrison y el motivo y autora del mismo… pero eso ya pertenece al campo de las leyendas urbanas, otra vez.

La era psicodélica

Los escritores de la Beat Generation comenzaron a trabajar bajo el influjo de las drogas en la segunda mitad de los años cincuenta. Nombres como William Burroughs, Jack Kerouac y Allen Ginsberg popularizaron el uso del cannabis y la bencedrina, al mismo tiempo que los estudios de Albert Hofmann sobre la dietilamida de ácido lisérgico; LSD. Todo ello crea una base firme donde se aposenta una contracultura que encuentra un vértice muy evolutivo en la música.

La música psicodélica o psicodelia, abarca una serie de géneros que estaban influidos por la cultura psicodélica y que potenciaba o replicaba la experiencia conseguida con las drogas psicodélicas, surgiendo a mediados de la década de los sesenta entre las bandas de folk y rock blues de los Estados Unidos. Se caracterizaban por el uso de nuevos efectos aportados por las guitarras eléctricas, buscando el acople y la saturación más el uso generalizado del pedal wah-wah; al mismo tiempo se reivindica la presencia de teclados, principalmente el órgano, el clavecín y el mellotrón. Por influencia de la meditación trascendental importada de la India, se incorporan sonoridades e instrumentos como el sitar y la tabla y se buscan composiciones donde el componente colorido lo aporta una acercamiento mínimo al folclore hindú. Una particularidad son los extensos solos instrumentales y los desarrollos improvisados cercanos al jazz, que acompañan en la mayoría de los casos a textos surrealistas y extravagantes, inspirados en la literatura, mitología, ocultismo y esoterismo.

La nueva filosofía del LSD entra en la música

El primer disco de psicodelia es *This Is It*, grabado por el filósofo inglés Alan Watts en 1961. Un trabajo experimental que mezclaba música ritual y divagaciones teóricas sobre la expansión de la conciencia. Se dice que fue grabado bajo los efectos del LSD y resulta creíble, cuando descubres que es una obra alocada y musicalmente disparatada, pero que potencia los efectos hipnóticos de ciertas sustancias.

Más convencional fue la inclusión por primera vez del término psychedelic en un tema. Lo hizo la banda folk neoyorkina Holy Modal Rounders en la canción «Hesitation Blues» de 1964: «Tengo mis pies psicodélicos / En mis zapatos psicodélicos / Oh, señorita mamá / Tengo el blues psicodélico».

A mediados de los sesenta la psicodelia se aposenta en California gracias a los Acid Test de Ken Kesey y sus Merry Pranksters que ya hemos visto en un apartado anterior, pero es el momento en el que aparecen discos fundacionales de todo el movimiento psicodélico.

The Byrds editan el impresionante *Fifth Dimension*, abriendo un nuevo concepto marcado por el tema «Eight Miles High», primero donde se habla directamente de un viaje de LSD: «Ocho millas de altura y cuando tocas hacia abajo / Será más extraño que lo conocido hasta ahora / Señales en la calle que dicen adonde vas / Están en algún lugar sólo siendo tu mismo».

El mismo año que se edita una de las obras maestras de The Beach Boys, *Pet Sounds*, donde cambian completamente de estilo, dejando de lado el rock and roll y la música surf para adentrarse en un pop con toques barrocos y ciertos aires de progresismo. Arreglos musicales diseñados por Brian Wilson que aportaron theremin, instrumentos árabes y numerosos utensilios para la experimentación como bicicletas, campanas, botellas de vidrio entre otros.

Acid Test en San Francisco, 1966.

Por último, cerrando esta trilogía fundacional de 1966 tenemos *Freak Out!*, primer álbum de Frank Zappa con The Mothers Of Invention. Psicodelia marciana y surrealista, que se considera un disco conceptual satírico sobre la cultura americana y que no deja de ser un maravilloso experimento psicótico.

Otra banda importantísima fue Grateful Dead, muy cercana a los autobuses de ácido de Ken Kesey y que sufrió una gran transformación a mediados de los sesenta dejando de ser una banda de folk acústico llamada Mother McCree's Uptown Jug Champions, para electrificarse y denominarse Grateful Dead, una de las formaciones más importantes de la música americana, con una legión de fans incondicionales que han protagonizado junto a la banda una historia de leyenda.

Pero si tenemos que hablar de pioneros, nos vemos obligados a referirnos a 13 Th Floor Elevators como la banda que introdujo la definición de sonido psicodélico. El grupo liderado por el recientemente desaparecido Roky Erickson y Tommy Hall del dúo Holy Modal Rounders, denominó su segundo disco *The Psychedelic Sounds Of The 13th Floor Elevators* (1966), pero al igual que ocurriría con Syd Barrett en Pink Floyd, Erickson ya sólo aparece en tres temas y deja la banda en su siguiente disco, al ser detenido por posesión de marihuana e ingresar en el hospital psiquiátrico Rusk State durante tres años.

La banda más popular del sonido psicodélico fue Jefferson Airplane, quien capitaneó el rock psicodélico de San Francisco y fue abanderada del movimiento hippie. Su segundo álbum, *Surrealistic Pillow* está considerado una obra maestra del acid rock o rock psicodélico, conteniendo dos himnos generacionales como son «Somebody to Love» y «White Rabbit», todo un cántico lisérgico basado en el libro *Alice's Adventures in Wonderland* (1865) y la secuela *Through the Looking-Glass* (1871) escritas por el británico Lewis Carroll, pero con un enfoque distorsionado por los efectos del LSD.

«Una píldora te hace más grande y una píldora te hace pequeña
Y las que te da mamá, no hagas nada
Ve a preguntarle a Alice, cuando tenga tres metros de altura
Y si vas persiguiendo conejos, y sabes que te vas a caer
Diles que una oruga que fuma cachimba te ha llamado
Y llama a Alice, cuando era pequeña».

Otras bandas ácidas del sonido psicodélico fueron Big Brothers & The Holding Company, más conocida por tener a Janis Joplin como cantante y frontwoman. Su álbum *Cheap Thrills* de 1968 está considerado como una obra cumbre del sonido San Francisco y del Acid Rock.

It's A Beautiful Day creados en pleno Summer Of Love en San Francisco, mezclaban el rock psicodélico con el jazz, el folk e introducciones de música clásica, su primer álbum homónimo está considerado como una de las piezas claves para entender el rock psicodélico.

Santana Blues Band se formó en San Francisco en 1966, liderados por el guitarrista mejicano Carlos Santana, era los encargados de fusionar el acid rock con los sonidos afroamericanos y latinos. Su reputación era extraordinaria en directo y fue una de las bandas que más actuaban, al igual que Grateful Dead, hasta llegar al festival de Woodstock en 1969, convirtiéndose en uno de los grupos triunfadores del festival, sobre todo por la espectacular interpretación del tema «Soul Sacrifice». No fue hasta después de su actuación en Woodstock que no editaron su primer disco, *Santana I*, donde además de la psicodelia mezclan temas ocultistas, de santería y voodoo en canciones como «Waiting», «Evil Ways» y «Jingo». Pero fue su siguiente disco *Abraxas* de 1970 cuando la banda llega a su máxima creatividad, con un disco polémico que incluía en la portada una ilustración llamada *La Anunciación* del pintor Mati Klarwein, basada en el libro *Demian* de Hermann Hesse, la historia del joven Emil Sinclair y su profunda guerra entre *El mundo de la luz* y *El mundo de la oscuridad*, una obra que tuvo un gran éxito entre las capas paganas de la contracultura de San Francisco. El disco fue acusado de ser un disco satanista y que realizaba apología de sextas gnósticas, pero el éxito popular

Jefferson Airplane.

del álbum enmudeció cualquier polémica. En la contraportada se puede leer una frase del libro *Demian*: «Nos paramos ante ella y comenzamos a quedarnos helados del esfuerzo. Cuestionamos la pintura, la reprendemos, le hacemos el amor, le rezamos. La llamamos madre, la llamamos puta y vulgar, la llamamos nuestra amada, la llamamos Abraxas».

Iron Butterfly es la última banda que vamos a destacar, ya que fue la primera formación de rock psicodélico que grabó un tema ocupando toda una cara de un disco, «In-A-Gadda-Da-Vida», resultando un éxito comercial. Anteriormente lo habían hecho Love con el tema «Revelatión» y Frank Zappa con «The Return of the Sonof Monster Magnet», pero sin la repercusión de «In-A-Gadda-Da-Vida».

Club UFO la luz de la psicodelia británica

En Inglaterra, además de The Beatles y The Rolling Stones, que ya hemos visto, quien mejor recoge el testigo de la psicodelia es Pink Floyd. Desde las profundidades del Club UFO el guitarrista y cantante del grupo Syd Barrett, promulgó extender los temas para no repetir canciones, en conciertos que desarrollaban tres pases de 90 minutos de duración. Extensos solos instrumentales acompañados de espectaculares luces y proyecciones de diapositivas de ámbito psicodélico. Una de las primeras apariciones en prensa les describía de esta forma: «Floyd tocó música mientras una serie de extrañas formas coloreadas destellaban en una enorme pantalla situada detrás de ellos produciendo efectos muy psicodélicos». Syd era un auténtico espectáculo en directo y un gran músico, además de ser el principal compositor de la banda, que utilizaba el consumo de LSD para llegar a otro concepto de percepción.

Durante la grabación de su primer disco, «The Piper At The Games Of Dawn», el consumo de ácido se le fue de las manos y comenzó a tener comportamientos erráticos, que llegaron a males mayores durante los conciertos de presentación del disco, padeciendo fases de ausencia total sin tocar en escena. Su primera gira americana estuvo repleta de incidentes similares, incluso en apariciones televisivas, donde no contestaba las preguntas y se quedaba mirando al vacío, o sin mover los labios en los playback, lo que obligaba a Roger Waters a simular cantar cuando él no era el vocalista. Pink Floyd tuvo que suspender la gira y regresar a Inglaterra, donde tras un descanso iniciaron un nuevo tour acompañando a Jimi Hendrix, pero no pudieron finalizar el compromiso y se tuvieron que apear de la tournée. La banda buscó un refuerzo en el guitarrista y amigo de Syd, David Gilmour, quien debería suplir las ausencias del primero en directo, y de esta forma centrarse sólo en la composición. Durante la grabación del segundo disco, *A Saucerful Of Secrets*, se comprobó que la tarea era inviable y Syd Barrrett fue invitado a abandonar la banda. Con esta marcha Roger Waters toma las riendas de la banda y la encamina más hacia el rock progresivo, aunque todavía les quedó grabar la banda sonora del film *More* del director suizo Barbet Schroeder, grabada en Ibiza y donde se aborda en tema de las drogas psicodélicas y el erotismo, por lo que la cinta tuvo varios problemas de censura, pero la banda sonora está considerada como la última aportación psicodélica de Pink Floyd.

Otra banda vital de la psicodelia británica fue Traffic, formada en Birmingham en 1967 por Steve Winwood, Jim Capaldi, Chris Wood y Dave Mason. Su primer disco *Mr. Fantasy* es una demostración de psicodelia brillante, con temas de gran calidad como «Paper Sun», «Hole in My Shoe», «Heaven Is In Your Mind» y «Dear Mr. Fantasy».

Pink Floyd.

El primer disco de The Soft Machine, homónimo, es otro ejemplo de psicodelia británica, aunque fue grabado en Estados Unidos a las órdenes de Tom Wilson (Bob Dylan, Frank Zappa y The Velvet Underground). La banda formada por el guitarrista Daevid Allen, el teclista Mike Ratledge, el cantante/bajista Kevin Ayers y el cantante/baterista Robert Wyatt, recoge su nombre de la novela *The Soft Machine* de William Burroughs, una de las principales figuras de la Generación Beat. Su segundo álbum, *Volume Two* (1969), con dos suites completando las dos caras del vinilo, es un ejercicio de jazz fusión y rock progresivo, que enmarca a la banda como pionera de tres estilos.

Caravan también eran de Canterbury como The Soft Machine, se formaron tras la disolución de la banda de folk Wilde Flowers y fueron la primera formación de psicodelia inglesa que firmó con un sello americano, la etiqueta Verve Records. Desde el principio han divagado en la frontera el rock psicodélico y el progresivo, con textos muy cercanos al paganismo en muchas ocasiones y enmarcados en la búsqueda de la percepción por medio de los sentidos que despierta la música, sin descartar el consumo de sustancias alucinógenas.

Cuando Vangelis se junto con el Diablo

El rock progresivo fue un nuevo concepto de creación musical más técnico y elaborado, con grandes desarrollos que no se escondían al introducir conceptos de música clásica o adentrarse en la música electrónica como experimentación. Bandas que perdieron el miedo a la complejidad y donde las instrumentaciones complejas iban acompañadas de textos fantásticos e inexplicables, muchas veces con trasfondo filosófico, esotérico, pagano y ocultista. Curiosamente uno de los pioneros fue un grupo italiano llamado Premiata Forneria Marconi, pero cuyos representantes más populares fueron nombres como Pink Floyd, Yes, King Crimson, Camel, Genesis, Jethro Tull, Van Der Graf Generator, Gong, The Nice, Gentle Giant, Curved Air o ELP (Emerson, Lake & Palmer).

Sin embargo, sin adentrarnos en ese vasto y fantástico mundo del rock progresivo, me gustaría destacar una banda y un disco, ya que comulgan estrechamente con este libro. Se trata de la banda griega Aphrodite's Child y el disco *666*.

Aphrodite's Child se formó en Grecia en 1967 por Vangelis Papathanassiou (teclados, flautas), Demis Roussos (bajo, guitarra acústica y eléctrica, voz), Loukas Sideras (batería y voz) y Silver Koulouris (guitarra). Intentaron emigrar a Inglaterra para escapar de La Dictadura de los Coroneles, periodo histórico griego que comenzó el 21 de abril de 1967 con el golpe de estado de Georgios Papadopoulos. El guitarrista no pudo salir del país porque debía ingresar en el servicio militar obligatorio y el resto de miembros de la banda quedaron atrapados en París por los incidentes de mayo del 68, tras varios intentos negativos de entrar en Inglaterra por no tener los papeles en regla. Desde Francia inician una carrera de éxito practicando un estilo de pop progresivo cargado de baladas, muy cercano a Procul Harom o The Moddy Blues. El single «Rain and Tears» vendió más de un millón de copias en toda Europa.

En 1970 Vangelis decide no salir más de concierto y dedicarse a la composición, centrándose en su tercer disco, una adaptación del *Apocalipsis de San Juan* o *Libro de la Revelación*, que terminaría llamándose *666*, es decir el número de La Bestia.

Vangelis contrató al director cinematográfico Costas Ferris para adaptar los textos, en una obra que narra la representación del Apocalipsis por parte de un circo, en directo frente a una audiencia que termina fundiéndose en el verdadero Apocalipsis que se está produciendo al mismo tiempo que la obra.

La composición de Vangelis es una obra conceptual que transcurre entre las sendas de la psicodelia y el rock progresivo, una idea que choca con la que mantiene Demis Roussos, que pretende seguir con el camino exitoso de las baladas, de hecho ya tenía preparado su primer disco en solitario, *On the Greek Side of My Mind*. La banda se separó al mismo tiempo que el disco tuvo problemas para editarse, pues Mercury, su compañía, se negó a publicarlo por el contenido antireligioso y el tema «Infinito» donde Irene Papas colabora en una perfomance de dolor y placer con numerosos orgasmos histéricos que suenan mientras repite la frase «I Was, I Am, I Am to Come».

El disco tardó un año en publicarse hasta que Mercury consintió editarlo en la filial de rock progresivo Vertigo Records. *666* está catalogado como uno de los discos más importantes del rock progresivo de todos los tiempos, conteniendo momentos irrepetibles como los mostrados en «Babylon», «Loud, Loud, Loud» o «The Four Horsemen», relatos paganos de una efectividad perfecta en «Aegian Sea», «The Beats» o el nombrado «Infinito».

El final de un sueño lisérgico

El movimiento psicodélico y la contracultura que creó entorno a su idea original, fue decayendo a finales de los sesenta, sobre todo porque en 1966 el gobierno estadounidense y el británico ilegalizaron el LSD y comenzaron a perseguir su mercado y consumo. Su prohibición lo único que consiguió fue crear un mercado negro enormemente lucrativo y pervirtiendo las normas de calidad de los productos a ingerir, pero no bajar el consumo del mismo que había sido adoptado por el movimiento hippie, buscando la alteración de la conciencia como método de rebelión a la homogeneidad del sistema, abrazando la meditación, el pacifismo, el no consumismo y diferentes motivaciones espirituales o pseudo religiosas, alejadas del cristianismo convencional, arropado todo ello bajo la Era de Acuario.

La Era de Acuario falleció en el cambio de década y con ella el espíritu del Summer Of Love y la conciencia colectiva del movimiento hippie, que se quedó marginado residualmente y finalmente se transformó en una moda estilística que llega a nuestros días con diferentes revivals.

Varios hechos finiquitaron el sueño colectivo y todos ellos fueron tétricos.

La muerte de tres ídolos de la juventud y estrellas del rock en un periodo relativamente corto; Brian Jones el 3 de julio de 1969, Jimi Hendrix el 18 de septiembre de 1970 y el 4 de octubre de ese mismo año Janis Joplin. Todos ellos buscaron en el LSD las respuestas que se llevaron a la tumba y los tres con tan sólo 27 años.

Los asesinatos de la Familia Manson fueron un tremendo mazazo para el movimiento hippie y la contracultura de California, puesto que se habían movido a sus anchas como miembros de la comunidad y porque fue una ducha de realidad escalofriante. Las autoridades aprovecharon para criminalizar el movimiento hippie y conseguir lo que no habían podido hasta la fecha, que dentro del mismo colectivo existieran las dudas y deserciones por culpabilidad.

Hay quien apostilla que el verano del amor se terminó en el festival de Altamont, cuando los Hell Angels asesinaron al joven Meredith Hunter, asesinaron el Summer of Love y no les falta razón, pero la puntilla que remató todo el movimiento fue el 4 de mayo de 1970 en la Universidad de Kent, Ohio.

Ese día se producía el cuarto día de protestas estudiantiles por la declaración del presidente Nixon del 30 de abril en la que anunciaba que las tropas estadounidenses habían realizado una incursión en Camboya y la nación había entrado en guerra.

La manifestación de ese día se había prohibido pero se presentaron más de dos mil estudiantes, que fueron reprimidos violentamente por la Guardia Nacional, disparando gases lacrimógenos y utilizando fuego real con el resultado de cuatro jóvenes asesinados a tiros y nueve heridos graves, uno de ellos con parálisis permanente, un hecho que se reflejó el tema «Ohio» de Crosby, Stills, Nash & Young:

«Vienen los soldados de hojalata de Nixon. Finalmente estamos solos.
Este verano escucho los tambores. Cuatro muertos en Ohio.
Tengo que llegar a eso. Los soldados nos están abatiendo a tiros
Se debería haber hecho hace mucho tiempo».

VI. BAJO EL SIGNO DE SATÁN

En el trascurso de la historia y en concreto al abrigo del medievo, la Iglesia católica ha utilizado el satanismo como patrimonio exclusivo, para atribuirlo a toda práctica religiosa no cristiana, al pensamiento divergente con su doctrina y a fenómenos que no lograba encontrar explicación, incluyendo enfermedades físicas y mentales. El satanismo marcaba la diferencia, lo ignominioso, despreciable e inmoral, tratando con extrema crueldad a quienes eran estigmatizados como satánicos, blasfemos, sacrílegos o herejes. Tan sólo hace falta recordar los crímenes cometidos por la Santa Inquisición contra varias sectas y grupos cristianos heréticos, como los Caballeros Templarios o los Cátaros, así como la brutalidad ejercida contra el pueblo en general. En la Edad Moderna, la creencia generalizada en las brujas, dio paso a juicios multitudinarios en Europa y las colonias de América del Norte, donde se mandaba quemar a miles de acusados por motivos que nada tenían que ver con una posible brujería.

Las primeras organizaciones que se autodenominaban satánicas son los Hellfire Clubs, creados en el siglo XVIII en Inglaterra e Irlanda, pero la documentación registrada históricamente los define más como clubes de la alta burguesía que destinaban su ocio a excesos de todos tipo, en los cuales el consumo de drogas y el sexo eran la parte más importante. Un duelo obsceno entre la mal llamada Escuela de Satán, a la que pertenecían intelectuales como Percy Shelley, Lord Byron, Charles Baudelaire o el Marqués de Sade, y el corsé asfixiante de la sociedad moralista y católicamente castrante.

No podemos hablar de satanismo institucionalizado hasta el siglo XIX, cuando a mediados de la década de los sesenta, en pleno apogeo del Summer Of Love y desde el corazón de la nación hippie, nació La Iglesia de Satán.

Anton LaVey, el Papa Negro

Uno de los personajes más enigmáticos de la segunda mitad del siglo XIX fue Anton Szandor LaVey, fundador de la Iglesia de Satán y denominado por muchos como el Papa Negro. LaVey, cuyo auténtico nombre es Howard Stanton Levey, nació en Chicago en abril de 1930, de un matrimonio de inmigrantes ruso-ucraniana, pero al poco de nacer se mudaron a San Francisco donde recibió una educación convencional, apoyando su interés por los estudios musicales, llegando a tocar varios instrumentos y decantándose principalmente por el órgano.

A partir de estos hechos toda su biografía es cuestionable y está llena de medias verdades o increíbles falsedades, porque tal y como se autodefinió en el libro *Satan Speaks*: «Soy un mentiroso infernal. La mayor parte de mi vida adulta he sido acusado de ser un charlatán, un fraude, un impostor. Supongo que eso me pone tan cerca como cualquiera de lo que el Diablo se supone que es. Es cierto. Miento constantemente, incesantemente».

El mismo hizo crecer la leyenda de que fue su abuela gitana de Transilvania quien le introdujo en el lado oscuro, criándole según el folclore sobrenatural de los Cárpatos, cuando en realidad no existe sangre gitana en su árbol genealógico.

Tampoco existen pruebas de que trabajara en un circo al abandonar los estudios, primero de mozo de cuadra, después de organista e incluso actuando como domador de leones. En varias ocasiones afirmó haber trabajado de músico de puticlubs y locales de burlesque de Los Angeles, donde conocería y tendría un romance con una jovencita y desconocida Marilyn Monroe, bailarina en el Teatro Maya.

Más cierto es su interés repentino por lo pagano y el asistir a clases de esoterismo y ocultismo, pasando rápidamente de asistir como oyente a im-

partirlos como experto. Sus semina-
rios sobre temas esotéricos, mitología,
religión y magia, le granjearon una
gran popularidad, debido entre otras
cosas, por su enorme magnitud y sus
actuaciones extravagantes. Comenzó
a trabajar de fotógrafo para el Depar-
tamento de Policía de San Francisco y
al poco tiempo fue contratado como
investigador psíquico de la policía, al
parecer con aciertos notorios refleja-
dos incluso por la prensa.

Sus reuniones esotéricas atrajeron a la escena intelectual, así como
a todo tipo de personajes del espectáculo y niños bien de clase alta, en
un club que pasó a denominar *El
Círculo Mágico* y que sirvió de base
para crear una nueva religión.

Anton Szandor LaVey.

El 30 de abril de 1966, la noche de San Walpurgis, que según una
tradición de los cristianos alemanes luchó contra las plagas, la rabia y la
tosferina, además de protegerles contra la brujería y el influjo del Diablo,
LaVey se afeitó todo el cuerpo en un ritual de purificación de los antiguos
verdugos y adoptó una nueva imagen que algunos describieron como
diabólica. Delante de sus acólitos declaró fundada la Iglesia de Satán y
proclamó 1966 como el Anno Satanás, el primer año de la Era de Satán.
El 1 de febrero de 1967 atrajo la atención de todos los medios de comunicación al oficiar la primera boda satánica de la historia, entre el periodista
John Raymond con Judith Case, reputada representante de la clase alta de
Nueva York. Los periódicos *Los Angeles Times* y *San Francisco Chronicle* le
dedicaron extensos y llamativos artículos denominándole El Papa Negro.

La fama mundial le sobrevino al realizar bautizos satánicos, siendo el
primero a su propia hija de tres años, Zeena, concebida por Diane He-
garty en su segundo matrimonio, en una ceremonia donde se la entregó
a Satanás y La Mano Izquierda, al mismo tiempo que se realizaba una
grabación que aparece en el álbum *The Satanic Mass*.

La doctrina de Satán

Contrariamente a lo que cabría suponer, los postulados de la Iglesia de Satán difieren bastante de la imagen prefabricada del satanismo popular, si bien es cierto que considera el cristianismo como una de las peores plagas de la humanidad. La doctrina de LaVey aborrece toda forma de hipocresía y conformismo, considerando que la felicidad no se puede conseguir a través de la abstinencia y la culpa, sino por el desarrollo persona, el egoísmo y la satisfacción de los impulsos, al mismo tiempo que rechaza la aceptación de la costumbre, la tradición y la autoridad que se cree con la posesión de la verdad.

Por concepto, los satanistas son ateos y no adoran a ninguna divinidad, ni creen en la existencia de seres o hechos sobrenaturales. Tampoco evangelizan ni tienen intención de convencer a los demás de sus creencias, por lo que la Iglesia de Satán no predica ni instruye, tan sólo es un espacio de encuentro y referencia para aquellos que ya comulgan con sus valores satánicos. Sobre todo no aceptan verdades indiscutibles, pues su máxima es el valor del intercambio de opiniones, siempre realizado en un marco de respeto y argumentación. Una filosofía que Anton LaVey extrajo sumergiéndose en los universos del conocimiento de Nietzsche y Aleister Crowley.

Dicho esto, ¿por qué se ha estigmatizado y se sigue atacando a la Iglesia de Satán?: porque el satanismo se sigue entendiendo como ese culto proscrito por el cristianismo, que debe erradicarse porque es el culpable de los males del ser humano.

Las convicciones satánicas de LaVey se definen en *La Biblia Satánica* (1969), con las Nueve Declaraciones Satánicas, equivalentes a los mandamientos del cristianismo.

1. Satán representa complacencia, en lugar de abstinencia.
2. Satán representa la existencia vital, en lugar de sueños espirituales.
3. Satán representa la sabiduría perfecta, en lugar del autoengaño hipócrita.
4. Satán representa amabilidad hacia quienes la merecen, en lugar del amor malgastado en ingratos.
5. Satán representa la venganza, en lugar de ofrecer la otra mejilla.
6. Satán representa responsabilidad para el responsable, en lugar de vampiros psíquicos.

155 VI. Bajo el signo de Satán

7. Satán representa al hombre como otro animal, algunas veces mejor, otras veces peor que aquellos que caminan a cuatro patas, el cual, por causa de su divino desarrollo intelectual, se ha convertido en el animal más vicioso de todos.

8. Satán representa todos los así llamados pecados, mientras lleven a la gratificación física, mental o emocional.

9. Satán ha sido el mejor amigo que la Iglesia siempre ha tenido, ya que la ha mantenido en el negocio todos estos años.

La marca de LaVey en el rock

LaVey se codeó con la escena psicodélica californiana y aunque desde siempre expresó el odio que sentía hacia el rock y más tarde por el heavy metal, no soportando la banalización que hacían del satanismo, sus teorías dejaron semilla en la generación de músicos contemporáneos y si Aleister Crowley lo hizo con anterioridad con el ocultismo, LaVey marcó una tendencia que se manifestaría de forma ostentosa a partir del nacimiento del heavy y sonidos más duros.

De los primeros personajes populares en ingresar en la Iglesia de Satán fueron Sammy Davis Junior y Jayne Mansfield, además de Kenneth Anger, con quien trabajó como hemos podido ver anteriormente en la película *Lucifer Rising*. Anger le presentó a Mick Jagger y Keith Richards, que se sintieron atraídos pero no llegaron a ser miembros, mientras que Marianne Faithfull sí que dio un paso más decisivo. La banda Eagles introduce la figura de Anton LaVey en la contraportada de su disco *Hotel California*, álbum al que le persigue una leyenda de malditismo por esa imagen. La banda Coven, como veremos a continuación, fueron una de las primeras bandas en involucrarse, pero a lo largo del libro volveremos a encontrarnos con la doctrina LaVey.

Falleció de un edema pulmonar en el año 1997 dejando a Blanche Barton (tercera esposa) y Karla LaVey (hija de su primer matrimonio) como responsables de la Iglesia de Satán, siendo máximas sacerdotisas. Años más tarde se separaron por disputas legales en el reparto de la herencia y Barton siguió con la Iglesia de Satán en Nueva York, mientras que Karla fundó la Primera Iglesia Satánica, siguiendo el trabajo de su padre como periodista de radio y televisión, así como creadora de espectáculos músico-satánicos. Su segunda hija, Zenna, renegó de la familia y la Iglesia de Satán en 1990, pasándose al budismo.

Puedes ver a Anton LaVey en el film *Rosemery's Baby* de Roman Polanski, interpretando el papel de Satanás en una pesadilla donde copula con la protagonista para engendrar el hijo del Diablo. LaVey ejerció de asesor de todos los temas demoníacos del film, aconsejando que se grabara en el Edificio Dakota de Nueva York, pues Aleister Crowley había vivido en él y su fuerza se palpaba en el ambiente. *Rosmery's Baby* es uno de los rodajes más diabólicos de la historia del cine, repleto de incidentes y hechos paranormales. Es el último film que rodó Polanski antes de que Charles Mason asesinara a su esposa embarazada y años más tarde, a las puertas de ese mismo edificio, Mark Chapman asesinaba a tiros a John Lennon.

Coven, la primera banda satánica

Todo tiene un principio, aunque sea complicado en ocasiones averiguar quién fue primero, si la gallina o el huevo. No obstante, en esta ocasión es sencillo establecer que la banda estadounidense Coven fue el inicio de muchas cosas, algunas de ellas poco divulgadas a fecha de hoy, pero fáciles de comprobar.

Coven se fundó como banda en Chicago a mediados de 1966, con la vocalista Esther Jinx Dawson, el bajista Gregg Oz Osborne, el guitarrista Chris Neilsen, el teclista Rick Durrett y el batería Steve Ross. Nacieron en plena efervescencia hippie, cuando grupos como Grateful Dead, Quicksilver Messenger Service, Love o Jefferson Airplane, se erigían como la banda sonora del verano del amor.

Precisamente con estos últimos podrían tener ciertas referencias sonoras en común al adentrarse dentro del campo de la psicodelia más emergente de San Francisco, algo que podemos comprobar con ciertas similitudes sonoras entre el primer disco de Coven y el segundo de Jefferson Airplane, *Surrealistic Pillow*.

Otra de las cuestiones que acerca a las dos bandas es la densidad de su música, que en Jefferson Airplane se consiguió gracias a la producción de Jerry García, vital para el éxito de la banda, sin conseguir que la compañía discográfica RCA lo acreditara como responsable de la misma, para evitar problemas contractuales entre sellos.

Llegados a este punto, no hay ningún lazo más de conexión pero sí de compatibilidad, porque las dos bandas son las visiones opuestas de un espejo. Mientras que Jefferson Airplane canta al amor y la confraternidad, Coven levanta odas a brujas y demonios, retorciéndose dentro del ocultismo, la brujería y el satanismo.

Y es que Coven está considerada como la primera banda satanista de la historia del rock, algo que comprobaremos en este capítulo del libro.

Antecedentes históricos

Jinx Dawson provenía de una familia adinerada. Al rastrear su árbol genealógico se comprueba que estuvo en la firma del Mayflower Compact, considerado el primer documento existente en la historia de los Estados Unidos de América. Fue firmado el 11 de noviembre de 1620, cuando el barco de mismo nombre atracó en Plymouth. El manuscrito original se perdió y se conservó una transcripción que mantenía en su diario el segundo gobernador de Nueva Inglaterra, el radical puritano William Bradford. Se perdieron las ideas de John Carver, uno de los colonos que viajaba con otros 101 pasajeros, buscando un territorio de libre culto. En este segundo manuscrito sólo se reflejaba que los peregrinos estaban sujetos a la ley de Dios, la fe cristiana y el rey, borrando de un plumazo una de las esperanzas más ansiadas por los viajeros del *Mayflower*: la libertad de culto.

La familia de Jinx estuvo en aquella firma y comulgó con las ideas de libre culto promulgadas por Carver, más que con la férrea disciplina que se impuso por mandato divino y de la Iglesia británica con la elección de William Bradford como nuevo gobernador. Por ese motivo durante generaciones, su familia fue traspasando los conocimientos ocultistas a través de varias sociedades secretas y en especial en El Sendero de la Mano Izquierda (Left Hand Path),

Jinx Dawson.

perpetuando y acrecentando conocimientos, disciplinas y nuevos cultos o rituales.

Todas esas tradiciones, creencias y prácticas se volcaron en la educación de Jinx desde muy pequeña. La niña nació en enero de 1950 y de inmediato su familia pensó que era una señal que la criatura viniera a este mundo en viernes 13 y bajo el signo de Capricornio, tres datos que son de vital importancia en el ocultismo y el culto a Satán.

Tal como ella misma declaró en 2016 a la revista *Iron Fist*: «Mis tías abuelas que dirigían la casa grande y pertenecían a Left Hand Path. Formaban parte del Movimiento Espiritualista postvictoriano, jefas de Sociedades Secretas y Covens Ancestrales. Mujeres muy poderosas en su día cuando las mujeres no eran consideradas tan poderosas. Su deseo era que continuara con su historia».

Por esa misma razón, la arroparon bajo su protectorado y la instruyeron en todo tipo de disciplinas, siempre ajena a la educación beata establecida y más encaminada a conocimientos seculares o profanos: «Clases de ópera, lecciones de piano, clases de ballet, clases de etiqueta, clases de arte y pintura, lecciones de caza y, por último, lecciones de ocultismo: una larga serie de lecciones».

A los trece años la nombraron mensajera de Left Hand Path, para mantener viva la llama del conocimiento, pasando a ser la jefa del Coven familiar (Asamblea o conclave de Brujas), siendo la Suma Sacerdotisa del Mago entre los ancestros del Left Hand Path.

La música, método de expansión

Con todos estos datos expuestos es más sencillo entender la aparición de Coven como banda y su importancia en el universo del rock ocultista o satánico.

De entrada Jinx denomina a la banda Coven, como su propia asamblea de brujas y con el claro objetivo de dar salida a todos los preceptos del decálogo satanista, que ya habían sido difundidos por Anton LaVey y su Iglesia de Satán, fundada el mismo año de constitución del grupo.

Tanto Jinx como el bajista Osborne habían tocado en dos bandas anteriores llamadas Him y Her And Them, donde el ocultismo aparecía de forma muy disimulada, por lo que, catapultados por el éxito popular de LaVey, deciden lanzarse de lleno al mundo tenebroso al frente de Coven.

Rápidamente se hacen populares por sus conciertos, en los cuales salen vestidos con túnicas, decorando con velas y candelabros todo el escenario y recargando el *back line* de símbolos diabólicos. Es en esa época de la banda cuando comienzan y terminan sus actuaciones saludando al público con las manos levantadas y mostrando los cuernos, signo conocido como la Mano Cornuda; siendo los primeros en utilizar un gesto que hizo popular Ronnie James Dio durante su etapa en Black Sabbath.

Su fama de directos espectaculares les llevó a tocar abriendo conciertos para Alice Cooper, Vanilla Fudge y los Yardbirds de Jimmy Page, quien quedó francamente impresionado de la puesta en escena de Coven y su propuesta, más por el mensaje que por la música. Jimmy Page estaba prefabricando en su cabeza el nacimiento de Led Zeppelin.

Con la experiencia de los conciertos, Coven arriesgó más y transformaron sus actuaciones en auténticos aquelarres satánicos, con cruces y personajes crucificados representando a Jesús y cerrando el espectáculo con una auténtica Misa Negra o Misa Satánica.

Oz Osborne, bajista de la formación, narraba el espectáculo en 1996 a la revista *Descent*:

«En nuestro espectáculo entremezclamos la Misa Negra, o Misa satánica, sin cortes entre cada canción. Había un altar y en la parte superior del escenario una cruz cristiana, y en ella colgando como Jesús uno de los asistentes del espectáculo que se quedaba allí durante todo el concierto».

Todo el escenario iluminado de rojo sangriento para que el final del show resultara más espectacular, cuando la banda tocaba un «Ave María» y Jinx recitaba versos en latín comenzando el ritual del tema «Satanic Mass». Según Osborne el recital terminaba con Jinx: «Gritando como posesa ¡Viva Satanás!, mientras bajábamos al espectador que ejercía de Jesús y la cruz del altar se invertía y quedaba boca abajo, transformándose en el símbolo satánico. A veces terminábamos con la invasión del público en el escenario, bailando como endemoniados hasta que dejábamos de tocar».

El disco prohibido

Coven impresionó a mucha gente, a sus feligreses evidentemente, pero también a diferentes personajes del sector musical, entre ellos Frank Zappa y el productor de Chicago Bill Traut, saxofonista de jazz, aficionado al ocultismo y las historias de terror, no en vano era un especialista en

Howard Phillips Lovecraft, autor entre otros muchos títulos de la biblia de la literatura de horror estadounidense, *The Cthulhu Mythos*.

Traut contactó con la banda y les hizo comprender que si bien los textos eran fascinantes e incluso hipnóticos, musicalmente andaban un tanto cojos. Fichó para la formación al compositor, guitarrista y músico de sesión James Vincent, quien arregló todos los temas del repertorio de la banda y customizó el sonido del grupo dejándolo preparado para grabar su primer disco.

Cuando entraron en los estudios de Dunwich Records, propiedad de Traut, que ejercería de productor del álbum, se comprobó que tan sólo cuatro temas de Coven eran aptos para ir en un disco que pretendía romper con ciertos esquemas.

El disco se terminó de grabar y se editó en 1969, bajo la discográfica Mercury, con la que según cuenta la leyenda, los miembros de Coven firmaron el contrato con sangre. El sello realizó la promoción como rock *underground*, pero nada más lejos de la realidad. El grupo se llamaba Coven, nombre por el que se conocen las Reuniones de Brujas en sectores esotéricos, ocultistas, mágicos y satánicos; el álbum se llamó *Witchcraft Destroys Minds & Reaps Souls* cuya traducción más acertada sería *La Brujería Destruye Mentes y Cosecha Almas*, pero en su interior textos que se escapaban de las enseñanzas del verano del amor y la cultura hippie, letras que provocaban el vómito de sacerdotes, monaguillos y creyentes, historias que dejaban espeluznados a políticos y miembros de organizaciones protectoras de la moral americana. Brujas, apareamientos sexuales impuros, incestos, orgías con Lucifer, aquelarres malignos y para redondear la barahúnda hechicera se cerraba el disco con una auténtica Misa Satánica, «Satanic Mass», que se convirtió en la primera grabación de audio de la historia que contenía una Misa Negra.

El disco comenzó a funcionar muy bien, pero la maldición le persiguió desde su lanzamiento en los días posteriores a los horribles asesinatos de primeros de agosto de 1969, cometidos por la Familia Manson. Si bien es cierto que la policía tardó en relacionar las muertes de Sharon Tate, sus invitados y del matrimonio LaBianca, con Charles Manson y su secta, el estado de estupor que sufrió la sociedad americana les hizo reaccionar rápidamente en contra de todo lo que no comprendía, no tardando mucho en relacionar los actos sádicos que la prensa relató con sumo gusto y

colección de detalles, con el mundo del ocultismo y con los seguidores de
la Iglesia de Satán, su creador Anton LaVey y por correlación a todo sim-
patizante con doctrinas satánicas, donde encontraron un chivo expiatorio
en Coven y su disco.

Para terminar de desconsagrar el álbum debut de Coven, la prensa publicó una foto de Charles Mason previa a su encarcelamiento con un ejemplar del álbum *Witchcraft Destroys Minds & Reaps Souls*. Las autoridades, la
Iglesia y diferentes asociaciones cristianas de galantes del espíritu americano se abalanzaron sobre Mercury Records que no supo gestionar la crisis.

La revista sensacionalista *Esquire* publicó un artículo en marzo de 1970
llamado «Evil Lurks in California», donde vinculó la locura de Manson
con la contracultura, lo oculto y en especial con el álbum de Coven y el
tema «Black Mass».

Mercury rescindió el contrato y retiró el disco de las tiendas, que pasó
automáticamente a convertirse en un objeto de coleccionista, buscado no
sólo por amantes de la música, sino por todo aquel que lo identificó como
un fetiche del lado oscuro. Desde ese momento salieron múltiples ediciones pirata del álbum, con diferentes portadas y formatos que lo catapul-

taron de ser un disco maldito a convertirse en un punto de referencia y piedra angular para el denominado rock oculto.

Infinidad de bandas de otras generaciones han crecido musicalmente con *Witchcraft Destroys Minds & Reaps Souls*, como base de su propuesta musical, músicos de diferentes géneros y disciplinas que han conseguido con su reconocimiento y reivindicación, auparlo a la categoría de disco legendario.

Controversia o casualidad

Con el disco retirado del mercado creció su popularidad, pero también sus detractores que cada vez eran más fanáticos y radicales. El 31 de octubre de 1970 se iba a celebrar lo que se conoció como el Woodstock Satánico, denominado A Black Arts Festival y que durante la noche de Helloween, en la Olympia Stadium de Detroit ofrecía un cartel formado por MC5, Stogges, Frost, Bonzo Dog Band, Bob Seger System, Arthur Brown, SRC y Pink Floyd. Como banda estrella se encontraban Coven que iban a musicar un discurso de Anton LaVey. El evento no se pudo celebrar debido a las presiones de organizaciones religiosas y de asociaciones políticas, llegando a manifestarse el día del concierto, ya suspendido, y encadenarse a las entradas del recinto.

El concierto se pudo celebrar clandestinamente la noche siguiente en un lugar secreto de la ciudad, lo que provocó un efecto dominó y, a pesar de perder parte de las bandas por problemas de agenda, el aquelarre congregó a miles de satanistas llegados de todos los puntos del estado.

La banda editó su segundo disco, Coven, en 1971 con MGM, incluyendo el tema «One Tin Soldier», que Jinx había grabado para el film Billy Jack y que significó el éxito comercial más grande de la banda, alcanzando el #26 del Billboard Hot 100. Las referencias satánicas se reducen al signo de la mano cornuda y un gato negro en portada, pero rebajando el nivel de textos en el interior. En 1974 se editó *Blood on the Snow* con el sello independiente Buddah, pero no tuvo ningún tipo de repercusión.

La banda se separó en 1975, sin apenas hacer ruido. James Vincent, compositor de más de la mitad del disco participó en diferentes proyectos, hasta que se convirtió al cristianismo editando en 1978 el álbum *Waiting for the Rain*, con textos claramente sagrados y evangelistas. A mediados de los ochenta sufrió una fuerte crisis de identidad y abandonó la música para

Coven.

trabajar de leñador en las montañas del norte de California. Regresó a la música 17 años después como músico de jazz.

Jinx se dedicó a los negocios y trabajó de modelo y actriz en películas de terror de serie B, sin dejar sus estudios de ocultismo en ningún momento. Las bandas que vieron crecer a Coven y que recogieron sus influencias renegaron de ellas o al menos no las reivindicaron. Por ejemplo Black Sabbath, con quien hay una serie de coincidencias que no pueden ser casualidad. El nombre del bajista de Coven es Oz Osborne y no debemos olvidar que John Michael Osbourne, adoptó el seudónimo de Ozzy para Black Sabath, al igual que el nombre de la banda coincide con el primer tema del disco *Witchcraft Destroys Minds & Reaps Souls*.

Cuando en 1986 la periodista Martha Quinn realizó una entrevista para la MTV con Tony Iommi, guitarrista de Black Sabbath, mostró una copia del álbum *Witchcraft* y le preguntó que si conocía la banda. Iommi lo negó y aseguró categóricamente que no sabía quién era Coven, sin embargo Jinx ha afirmado en varias entrevistas que Coven compartió escenario en numerosas ocasiones con los miembros de Black Sabbath, cuando se llamaba Earth, «eran una banda aburrida de blues rock tipo Cream, pero sin llegar a serlo. No tenían ninguna relación con el ocultismo, la brujería o lo satánico».

Resulta curioso al menos, que el periodista Lester Bangs de *Rolling Stone*, en su artículo de 17 de septiembre de 1970, escribiera sobre el álbum debut de Black Sabbath: «Se presentó como la celebración de una misa satánica o algo parecido. Son la respuesta inglesa a Coven; bueno no, en malo. No puedes darle ningún crédito».

Todo esto siguiendo las elucubraciones de Jinx Dawson, quien también aclara que Frank Zappa se interesó por ellos, al mismo tiempo que por Alice Cooper para ficharlos en su sello Bizarre / Straight Records. Tras una temporada de ensayos en la mansión de Zappa, Coven abandonó las negociaciones y se marchó. Para Jinx es curioso que «Alice Cooper era una banda de drag rock, vestidos como mujeres y sin ningún elemento de terror. Después lo vimos con un nuevo espectáculo de horror y ocultismo».

Para Jinx, lo peor era que «las bandas que nos siguieron, en los años setenta y ochenta, nunca nos reconocieron en absoluto. Así era el negocio. Nunca dijeron de dónde sacaban las cosas, pero las situaciones ocultas estaban allí, así como las fotografías y las letras».

Black Sabbath, jugando con el Diablo

Deberíamos romper un mito nada más comenzar este apartado y dejar bien claro que Black Sabbath jamás ha sido una banda satánica, por mucho que haya sido señalada por detractores y sobre todo seguidores, ávidos de sensaciones extremas de sus ídolos. Remarcar que los miembros de la primera formación de Black Sabbath se habían criado y educado en la religión cristiana, algunos de una forma más estricta que otros, pero todos ellos con un fuerte arraigo católico, más marcado en el caso de Tommy Iommi y Bill Ward, guitarra y batería respectivamente. Ozzy debería comer aparte, porque es un *showman* integral que ha jugado siempre a ser el personaje oscuro que todos deseaban ver, pero desde luego sin ningún tipo de militancia satánica de por medio. Tan sólo Geezer Butler, el bajista, era el que tenía un gran interés por el esoterismo y el paganismo, pero bajo un punto antropológico, no de militancia.

Entonces, ¿por qué se considera a Black Sabbath como una banda satánica desde el principio? La respuesta está sin lugar a dudas en la política de promoción de su compañía discográfica, Vertigo, sello británico de la americana Mercury, quien comprobó que la estética y simbolismo de Coven eran vendibles y rentables, aunque muy peligrosas para un público americano que acababa de despertar del sueño hippie y había descubierto demasiados monstruos a su alrededor. Inglaterra es diferente, mucho más permisiva y tan sólo debían controlar que no se les escapara de las manos el asunto.

Parece cierto que el nombre de Black Sabbath procede de la película italiana de terror, *I Tre Volti Della Paura*, traducida como *Las tres caras del miedo* y *Black Sabbath* en inglés. Se trata de una cinta de serie B, dirigida por Mario Bava y protagonizada por Boris Karloff, que los miembros de la banda vieron en la marquesina de un cine cuando estaban en la coyuntura de cambiar de nombre, porque se les había comunicado que el apelativo que utilizaban, Earth, ya estaba en uso desde hacía tiempo. Pero también es plausible que el nombre proceda del tema que abre el álbum *Witchcraft Destroys Minds & Reaps Souls*, ya que hemos podido comprobar en el capítulo anterior que las dos bandas compartieron escenario. Una tercera posibilidad, se establece en la afición de Butler por las novelas del escritor Dennis Wheatley, quien poseía una capacidad innata para crear *best sellers* de diferentes estilos, pero que se ganó una fama cimentada en historias de terror, ocultismo, ciencia ficción, magia negra y satanismo, llegando a tener lazos unificados con Aleister Crowley, de quien publicó trabajos en la colección *The Dennis Wheatley Library of the Occult*.

Problemas con el Rey de los Brujos

Black Sabbath comenzó a tener problemas con su supuesto satanismo, incluso antes de que se publicara su primer álbum en 1970. Sus conciertos se hicieron populares por el histrionismo de su vocalista que se desenvolvía como si estuviera poseído por el demonio, gritando y bailando enloquecido, acompañado de una música pesada y extremadamente dura para ese inicio de década, no en vano se les considera junto a Led Zeppelin y Deep Purple, uno de los pilares del heavy metal.

Los seguidores de la Wicca Alejandrina, religión pagana creada a partir de la ancestral Wicca por Alex Sanders, llamado El Rey De Brujos, quisieron contratar a Black Sabbath para una de sus fiestas paganas, concreta-

Portada del primer disco de Black Sabbath.

mente Satan's Night, pensando que el grupo sería seguidor o al menos po-
tencialmente admisible, pero se llevaron la sorpresa que la banda se negó a
tocar, debido al miedo de que se les encasillara y persiguiera, en un momento donde el ocultismo, paganismo y la brujería no estaban muy bien vistos.

La rumorología apunta que Sanders lanzó una maldición a la banda
por negarse a actuar, y que el padre de Ozzy les hizo unos crucifijos de
aluminio para protegerlos de posibles hechizos y embrujos. No obstante,
existe la creencia por parte de un sector de seguidores del grupo, hambrientos de leyendas, que los crucifijos están hechizados por el propio
Alex Sanders y es parte del contrato entre ambas partes, que obliga al
brujo a conseguirles la fama y el éxito, mientras que los músicos le deben
obediencia eterna.

La compañía discográfica, al comprobar que los textos de Black Sabbath eran de contenido esotérico admisible y poco provocativo, es decir,
asumibles y nada peligrosos, iniciaron la promoción de la banda, metódi-
camente estudiada para presentarlos como una banda siniestra. El primer
álbum, el magnífico *Black Sabbath*, se publicó el viernes 13 de febrero de
1970, un día que en la tradición anglosajona es sinónimo de mala suerte
y desgracias, pero que en la Wicca es el día ideal para crear un círculo
permanente, por lo que se anota como adecuado para adorar a las brujas.

En la tradición cristiana, el viernes 13 de octubre de 1307, bajo órdenes de Felipe IV, un gran número de Caballeros Templarios fueron torturados y quemados por la Santa Inquisición, acusados de cometer crímenes contra la cristiandad. En las religiones paganas nórdicas es el día que Loki, dios de la mentira, asesinó a Balder, dios de la luz, y si eres supersticioso debes saber que muchos de los nombres de importantes asesinos en serie tienen nombres de trece letras: Jack The Ripper, John Wayne Gacy, Charles Manson, Jeffrey Dahmer o Theodore Bundy.

Otra de las maniobras de la compañía fue incluir una cruz invertida en la contraportada del disco, que junto con la leyenda que circuló sobre la foto de portada, donde aparece una figura de mujer difícil de identificar y que supuestamente no estaba en el momento de dispararse la foto, hacen de este disco una pieza realmente funesta cargada de presagios oscuros. En el interior, un poema de desconocida autoría, pues si bien se dijo que es un escrito de Butler, también es cierto que la banda confesó años más tarde que ellos no tuvieron nada que ver con el diseño del primer disco, que fueron los primeros sorprendidos en ver cómo se iba a publicar y que en principio no estaban de acuerdo. El poema es una vuelta de tuerca más para venderlos al gran público como una banda oscura y pseudosatánica:

«Aún sigue cayendo la lluvia, los velos de la oscuridad envuelven
los ennegrecidos árboles que, retorcidos por una oculta violencia
se despojan de sus cansadas hojas y doblan sus ramas hacia la tierra
gris como recias alas de pájaro.
Entre las hierbas, las amapolas sangran antes de una gesticulada
muerte y pequeños conejos nacen muertos en trampas,
permanecen inmóviles, como si estuvieran vigilando el silencio
que rodea y amenaza con tragarse a todo aquel que escuchara.
Pájaros mudos, cansados de repetir los terrores del ayer, se
amontonan en cámaras de oscuros recodos, las cabezas se alejan de
la muerte, un cisne negro flota invertido en un pequeño estanque
en la gruta.
Emerge de la charca una sombría, sensual niebla que traza su
camino ascendente para acariciar los pies de la estatua del mártir
decapitado cuyo único mérito fue morir demasiado pronto, sin
esperar a ser derrotado.

La catarata de oscuridad se forma completa y la larga y negra noche comienza, sin embargo inmóvil al lado del lago, una joven chica espera, ajena ella se cree invisible, y sonríe débilmente a las lejanas campanas que anuncian la muerte con la silenciosa lluvia cayendo.

Los Delirios del Vampiro....».

El satanismo diseñado por la superstición

El primer tema del disco, «Black Sabbath», parece la continuación lógica del texto con las campanas sonando en la lejanía, la lluvia cayendo y Ozzy cantando, lo que se tomó erróneamente como una apología de Satán, al tratarse de una narración que denuncia la maldad del oscuro y pide ayuda desesperada a Dios:

«¿Qué es esto que está delante de mí? Figura en negro que me señala
Date la vuelta rápidamente y comienza a correr
Descubre que soy el elegido ¡Oh no!
Gran forma negra con ojos de fuego
Diciéndole a la gente su deseo. Satanás está sentado allí, él está sonriendo.
Mira esas llamas cada vez más altas.
¡Oh no, no, por favor que Dios me ayude! ¿Es el final, mi amigo?
Satanás viene a la vuelta de la esquina. Gente corriendo porque tienen miedo.
¡Es mejor que la gente vaya y tenga
cuidado! ¡No, no, por favor, no! »

Cierto es que los textos del álbum son esotéricos y que la música invita a imaginar fantasmas, en lo que posiblemente fue una de las virtudes más importantes de la banda; pero la aureola de satanismo que se ciñó sobre ellos es un ejemplo más de la ignorancia de la superstición.

«The Wizard», otro de los temas polémicos de este primer disco, es una inocente canción pagana que narra la valía de un mago o druida predispuesto a hacer el bien: «El poder maligno desaparece / Los demonios se preocupan cuando el mago está cerca». «Evil Woman» es la típica canción de temática recurrente, chico odia a chica que lo ha dejado trasto-

Black Sabbath ¿satánicos o cristianos?

cado, y como se siente vilipendiado y humillado la define como «maldita mujer», «mujer diabólica», o cualquier improperio, desgastado y machacado en la historia de la música. Si de algo se puede acusar a este tema, sería de machismo, pero eso daría para un libro nuevo.

Posiblemente la canción más satánica del primer disco es «N.I.B», de temática similar a «Sympathy for the Devil» de The Rolling Stones, pero mucho más inocente, ya que si bien Lucifer reclama nuestro amor en primera persona, no se describen aberraciones, ni compensaciones sobrenaturales, por lo que podríamos dejarlo en una canción de amor por el lado oscuro, por el mal.

La paranoia del infierno

Con su segundo trabajo, *Paranoid* (1970), la banda se aleja intencionadamente de los temas que los pudieran relacionar con el Diablo, configurando el que muchos consideran el mejor disco del grupo. Aparece por primera vez el concepto de la ciencia ficción, que explotarían en el futuro. «Iron Man» trata de un superhéroe que viaja al pasado para prevenir el final de la humanidad, mientras que «Electric Funeral» dibuja un mundo devastado por la guerra nuclear. Las drogas se dejan ver claramente en otro par de temas y el esoterismo en la letra y atmósfera psicodélica de «Planet Caravan». El disco se debía llamar «War Pigs», pero la propia compañía censuró el título porque podría traer problemas en Estados Unidos, pues se trataba de una canción antibelicista que atacaba la línea de flotación de la política yanqui en referencia a Vietnam. Se escogió el tema «Paranoid» que cuenta las paranoias de un enfermo mental y que era fácilmente identificable con Ozzy.

Todo lo expresado fue inútil y la banda siguió cosechando la reputación de satánica y su vocalista Ozzy sería el sumo sacerdote de esta secta diabólica. De nada sirvió que el tercer álbum, *Master of Reality* (1971) se podría haber calificado como el primer disco de rock cristiano de la historia, con textos que harían las delicias de las viejecitas en la misa del domingo, tras una copita de vino en ayunas.

«After Forever» es una forma de redención, exculpación y definición del sentimiento religioso de la banda, que se comprendió y la iglesia calificó de blasfemia:

«Bueno, he visto la verdad, sí, he visto la luz y he cambiado mis formas
Estaré preparado cuando estés solo y asustado al final de nuestros
días...
Quizás te lo pienses antes de decir que Dios está muerto y
desaparecido
Abre los ojos, sólo date cuenta de que él es el indicado
El único que puede salvarte ahora de todo este pecado y odio.
¿O aún te burlarás de todo lo que escuches?
¡Sí! Creo que es muy tarde».

Discurso que se repite en «Lord Of This World», «Tu mundo fue hecho para ti por alguien superior», mientras que «Children of the Grave» es una llamada a los jóvenes para luchar por salvar el mundo de un final nuclear apocalíptico:

«Entonces niños del mundo, escuchad lo que os digo:
Si quieres un lugar mejor para vivir, pregonad las palabras hoy.
Mostrad al mundo que el amor es vivo. Debéis ser valientes
o vosotros, niños de hoy seréis niños de la tumba».

Pero no hay peor necio que el que no quiere entender, por lo que de nada sirvió que incluso la portada fuera la más apática del grupo, sin imágenes y sólo texto. Cuando llegaron de gira a Estados Unidos se encontraban cruces invertidas pintadas por las paredes en color rojo, imitando cruces sangrientas, convenciones de brujas en los hoteles donde se hospedaban y amenazas de muerte por parte de organizaciones de fanáticos religiosos.

La resignación del endemoniado

Posiblemente vieron que era imposible convencer a nadie de que dejaran de ver lo que querían ver, y en el *Volumen 4* cambiaron el discurso y se volvieron más descarados; no se trataba de darle a la gente lo que buscaban, pero sí dejar de justificarse. En «Cornucopia» esputan un final decadente para una humanidad moralista: «La gente dice que soy pesado, no saben lo que escondo / Toma una vida, se está volviendo barata / Mata a alguien, nadie llorará /La libertad es tuya, sólo paga tus deudas / Sólo queremos usar tu alma»; mientras que en el último tema del álbum, «Under The Sun / Every Day Comes And Goes», abrazan las enseñanzas de la Iglesia de Satán y su predicado individualista, «No quiero que ningún predicador me cuente historias sobre un Dios en el cielo. / No quiero que nadie me diga dónde voy a ir cuando muera. / Quiero vivir sin nadie que me diga lo que tengo que hacer. / Yo creo en mí mismo porque nada más es verdadero». Todo enmarcado en un ambiente depresivo y oscuro, que hace de este disco de 1971 el más deprimente del grupo, probablemente marcado por la caída en picado que arrastraban por las drogas. Un tono que profundizarían en *Sabbath Bloody Sabbath*, disco cargado de mensajes apocalípticos y decadentes, con una de las portadas más agresivas de la época Ozzy, donde el Diablo marcado con el 666, con la colaboración de varios demonios intentan abducir a un joven al infierno.

El tema que da nombre al disco intenta reflejar el caos en la mente del oyente, dividir el conocimiento en una lucha entre el bien y el mal, donde este último sale victorioso. «La vida te está matando / los sueños se convierten en pesadillas. / El cielo se convierte en el Infierno. / Confusión quemada, nada más que contar / Todo a tu alrededor se está acabando y Dios sabe como tu perro sabe / echar a todos la maldición del pantano, / Sabbath Bloody Sabbath».

De la ruina total al espejo del averno

En *Sabotage* de 1975 confluyeron muchos acontecimientos dispares. Primero se identificó la fotografía de portada y contraportada como una apología del espejo invertido, que según algunas culturas paganas nos muestra la verdadera naturaleza del alma, nuestro lado oscuro, pero lejos de ser un mensaje sobrenatural fue el resultado de una mala gestión administrativa. La agencia que los representaba les estuvo ocultando las cuentas y los gastos, que terminaron por no cuadrar; la banda se embarcó en un proceso judicial contra ellos y comenzó a manejar una parte del negocio que desconocían. Las fotos que salen en la portada son las de la sesión de pruebas y jamás debieron salir a la luz, por eso la indumentaria tan estrafalaria y discordante de la banda. Finalmente el proyecto se quedó sin presupuesto y terminaron apareciendo en la que está considerada una de las peores portadas del rock. El nombre del álbum, donde muchos quisieron ver un quebranto a la sociedad sana y católica, tan sólo era una alegoría a la situación económica sufrida.

La banda estaba en plena descomposición, que se corroboró en los dos últimos discos con Ozzy, *Technical Ecstasy* (1976) y *Never Say Die* (1978).

El Principe de las Tinieblas

Ozzy relanzó su carrera en solitario al firmar con Jet Records, cuyo propietario Don Arden impuso a Ozzy la presencia de su hija Sharon como controladora de un personaje que no daba signos de credibilidad. Sharon se convirtió en el cerebro del marketing que colocó a Ozzy en lo más alto del universo rock. Eran los ochenta y el Demonio no solamente ya no ofendía, sino que era el protagonista de la mayor parte del merchandising musical del planeta. Sharon promovió que Ozzy explotara la reputación de satánico que antaño le molestaba y transformó el personaje de un ángel caído a ser el *Prince Of Darkness*. Incluso en su primer disco, *Blizzard Of Ozz* (1980), grabó un tema llamado «Mr. Crowley». Eran otros tiempos y la carrera musical de Ozzy obtuvo un gran éxito, pero el culto a lo satánico pertenece más al mundo del espectáculo que a otra cosa, lo que no evitó que siguiera teniendo problemas por donde pasara y fuera satanizado y estigmatizado por hordas de creyentes fanáticos, pero produciendo pingües beneficios. Todo el misticismo de Ozzy se desplomó cuando firmaron un contrato para protagonizar el reality show *The*

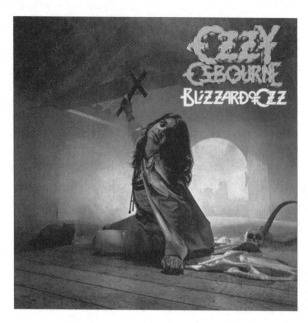

La portada del
primer disco de
Ozzy en solitario.

Osbournes, en el cual se pudo comprobar la capacidad maligna de Ozzy desde el comedor de su casa.

Por su parte Black Sabbath siguió explotando los textos oscuros con el nuevo cantante Ronnie James Dio, procedente de Rainbow y gran amante de los temas esotéricos, místicos y mitológicos. Dos maravillosos discos llamados *Heaven and Hell* (1980) y *Mob Rules* (1981) aportaron una nueva etapa de gloria. Tras la marcha de Dio, la trayectoria de la banda fue bastante errática, con un proyecto efímero junto a Ian Gillan, ex Deep Purple, otras aportaciones del también purpleliano Glenn Hughes, más Ray Guillem y Tony Martin, así como reuniones programadas junto a Ozzy; siempre explotando su vertiente oscura pero dejando claro que ellos nunca han sido satánicos.

Tomy Iommi ha reconocido su interés por lo oculto en sus primeros días: «Estábamos realmente interesados en eso, especialmente Geezer y yo. Muy interesados en cómo era en el otro lado de la vida. Probamos una tabla de ouija y nos asustamos. Creo que en esos días estábamos abiertos a muchas cosas». Quizás por esa experiencia, Iommi no pierde ocasión para dejar claro que jamás fueron satanistas: «Nosotros sólo advertíamos que si utilizabas el satanismo tuvieras cuidado. Todos teníamos una educación católica muy estricta. Todo vino por el diseño que la compañía hizo del primer disco. Todo lo que yo hago es música, no hago nada para destruir a la gente o enojar a alguien. De hecho la música ayuda a muchos» (BBC, junio de 2013).

La consolidación del ocultismo

La música, como cualquier expresión artística, siempre tiene un componente trasgresor en el ADN, o al menos debería tenerlo para defenderse de la pura especulación económica o simple moda, que desgraciadamente es el *leitmotiv* actual. No así antaño, donde las corrientes contraculturales marcaban los destinos de las artes durante una extensión temporal definida, antes de mutar o morir agotada o pervertida.

Eso ocurrió con el ocultismo y en cierta manera con el satanismo. La irrupción de la Iglesia de Satán normalizó en cierta manera el culto por lo desconocido, la despenalización de filosofías alternativas a la religión católica y la inmersión en culturas ancestrales sin miedo a morir en la hoguera inquisidora. Todo ello sin escapar de las acusaciones de la mentalidad bienpensante, de los protectores de la fe cristiana y demás sectas del pensamiento único, pero si tuviéramos que hacer caso de todas las acusaciones vertidas sobre el arte, deberíamos escribir un libro humorístico.

Black Widow, los primeros satánicos británicos

La banda más auténtica del satanismo británico fue Black Widow, surgidos en Leicester prácticamente al mismo tiempo de Black Sabbath. Las diferencias musicales eran evidentes, pues aun poseyendo un sonido pesado, se decantaban por el progresismo sonoro y no por el hard rock, con grandes desarrollos cargados de trompetas, flautas o violines. La otra gran desigualdad es que Black Widow sí que eran satanistas convencidos y su razón de ser giraba alrededor de la brujería y el ocultismo. Al igual que Coven en Estados Unidos, Black Widow fue la primera banda satánica de Gran Bretaña.

Su primer disco *Sacrifice* es todo un decálogo de esoterismo y ocultismo, en el cual participó como asesor el satanista Alex Sanders. Dentro del disco encontramos el tema «Come To The Sabbat», todo un himno satanista que se convirtió en el tema más conocido del grupo. Sus concier-

tos estaban provistos de toda la escenografía necesaria para que se trans-
formaran en un aquelarre esotérico,
llegando a simular sacrificios humanos al final de los mismos, tal y como
se puede ver en el DVD *Demons Of
The Night Gather To See Black Widow
– Live*, publicado en 2007 y en el que
se recoge un concierto de 1970, en
el cual se reproduce íntegramente el
primer disco. Tuvieron numerosos
problemas de censura y en un intento por abandonar su lado oscuro y ser
asimilados por el mercado, sucum-
bieron a la transición y se separaron
en 1972. Sin embargo su fama ha ido
creciendo a lo largo de las décadas y
se han publicado trabajos póstumos,

Black Widow junto a Alex Sanders,
de pie, y su esposa Maxine.

configurándoles como una banda de culto, por lo que Clive Jones y Geoff
Griffith, dos de los componentes originales están preparando temas nuevos para un regreso inminente.

Bandas que caminaron por el lado oscuro

Atomic Rooster se formó con viejos componentes de The Crazy World
Of Arthur Brown, el teclista Vincent Crane y el batería Carl Palmer. Aficionados a temas ocultistas, mitológicos y esotéricos, de hecho se llaman
así porque cuando decidieron formalizar la banda estaban bajo el signo del
Año del Gallo chino. Tuvieron una carrera exitosa, ayudados por el single
«Devil Answer» de 1971 que alcanzó el número 4 en el Reino Unido,
pero se disolvieron en 1975 debido a la bipolaridad que sufría Vincent
Crane. La banda se reunificó en dos ocasiones a primeros de los ochenta y
en 2016, practicando un rock progresivo de gran calidad, donde los temas
no han variado desde la época que los vio crecer.

Cuando Ritchie Blackmore se marcha de Deep Purple y formaliza
el nacimiento de Rainbow junto a Ronnie James Dio, se sumerge en un
mundo de mitología, esoterismo y leyendas de dragones y caballeros que

Ronnie James Dio y su famoso saludo.

los coloca como la banda más popular de la música pagana de la década de los setenta. La unión con Dio crea una trilogía de discos esenciales, *Richie Blackmore's Rainbow* de 1975, *Rising* de 1976 y *Long Live Rock'n'roll* de 1978, con temas emblemáticos y misteriosos como «Man On The Silver Mountain», «The Temple Of The King», «Sixteenth Century Greensleeves», «Tarot Woman», «Gate Of babylon» o «Kill The King». Cuando Blackmore renegó del rock'n'roll emprendió una carrera musical junto a su mujer Candice Night, bajo el apelativo de Blackmore's Night, volcado en la música renacentista y textos básicamente paganos, con historias de amor, naturaleza y magia.

El grupo británico Uriah Heep, nombre de un personaje de la novela *David Copperfield* de Charles Dickens, comenzó a rodar en 1970 con el álbum *Very 'Eavy, Very 'Umble*, con un sonido pesado y oscuro, acompañado del diseño del disco, donde aparece una cara masculina gritando envuelta de telarañas. Fue en 1972 con *The Magician's Birthday* y sobretodo con *Demons and Wizards* que se adentran en un mundo místico de brujería, paganismo y algo de ocultismo, marcando el momento más brillante de su carrera, que no volvieron a disfrutar hasta 1982, con una banda totalmente reformada, que dentro de la estética del heavy metal publicó *Abominog*, álbum con contenido ocultista y marcado por la gran portada donde destaca la cabeza de un demonio babeando sangre y que les proporcionó graves problemas de censura. Uriah Heep siguen vigentes en la actualidad, defendiendo sus criterios artísticos con numerosos cambios de formación. Son tan sólo un ejemplo de cómo el culto a lo satánico y oculto se normalizó, pero es numerosa la lista de filtreos con el más allá, el averno o el Diablo. The Eagles con su «Hotel California». Peter Green con prácticas pseudomágicas que le llevaron a tener una revelación y abandonar la música por buscar el camino de Dios. Afortunadamente, como en tantos otros casos, regresó. Sus antiguos compañeros de Fleetwood Mac se enredaron en la magia negra en el disco *Rhiannon*, llevados de la mano de una Stevie Nicks que siempre se ha sentido atraída por temas del inframundo. Los escarceos con las drogas de David Bowie que le llevaron a practicar ciertos rituales de Wicca, hasta tal punto que declaró que había perdido tramos de memoria y existencia, más plausible por los efectos alucinógenos que por brujos y duendes. Daryl Hall, que configuraba un dúo de éxito junto a John Oates y reconoció ser practicante ocultista y ejercer como sacerdote de religiones celtas y de la cábala. Curiosamente nunca fue atacado por organizaciones cristianas, cuando temas como «I can't go for that», «One on One» o «You make my dreams», esconden un transfondo oscuro. Para finalizar esta remesa de ejemplos, hablaremos de la banda americana Blue Öyster Cult, que siempre se vanaglorió de su afición por el ocultismo, los ovnis y demás parafernalia esotérico misteriosa. Quizás su gran acierto fue construir unas letras tan surrealistas que los católicos de postín no supieron entender jamás y les libró de su ira divina y terrenal; por eso no comprendieron que «(Don't Fear) The Ripper» hablaba del Diablo robando el alma de una mujer inocente.

Dentro de poco llegaría el heavy metal y Satanás ya no se debe esconder de nada ni de nadie.

VII. BAJANDO A LOS INFIERNOS

A mitad de los años setenta se puso de moda el satanismo, o al menos se estableció la parafernalia satánica como medio de identidad de género. Black Sabbath pasaba por encima de las tormentas inquisidoras que se le aparecían por el camino, comprobando que lejos de salir erosionado, su estatus se fortalecía y aumentaba la legión de fans que seguían a la formación con una fe ciega, como si de una secta se tratara. Las matemáticas no engañan y se pudo comprobar que el crecimiento de la popularidad era directamente proporcional a la polémica satánica y más si conllevaba ataques eclesiásticos, católicos y moralistas.

Lo mismo ocurría con otro pilar duro; Led Zeppelin, que acomodaba las acusaciones de ocultista hacia Jimmy Page con millones y millones de dólares de beneficio. «Stairway to Heaven», el tema con más acusaciones de mensajes subliminales grabados con la técnica de *backmasking* (reproducir el disco al revés), se transformaba en un himno inmortal y conseguía el doble platino en el Reino Unido. En 1974 crean su propio sello, Swan Song Records, para controlar toda su obra e impedir las injerencias de las compañías discográficas. Lo hacen con una fiesta la noche de Halloween en Chislehurst Caves en Kent, donde despliegan una escenografía dantesca, en la que destacan monjas semidesnudas sirviendo champán, ataúdes con jóvenes en cueros dentro e iconos satánicos o imágenes de Aleister

Crowley. Un acto impensable a principios de década y que demostraba que el miedo a la moralidad censora se había eliminado, erradicado del ideario de una banda de rock, más si se movía en los ambientes más duros del género.

La conclusión es evidente, las bandas de heavy metal que surgieron, marcadas por las bases de grupos como Black Sabbath, Led Zeppelin y Deep Purple entre otros, se apuntaron descaradamente al circo del infierno.

Portadas infernales, logotipos demoniacos, mascotas monstruosas, música pesada, dura y con textos que no le hacían ascos al innombrable, al señor de las tinieblas, a Lucifer. El mundo del heavy metal se presentó en sociedad como una nueva corriente de amor al Diablo, a la muerte, a la oscuridad, todo ello marcado con sangre, mutilaciones, perversiones de todo tipo, sexo, muchísimo sexo y por qué no decirlo, por un machismo descontrolado. Definitivamente se bajó a los infiernos.

Alice Cooper, el teatro del horror

El caso de Alice Cooper, o mejor dicho Vincent Damon Fournier, es muy curioso porque tenía todos los antecedentes posibles para seguir los pasos de su padre, un predicador evangelista. Al contrario que la mayoría de casos que hemos visto en el libro hasta ahora, Vincent tuvo una infancia extraordinariamente feliz, adorado por sus padres en un sentimiento mutuo, no tuvo problemas con su educación y sus notas eran magníficas, mientras que se convertía en uno de los chicos más populares de la prole estudiantil, escribía en el periódico colegial y practicaba deporte con bastante éxito.

Precisamente fue con sus compañeros de atletismo con quien formó su primera banda musical, Earwigs, dedicada a tocar temas de The Beatles, pero cambiando la letra para adaptarla al deporte, algo que personalmente encuentro lo más satánico que puedes leer en este libro, una auténtica herejía.

La banda pasó a llamarse The Spiders y más tarde Nazz, con la que llegaron a editar un sencillo, pero se vieron en la obligación de volver a cambiar de nombre al enterarse que existía un grupo con ese apelativo, en el cual militaba Todd Rundgren. Aquí entra la leyenda, pues el nombre que escogieron fue el de Alice Cooper, una famosa bruja del siglo XVII, al pa-

recer extraído de una sesión de ouija. Vincent terminó agenciándose el
nombre Alice Cooper como propio.
La banda fichó por el sello de
Frank Zappa, Straight Records,
donde comenzó a editar sus discos
y al mismo tiempo dejarse moldear
por el grupo de *groupies* conocido como las GTO's, cambiando su
apariencia por el de unas muñecas
Barbie de tamaño natural. Su primer
disco, *Pretties for You* de 1969, es una
entrega bastante ecléctica de música
psicodélica mezclada con algo de cabaret rock, pero muy alejada del rock
duro que les caracterizó.

Alice Cooper.

El aquelarre del pollo

Poco a poco fueron abandonando el
sonido psicodélico, aunque *Easy Ac-
tion* de 1970 sigue siendo un disco que no define al grupo. Vuelve a cru-
zarse en su camino una leyenda urbana que apunta que el cantante de la
banda llamada Alice Cooper le arrancó la cabeza a un pollo y se bebió su
sangre en un concierto celebrado en el Rock'n'roll Revival de Toronto del
13 de septiembre de 1969. Lo cierto es que Alice salía a escena con una
lluvia de plumas y al parecer alguien le lanzó un pollo vivo y Vincent lo
devolvió a la audiencia; el resto es imaginación de los periodistas, desarrollando la escena vampírica, acusando a la audiencia de destrozar el ave en
un aquelarre de frenesí pandemonio. Frank Zappa le aconsejó a Alice que
jamás desmintiera el ritual de la sangre del gallináceo, cosa que hizo y se
disparó la popularidad del grupo.

El tercer disco, *Love It To Death*, cambia de bases y se comienza a en-
carrilar el sonido preferente del grupo, aunque la imagen de prostitutas
baratas de barrio marginal no se la han sacado de encima. Sin embargo,
algo cambia y los textos son como un guantazo en la cara de la generación
hippie, mientras ellos hablan de amor y paz, Cooper les señala la violen-

cia, el sexo descarnado y el poder del dinero. Este sería su último disco con el sello de Zappa, y gracias a su colaboración con el productor Bob Ezrin y la fama de banda violenta y provocadora consiguen un contrato con Warner Bros. Records.

El Padrino del Shock Rock

En 1971 se produce el gran cambio en su espectáculo, dando un paso más hacia el shock rock que le caracterizó hasta el punto de que se le conoce como El Padrino del Shock Rock, aunque ya hemos visto que anterior a Alice Cooper fue Screamin' Jay Hawkins, Crazy World Of Arthur Brown y el británico Screaming Lord Sutch. El ropaje de escena le presenta como un ser andrógeno y todo diseñado por Cindy Dunaway, compañera del bajista Dennis Dunaway. Además, el desarrollo teatral presenta peleas, asesinatos, escenas de tortura y todo culminando con un ajusticiamiento en una silla eléctrica.

Desde ese momento ha tenido una carrera musical extraordinaria, con algunas lagunas artísticas, pero con una coherencia aterradora, como el despliegue de su ornamentación escénica y su teatralidad macabra, con asesinatos, decapitaciones, rituales como mínimo morbosos, una serpiente pitón, simulaciones de ahorcamientos que a punto estuvieron de costarle la vida en alguna ocasión y un sinfín de trucos escénicos que construyeron una reputación de encarnación del mal que él siempre ha sabido separar de su vida privada.

Alice Cooper con Vincent Price.

La dualidad entre el personaje de Alice Cooper y Vincent Fournier ha sido la tabla de salvación de este artista, que vivió sus años más satánicos en la década de los ochenta, cuando sus adicciones al alcohol y las drogas pudieron derrumbar su circo, sin embargo fue la religión que nunca abandonó, la que parece haberle sacado del abismo.

Hoy en día Cooper es un respetado anciano que sigue girando y realizando espectáculos que encandilan a millones de fans, su música sigue siendo maravillosa, pero su discurso ha cambiado. «En la Biblia no está escrito en ninguna parte que una estrella del rock no pueda ser cristiana. ¿Cuántos cristianos no serán francotiradores, boxeadores o cualquier otra cosa? El cristianismo puede pasar a través de todos los tipos de oficios, tal vez el de una estrella del rock sea el menos malo», aunque en tono paternal advierte que: «¡Tengan cuidado! Satanás no es un mito; no vayan por ahí creyendo que Satán es una broma», seguramente que porque el que tuvo, retuvo.

Judas Priest, los predicadores del mal

Otros veteranos venidos desde los setenta son Judas Priest, una formación que adoptó el nombre de otra banda con muy mala suerte. Dicho grupo se formó en 1969 en el área del Black Country de Birmingham, con Al Atkins como vocalista, el bajista Brian 'Bruno' Stapenhill, John Perry a la guitarra y John 'Fezza' Partridge en la batería. El infortunio del grupo comienza con la muerte en accidente de tráfico de Perry, reemplazado por el joven multiinstrumentista de 17 años Ernest Chataway, que había tocado con Earth (antesala de Black Sabbath). El nombre lo extraen del tema «The Ballad of Frankie Lee and Judas Priest», publicado en el octavo álbum de Bob Dylan, *John Wesley Harding*. En esta canción el joven Frankie Lee es tentado por un ser maligno llamado Judas Priest, que lo encierra en una casa con veinticuatro mujeres y lo deja morir de sed, tras pasar dieciséis días encerrado.

La banda firmó contrato con el sello Immediate para publicar tres discos, pero ni siquiera entran en estudio, tras el cierre ruinoso de la compañía, por lo que la banda se separará definitivamente.

Transcurrido un año, Atkins fichó por una banda de hard rock llamada Freight, formada por KK Downing a la guitarra, Ian Skull Hill al bajo y el batería John Ellis, convenciendo al resto de músicos que Judas Priest era mucho más comercial.

Varios cambios hacen presagiar que la banda no tiene futuro porque incluso termina por marchar Atkins, portador del nombre. Sin embargo firman contrato con Iommi Management Agency, propiedad de Tony

Iommi de Black Sabbath y salen de gira por Europa en 1974, por lo que deben adquirir de urgencia a dos miembros del grupo Hiroshima, el batería John Hinch y el vocalista Rob Halford. Tras la gira se pone sobre el tapete la posibilidad de firmar con el sello Gull que les plantea la idea de añadir un segundo guitarrista y les recomienda a Glenn Tipton del grupo The Flying Hat Band, cerrando la que se conoce como la formación original de Judas Priest sin serlo.

La edición de su primer disco *Rocka Rolla* (1974) no presentaba un sonido personal y se perdía en discursos pseudoprogresistas, pero su segunda entrega nos mostró el cambio que marcaría su trayectoria, pero los primeros síntomas preocupantes para una sociedad católica que tenía demasiado tiempo libre para perderlo buscando conspiraciones diabólicas y mensajes del más allá.

La balada del Ángel Caído

Sad Wings of Destiny (1976) endurece el sonido y sienta las bases de futuro y la portada deja muchos datos para la reflexión. En ella se muestra un ángel derribado en una caverna dantesca e infernal, donde una calavera y el fuego del averno no dejan duda de cuál será su triste destino final. El ángel lleva colgando una cruz de tres puntas, símbolo del Diablo conocido como el Tridente, mientras que en la contraportada aparecen fotos de directo de los componentes del grupo, bastante luciferinas y presididas por un contraluz de Halford con los brazos en cruz, cerrando una carpeta como mínimo apocalíptica. En su interior, canciones como «The Ripper», que narra las andanzas de Jack El Destripador, el tormento descrito en «Dreamer Deceiver» del que inspiró el artista británico Patrick Woodroffe para pintar la obra *Fallen Angel* que figura en la portada, o la devastación zombie de «Genocide», ayudaron a crear de inmediato la fama de banda satánica y ser señalados por donde quiera que pasaban como los predicadores del mal.

Sin After Sin (Pecado tras pecado) de 1977 presenta un mausoleo egipcio, que pronto se interpretó como un templo pagano, pero que en realidad está basado en la extravagante decisión del Coronel Alexander Gordon (1840-1910), militar e ingeniero constructor, especializado en crear grandes herramientas así como enormes máquinas de guerra. Enterrado en el cementerio de Putney Vale, Londres, mandó construir ese mausoleo

La portada de *Sad Wings of Destiny*.

que se levanta ridículamente entre centenares de tumbas modestas. En el
diseño se le añadió una calavera con ojos brillantes que en el original no
existe.

Sus textos siempre fueron violentos, describiendo paisajes devastados y
escenarios dantescos sobre los que héroes del metal sobrevivían. Vengan-
zas y asesinatos, mitología y superstición zombie como parte de un imaginario que se entrelazaba con las fantasías de sus fans, pero que no iban más
allá del mero artilugio comunicativo. Su imagen endureció y fueron de los
primeros que se enfundaron en cuero y llenaron su uniforme de tachuelas
y pinchos, imagen que pasó a ser icónica de la tribu heavy en los ochenta.

Imágenes metálicas y duras marcaron álbumes clásicos de final de los
setenta, *Stained Class*, *Killing Machine*, *British Steel*, dieron paso a otra
iconografía más contundente y futurista en los ochenta, *Screaming for
Vengance*, *Defenders of Faith* o *Painkiller*, perdiendo el miedo a la moralidad censora a partir de los noventa, *Jugulator*, *Angel of Retribution* o
Redeemer of Souls.

El juicio mediático al heavy metal

El punto de inflexión lo tuvieron en 1990 cuando se vieron abocados a un juicio mediático que podría haber significado el final de la banda y que se trató en todo momento de uno de los últimos movimientos esperpénticos de la sociedad americana por erradicar un movimimiento musical que le era realmente incómodo.

Pero los hechos se remontan al 23 de diciembre de 1985, cuando dos adolescentes de Reno, Nevada, se intentaron suicidar con una escopeta. Raymond Belknap de 18 años, se puso la escopeta debajo de la barbilla y apretó el gatillo, falleciendo en el acto; pero su compañero James Vance de 20 años no tuvo tanta suerte y el disparo le destrozó parte de la estructura ósea del cráneo y casi la totalidad del lóbulo derecho, quedándose con un rostro desfigurado y con terribles dolores hasta su muerte en 1988 a consecuencia de las medicinas que tomaba para soportar el calvario.

Antes de su muerte James declaró: «Creo que el alcohol y la música heavy metal, como Judas Priest, nos impulsó e hipnotizó a creer que la respuesta a la vida era la muerte», marcando el álbum *Stained Class* de 1978, como desencadenante de la tragedia.

Estas declaraciones fueron tomadas como bandera de asociaciones cristianas de extrema derecha, que presionaron a la familia para denunciar al grupo y la compañía discográfica CBS, solicitando una indemnización multimillonaria. El caso fue puesto en manos del abogado de Nevada Ken McKenna y la compensación económica que repararía el dolor ascendió a 6,2 millones de dólares, pero sobre todo centraría la atención mundial sobre uno de los iconos del diabólico género del heavy metal.

A finales de julio de 1990 la banda se vio obligada a cancelar su gira y presentarse a juicio para defender su inocencia. Durante el juicio televisado, se intentó demostrar que en las canciones de Judas Priest había incluidos mensajes subliminales que podrían inducir al suicidio, mensajes que se intentaron desentramar en una patética sucesión de intervenciones que podrían haber terminado en el guion de una sitcom, si no fuera porque habían muerto dos adolescentes y la carrera musical de un grupo estaba en juego. McKenna intentó demostrar que en el tema «Better by you, better than me», si se escuchaba al revés se podía reconocer la orden «Do It» (Hazlo) y poco le importó que ese tema no fuera original de Judas Priest, sino una versión de una canción de Spooky Tooth, que ya se había grabado en 1969.

Halford se defendió, que la supuesta orden era un sonido provocado por una respiración profunda que utilizaba para llegar a ciertas notas, como hacían muchos vocalistas de rock, colocando a Elvis Presley como ejemplo.

Durante el juicio se pusieron sobre la palestra otros mensajes supuestamente grabados con la técnica de *backmasking*, que sólo se pueden escuchar revolucionando el disco al revés, pero que sin embargo dejan órdenes claras en el cerebro del oyente. En el tema «White head, red hot» escuchaban «Fuck the Lord, fuck all of you» («Que jodan al Señor, que os

Rob Halford.

jodan a todos»), mientras que en el tema «Stained Class» aparecía «Sing my evil spirit» («Canta mi espíritu malvado») y en «Beyond the realms of death», discernían un profético «Try suicide» («Intento de suicidio»).

El 24 de agosto de 1990, el juez Jerry Whitched dictaminó que los mensajes subliminales, si existieran, no deberían precipitar estímulos agresivos y de autolesión, con consecuencias tan trágicas. Se apuntó que los adolescentes contaban con un largo historial de drogadicción, además de contar con problemas escolares y laborales, así como algunos delitos menores a su cargo. Se descubrió que Raymond Belknap había tenido intentos de suicidio previos.

Los padres no recibieron ni un centavo de indemnización y vieron el caso de su hijo expuesto y vilipendiado en los medios de comunicación, la banda salió tocada y con la sensación de haberse salvado por la campana, mientras que los únicos triunfadores de un mes de juicio fue la mano que mece la cuna; las asociaciones cristianas extremistas que expusieron delante de todo el mundo la maldad de un género que infecta la moral de sus adolescentes, y ganaron argumentos para el seguimiento de su cruzada católica, aunque no sirvió de nada, porque en el final de siglo dejaría claro que de existir una divinidad, esta era la de Satán.

Iron Maiden, el número de la bestia

Cuando las primeras bandas de hard rock y heavy metal estaban apoltronándose en su grandiosidad, apareció una generación que revitalizó el género y le dotó de una inmortalidad que con etapas más oscuras llega hasta el día de hoy, la New Wave of British Heavy Metal (NWOBHM) y a su cabeza estaba Iron Maiden.

Para que nos vamos a engañar, Iron Maiden es Steve Harris o viceversa. Se trata del único miembro que ha estado en todas las etapas de la banda y el que pincha y corta todo el bacalao desde que en 1975 inició el camino de la banda.

Desde su concepción Harris volcó su afición a la mitología, historia y ciencia ficción, además de dar rienda suelta a todas las emociones y sentimientos que le producían la cantidad de películas de terror que visionaba; de hecho el nombre de la banda se extrae del film *Man In The Iron Mask* de 1939, dirigida por James Whale y basada en el libro *El vizconde de Bragelonne* de Alexandre Dumas. En este film debutó Peter Cushing, mítico actor de cintas de terror y misterio.

El monstruo más famoso del rock

El 8 de febrero de 1980 editaron su primer sencillo, «Running Free», tema compuesto por Harris y el vocalista Paul Di'Anno, que fue el preludio de su primer disco Iron Maiden. En la carpeta del sencillo se puede ver a un joven heavy escapando de lo que parece un zombie, pero al que no se le ve la cara. Es Eddie The Head, máscara icónica de la banda que los ha acompañado en todas sus ediciones discográficas, así como en giras y merchandising oficial, convirtiéndose en el monstruo más famoso de la historia del rock.

Eddie es un ser antropomórfico creado por el artista británico Derek Riggs y que a lo largo de su historia ha ido mutando y transformándose en loco lobotomizado, asesino en serie, soldado británico, momia egipcia, cíborg, monstruo del pantano y todo lo que fuera necesario para representar a la banda.

Desde el principio Iron Maiden recibió criticas de grupo extremadamente violento, por sus portadas y por sus textos, cargados de historias violentas y ensangrentadas. El segundo disco, *Killers* (1981) es una buena

La portada del
disco *Killers.*

muestra de ellos, con un Eddie desafiante y con un hacha ensangrentada
después de haber ejecutado a su víctima, la cual sigue agarrada a su camiseta. En el interior canciones como «Murders in the Rue Morgue»,
«Purgatory», «Killers» o «Prodigal Son» no dejan duda alguna sobre la
filosofía de la banda:

«Ahora sé que me equivoqué. Jugué con los asuntos místicos
y también con la magia durante demasiado tiempo.
Siento como si estuviese pagándolo con esta pesadilla dentro de mí
El diablo se ha apoderado de mi alma».

Paul Di'Anno abandona la banda por demasiados problemas de drogas
y Harris recluta a Bruce Dickinson, vocalista de Samson, otra formación
de la NWOBHM. Dikinson es otro amante del cine de terror, así como
de la literatura e historia de la mitología, pero añadiendo un componente
más místico, pues es un experto en magia, ocultismo y paganismo. Habiendo estudiado en la escuela Catholic Comprehensive School, terminó
cursando Historia Antigua en el Queen Mary and Westfield College de la
Universidad de Londres, e interesándose por filosofías y religiones alternativas, así como en el esoterismo y ocultismo.

Todo ello se transforma en uno de los discos más importantes del heavy metal, *The Number Of The Beast*, con el que Iron Maiden alcanza por primera vez el #1 en Gran Bretaña y en más de una decena de países, permitiéndole girar por todo el planeta, en plazas tan importantes como Japón, Australia, Canadá y Estados Unidos.

El número de la Bestia

Un álbum que está repleto de referencias oscuras a Aleister Crowley, al poeta y pintor William Blake y a la Biblia, de una forma algo irreverente. El álbum mostraba en toda su plenitud a Eddie manejando los hilos de un Diablo que aterroriza el mundo en un escenario apocalíptico, mientras el título de The Number Of The Beats está escrito con sangre; no aparece el 666 porque no es necesario, queda explícito en la letra del tema que le da nombre:

«El infierno y el fuego fueron engendrados para ser liberados. Las antorchas ardieron y los cantos sagrados fueron alabados. Cuando comienzan a llorar, las manos se alzan al cielo en la noche, los fuegos arden brillantes. El ritual ha comenzado, el trabajo de Satanás está hecho. 666, el número de la bestia».

Posiblemente una de las letras más satánicas que puedan existir, o al menos eso pensaron en Estados Unidos las asociaciones cristianas que al paso de la gira de Iron Maiden organizaron manifestaciones con hogueras para quemar las copias de sus discos, se prohibieron sus canciones en muchas emisoras en poder del catolicismo más retrogrado y panfletos periodísticos no escatimaron en titulares que adjudicaban el parche de grupo satánico e incluso que su mascota, Eddie, era el anticristo personificado.

Steve Harris se volcó en dar explicaciones sobre el tema, pues en realidad la canción viene inspirada por una pesadilla que había sufrido tras ver la película *Damien: Omen II*, segunda parte de la trilogía de *La profecía*.

El tema tiene un preludio interpretado por el actor inglés Barry Clayton. En el texto se citan los versículos 12:12 y 13:18 del *Apocalipsis*. Lo que se entendió como una clara alusión a los postulados de Aleister Crowley, vertidos en *El Libro de la Ley* y *Los textos sagrados de Thelema*, de los que Bruce Dickinson era un estudioso experto.

El icónico Eddie siempre está presente en todos sus conciertos.

«Ay de ti, oh tierra y mar porque el diablo envía a la bestia con ira
Porque sabe que el tiempo es corto. Él que tiene entendimiento
Calcule el número de la bestia porque es un número humano
Su número es 666».

Steve Harris ha declarado en más de una ocasión es un agnóstico convencido y cree que sus canciones narran «un conflicto en la vida de todas
las personas. Para mí Dios, representa el bien y el diablo representa el mal
y siempre es lo mismo. La gente está en ambos lados. No soy una persona
religiosa pero creo que el bien y el mal está en todos lados».

Bruce Dickinson por su parte siempre ha esgrimido sus críticas al cristianismo, y en la actualidad realiza charlas de autoayuda basándose en su
vida. Muchos son los que ven en esas charlas las enseñanzas de Crowley,
pero es inevitable pensar que como Crowley, Dickinson se ve capaz de
conseguir todo lo que se propone: es profesor de historia, miembro en activo del partido conservador inglés, jugador olímpico de esgrima, venció
en su lucha contra el cáncer y desarrolló su pasión por volar, que lo llevó
a pilotar el Ed Force One, Boeing 747- 400 que la banda adquirió para la
gira de The Book Of Souls en 2016.

Como curiosidad apuntar que en el siguiente álbum, *Piece of Mind*
de 1983, la banda grabó un mensaje subliminal que sólo se puede escu-

char girando el vinilo al revés, situado al principio del tema «Still Life», Nicko McBrain el batería dice: «No te entrometas con las cosas que no entiendes», a modo de reproche a todos los que les criticaron, atacaron y acusaron de algo que ellos nunca han sido. Años más tarde McBrain fue bautizado por la Iglesia Evangélica Norteamericana y a día de hoy sigue siendo miembro de la comunidad y de la supuesta banda satánica.

Algo volvió a quedar claro con los ataques irracionales de satanismo encubierto; *The Number of the Beast* ha vendido más de 14 millones de copias en todo el mundo y colocó a Iron Maiden en lo más alto del pódium metalero, de donde todavía no se han bajado. El Diablo una vez más demostró que es una inversión muy rentable.

Lemmy, el azote de la religión

Cuando se pierde el miedo a Satán, o mejor dicho a ser acusado de satánico, se abre la Caja de Pandora y el universo musical del rock, sobretodo el heavy metal se llena de todo tipo de bestiario demoníaco, donde todo

está permitido y llegando a final del siglo parece que prime la máxima de: «es más duro quien la haga más gorda». Infiernos, fantasmas, asesinos, mutilaciones, vejaciones, torturas, posesiones demoníacas, violaciones, todo vale para vender más discos y el fabulario se convierte en un supermercado «todo a 100», con poca autenticidad y mucha salsa de tomate de por medio.

A contracorriente de esa carrera infernal, desde su presentación en sociedad hasta su muerte el 28 de diciembre de 2015, Lemmy Kilmister fue un auténtico Diablo y posiblemente el icono más auténtico del rock más duro, representando todo

Lemmy Kilmister en 1984.

lo que un heavy deseaba ser y deseaba conseguir, sin importarle las consecuencias.

Lemmy, a la cabeza de Motörhead, nunca mostró una inclinación especial por lo oculto y lo satánico, pero sí una animadversión ostensible hacia la Iglesia católica y cualquier tipo de religión. En «Orgasmatron», del disco *No Class* de 1979, nos deleita con una de las descripciones más crueles que se han podido escribir sobre la religión, como generadora de mentiras, odio, sangre y destrucción:

«Soy el único, Orgasmatrón, la mano de agarre extendida
Mi imagen es de agonía, mis sirvientes violan la tierra.
Obsequioso y arrogante, clandestino y vanidoso
Dos mil años de miseria, de tortura en mi nombre.
Hipocresía hecha primordial, paranoia la ley
Mi nombre se llama religión, sádica, puta sagrada»

Durante toda su discografía encontramos ataques directos a la religión, en una cruzada que se caracteriza por su extremada ansia de libertad, intentando erradicar lo que considera una de las formas más perversas de dominación. En «Bad Religion» del álbum *March Or Die* de 1992, lo vuelve a dejar explícitamente claro:

«Tú que nos harías demonios, no me envenenarás
El mundo ha sido persuadido para creer tu herejía
Escupo en los ojos de Satanás y escupiré en ti
Los demonios que te rodean viven solo en tus ojos. Mala religión,
mala religión
No necesito dioses ni demonios, no necesito derechos paganos.
Mala religión, mala religión
No necesito cruces encendidas para iluminar mis noches»

Se le intentó atacar de fascista por su colección de símbolos nazis, cuando ha quedado demostrado en numerosas ocasiones el odio que profesa a la ideología de Hitler y cualquier otra expresión política y social totalitaria. Su afición a la simbología nazi provenía de su afición por la historia de la Segunda Guerra Mundial.

Lemmy Kilmister con su indumentaria nazi.

Lemmy amaba la libertad por encima de todo y no le importaba que en ocasiones entrara de lleno en el libertinaje, porque una de las cosas que están muy claras es que sin pretenderlo era un seguidor perpetuo de las teorias de Aleister Crowley, viviendo según la máxima «Haz lo que tú quieras, será toda Ley», como también seguía al filosofo anarquista alemán Rudolph Rocker, que impulsó como primer objetivo de la anarquía el «garantizar la libertad personal y social de los hombres, destruyendo la tutela política y eclesiástica de la sociedad», tal y como Lemmy describe en el tema «Just 'Cos You Got The Power» del álbum *Rock'n'roll* de 1987.

«Puedes ser un mago financiero con un saco de botín,
Todo lo que veo es una lagartija viscosa con un traje caro,
Sigue y dirige tu corporación. Ven y bésame un poco de culo».

Quizás por todo ello, jamás le importaron las críticas y los ataques de corporaciones eclesiásticas y fanáticos religiosos, Lemmy fue un personaje auténtico, que vivió de forma salvaje centrado en la búsqueda absoluta del placer, con el tópico sexo, drogas y rock'n'roll como máximo eslogan. Por eso era un tipo incómodo y todavía no se entiende cómo es posible que, con la importancia que ha tenido Mortörhead en la música rock, nunca fuera incluido en el Rock & Roll Hall Of Fame, aunque han sido nominados para la inducción de 2020.

Sin embargo el reconocimiento de los fans siempre lo ha tenido y es el único músico de rock y heavy metal que tiene una procesión laica en su nombre, pues todos los años, el 28 de diciembre, la cofradía del Lemmy Del Gran Poder recorre las calles y bares musicales de Poble Nou, Barcelona, acompañados de más de medio millar de fans que gri-

Procesión por Lemmy en las calles de Barcelona.

tan consignas como *Lemmysyou*, *Lemmy no está muerto, está de parranda* o *Lemmy is Jesus*.

No sé lo que pensaría Lemmy de esto.

En busca del demonio más rentable

El culto al Diablo se cambia por una radicalización de la imagen, la veneración de la violencia y la negación de cualquier tipo de culpabilidad que se les pueda achacar. Las bandas no son satánicas o ocultistas, ni todo lo contrario; los ataques de organizaciones cristianas, moralistas o de extrema derecha no sólo no les importan ni afectan, sino que son positivas para sus agendas promocionales. El hedonismo llega a su máxima expresión, acompañado de un enorme machismo que relega la figura de la mujer a mera mercancía sexual y un empoderamiento de la autenticidad heavy, a través de iconos infernales que convierten los argumentos, que hasta la fecha eran armas arrojadizas de ataque, en piezas claves de la identidad comunitaria, en un corporativismo infernal que construye una de las más poderosas tribus urbanas, superviviente a todos los cambios acaecidos hasta nuestros días.

Aquí tenemos un pequeño recorrido por algunos ejemplos que pueden decorar perfectamente la radiografía del género, que salvo algunas excepciones que no vienen al caso, dibujan claramente la personalidad demoniaca del estilo.

AC/DC. Los cuernos de Satanás

La banda australiana AC/DC tuvo su momento satánico a final de la década de los setenta con la edición del álbum *Highway To Hell* (1979) y el siguiente *Back In Black* (1980).

Las tropas puritanas del ejército cristiano estadounidense buscaban todo lo que se pudiera arrojar con furia a las bandas de rock, y si estas eran tan duras como AC/DC mucho mejor. La portada del disco *Highway to Hell* les dio lo que estaban buscando. El nombre del disco era una clara alusión que mostraba el camino al infierno a los jóvenes imberbes, todo ello presidido por el líder y guitarrista Angus Young, que lucía rabo y cuernos de demonio, dentro se podía encontra el tema del mismo título: «Hola Satanás, pagué mis deudas tocando en una banda de rock / Hola mamá, mírame, estoy en camino a la tierra prometida, ¡whoo! / Estoy en la carretera al infierno. Autopista al infierno».

Por si esto no fuera poco, el 31 de agosto de 1985 el asesino en serie Richard Ramírez fue detenido en California luciendo una camiseta de AC/DC y durante el juicio posterior se supo que era fan de la banda y en especial del disco *Highway To Hell*. La conexión ya estaba hecha, reafirmada por la muerte del vocalista Bon Scott, interpretada como un castigo divino y la edición del álbum *Back Is Black* en su memoria, que se descifró como un retorno al ocultismo. La banda nunca editó portadas más polémicas, pero Angus a día de hoy sigue utilizando los cuernos del Diablo y en sus conciertos es uno de los objetos de merchandising más vendidos, cuernos de plástico rojo que se iluminan con pilas, lo que debe de haber producido más de un ictus entre los radicales religiosos.

Angus Young.

Kiss. La máquina de hacer dinero

KISS es una gran banda de rock, no lo vamos a ocultar, pero también es una maquinaria perfecta de hacer dinero. La banda ha rentabilizado cualquier movimiento que ha realizado, generando un negocio extramusical que les ha aportado una cierta fama de egoístas y vendidos. Sólo falta recordar el intento de Gene Simmons de registrar la patente del gesto de la Mano Cornuda como propio.

La ignorancia del catolicismo radical interpretó el nombre de la banda que significa beso, como una auténtica declaración satánica de intenciones, *Knights In Satan's Service (Caballeros al Servicio de Satán)*. Este hecho les produjo bastantes problemas e inconvenientes como en marzo de 1976, cuando más de un millar de cristianos embriagados de religión se aglomeraron a las puertas de un recinto donde estaban actuando, para intentar detener la actuación en nombre del santísimo.

Por otro lado se les acusó de seguidores de Hitler, argumentando que las dos S del nombre eran reproducciones del logotipo de las Schutzstaffel, Escuadras de Protección, más conocida como la SS, dirigidas por Heinrich Himmler.

La banda explotó al máximo esas acusaciones y sacó provecho de las mismas, como de todo lo que ha pasado alrededor de su carrera.

Otras bandas con universos oscuros

Diamond Head es una de las bandas incluidas en la NWOBHM que siguen vivas a día de hoy. Desde un principio siguieron la senda oscura de Black Sabbath y con su primer álbum *Lightning to the Nations* (1980), se adentraron en un universo imaginario repleto de demonios, monstruos e historias de batallas mitológicas. Temas como «Am I Evil?» y «The Prince» ayudaron a cimentar su fama de banda oscura y satánica, aunque nunca se pronunciaron al respecto. Algunas de sus portadas reflejan escenarios mitológicos o violentos, pero la mayoría de las cubiertas no pertenecen a este imaginario.

Tank fueron otra de las bandas surgidas de la NWOBHM. Aparecieron con mucha fuerza con su primer disco *Filth Hounds of Hades* publicado en 1982; en la portada podíamos encontrar al perro de tres cabezas o cancerbero, animal fabuloso que es el guardián de las puertas del infierno. No pudieron seguir la estela del primer disco y aunque editaron discos de calidad que se perdieron en textos bélicos, no calaron entre el gran público.

Clásicos reinventados son las carreras de Ritchie Blackmore y Dio con Rainbow, explotando universos magníficos cargados de mitología y fantasía. Blackmore abandonó ese universo con la marcha de Dio y su inserción en el mercado americano, mientras que Dio lo explotó en su nueva carrera en solitario, recibiendo críticas y siendo acusado de satanista en varias ocasiones. Desde su primer álbum *Holy Driver* de 1983, se vio rodeado de mostruos que amenazaban al ser humano desde las cubiertas y se complementaba con historias magnificadas en el interior. Fue uno de los primeros artistas en actuar después de muerto, algo que de por sí es bastante satánico; lo hizo en formato de holograma.

Cuando el lado oscuro está lleno de machismo

Entre las bandas que se sumaron al binomio de satanismo/éxito, pero sin involucrarse en militancias comprometidas y tan sólo adoptando imagen y discurso teatral, acusados de satanistas de plástico en ocasiones, se pueden destacar las siguientes:

Twisted Sister, banda americana liderada por Dee Snider, mezcló partes del shock rock de Alice Cooper, con la energía de las bandas británicas de la NWOBHM y dosis de glam al estilo KISS. Tienen temas como «Burn in

Hell» que les proporcionaron cierta polémica y promoción; la portada del álbum *Stay Hungry* de 1984, también aportó cierta discordia ante una fotografía que insinuaba canibalismo cavernícola. A nivel general, si de algo se puede acusar a Twister Sister es de pertenecer a la corriente del heavy metal extremadamente machista.

Mötley Crüe aparecieron en Estados Unidos a principios de los ochenta. Se les cruzaron por medio las asociaciones puritanas, sobre todo con el segundo disco *Shout at the Devil*, que conteniendo un tema del mismo título les sirvió de excusa. Sin embargo la única apología que esgrimió Mötley Crüe fue la del hedonismo descontrolado, el exceso y un machismo galopante.

Dee Snider.

Pero si tenemos que hablar de machismo y desprecio por el sexo femenino, no podemos olvidarnos de más bandas salidas del seno de Los Angeles a primeros de los ochenta. W.A.S.P, que no significa Avispa, pues es un anacronismo de We Are Sexual Perverts (Nosotros Somos Pervertidos Sexuales), con temas como «I Fuck Like a Beast» (Follo como una bestia), hicieron saltar las alarmas de las asociaciones políticas, religiosas y sociales de moralidad rígida y de marcada tendencia de derechas.

Otra banda que explotó la figura de la mujer hasta puntos insultantes fue Ratt, pero no eran más que la punta de un iceberg que escondía una corriente musical que durante los ochenta maltrató duramente a la mujer, llegando a la culminación con la portada del álbum *Appetite for Destruction* de Guns'n'Roses, censurada en muchos países por apología de la violación, al presentarse un ser biónico que acaba de violar a una mujer, la cual se encuentra en tierra en una postura lamentable. Bandas que siguen esa corriente en más o menos profundidad son Poison, Cinderella o incluso los primeros Bon Jovi. Esta corriente de falocracia fue incitada y mantenida durante muchos años por la MTV, siendo uno de los casos más flagrantes el cambio de Whitesnake en el disco 1987, abandonando su imagen británica y llenando su imagen de laca y chicas ligeras de atuendo.

Parental Advisory: Explicit Lyrics

Todo esto provocó la creación en 1985 del Parents Music Resource Center (Centro de Recursos Musicales de Padres) PMRC, comité ideado por cuatro esposas de políticos inmersos en el gobierno norteamericano conocidas como *Las esposas de Washington*, con ideas moralistas muy cercanas a la ultraderecha americana. El objetivo del PMRC era vigilar el acceso de los menores a la música, eliminando la conexión con artistas que realizaran apología del sexo, drogas, violencia o filosofías que consideraran peligrosas, en clara referencia al satanismo y ocultismo.

Este comité ideó la famosa etiqueta *Parental Advisory: Explicit Lyrics* que avisaba a los padres que el contenido del disco era inapropiado, según sus criterios. Esto produjo un hecho curioso, pues algunas tiendas se negaron a vender discos con la etiqueta, las compañías sacaron copias sin los temas polémicos y de esta forma eliminar el adhesivo pero, la medida no sirvió para nada y al cabo de poco tiempo, tener el distintivo era una promoción especial que proporcionaba interés en el consumidor joven, por lo que las copias marcadas terminaron vendiéndose más caras de lo habitual.

Venom. Satán es poder

La integración de Satanás en el círculo del heavy metal se transformó en un movimiento banal de imagen teatralizada, en muchos casos para tapar carencias musicales y escasez de personalidad como artistas.

Sin embargo hubo una banda que llevó esos esquemas al extremo, tensó la cuerda y se presentó ante el mundo como auténticos adoradores de Satán, Venom, la banda que marcó a una nueva generación de músicos y bautizó un nuevo género musical.

La formación se creó de la unificación de músicos de varios grupos, Guillotine, Oberon y Dwarfstar, formando el primer núcleo de Venom como cuarteto y adoptando pseudónimos que marcarían más su persona-

Venom.

lidad. Clive Archer, el cantante se convirtió en Jesucristo, el bajista Conrad Lant en Cronos, Tony Bray en Abbadon como batería y el guitarrista Jeff Dunn en Mantas.

Cronos fue el primero de una nueva generación de titanes de la mitología griega, hijo de Gea (Tierra) y Urano (Fuego), asesinó a su padre para poder gobernar durante la llamada Edad Dorada, hasta que Tártaro lo derrotó y lo expulsó a los Campos Elíseos.

Abbadon es un término hebreo que se describe en la Biblia como un lugar de destrucción y un Ángel del Abismo. En ocasiones es descrito como el pozo profundo que lleva al reino de los muertos y en otras ocasiones se denomina Abbadon al rey del ejército de langostas del *Libro del Apocalipsis*.

Mantas fue el más sangriento de los líderes prusianos que organizaron el gran levantamiento contra los Caballeros Teutónicos y los Caballeros del Norte. Una cruenta guerra que comenzó en 1260 y duró 14 años, en la cual Herkus Manta luchó contra la cristiandad impuesta.

Jesucristo no necesita mayor explicación, más si cabe por ser el primero en bajarse del tren y dejar la banda como trío, pasando Cronos a tocar y cantar desde ese momento.

Los textos de Cronos no eran similares a los de otras bandas, ni siquiera los temas más polémicos de Iron Maiden o Judas Priest se podían comparar con sus elucubraciones mentales. El primer single que les presentó al mundo escondía dos joyas envenenadas: «League With Satan» y «Live like an Angel (Die like a Devil)». Una tarjeta de presentación que puso los pelos de punta al más valiente «League With Satan»:

«Estoy en liga con Satanás, amo a los muertos
Nadie rezó por Sodoma mientras la gente huía
Estoy en liga con Satanás, soy dueño de los maestros
Yo bebo el jugo de las mujeres mientras yacen solas
Estoy en liga con Satanás, llevo la marca del diablo
Yo mato al bebé recién nacido, rasgo la carne de los infantes»

Sus cuatro primeros discos, *Wellcome to Hell* (1981), *Black Metal* (1982), *At War With Satan* (1984) y *Possessed* (1985), contienen en su mayoría textos de adoración satánica, con una manifiesta identificación personal que traspasaba el mero teatro o shock rock. La gran diferencia entre Venom y las otras bandas que realizaban espectáculos satánicos, es que ninguna se declaraba satánica fuera del escenario. Venom sí y Cronos ha declarado en numerosas ocasiones que él es satánico desde que nació.

«En algún lugar nacimos y trajimos sangre, lujuria, odio y
desprecio.
Ahora lamentas haber confiado en mí, ahora te ordeno que te
pongas de rodillas
En nombre del engañoso infierno.
Hijo de Satán»
«Sons Of Satan»

La crítica los despreció y además de las típicas acusaciones de banda satánica por hermandades cristianas, se les acusó de no saber tocar y de ser una banda burda y sin creatividad, sin embargo su segundo disco *Black Metal* marcó el inicio de un nuevo género musical. También marcaron los primeros pasos del thrash metal y sobretodo en Estados Unidos numerosas bandas vieron en Venom el camino marcado musicalmente, Metallica, Slayer, Anthrax, Exudus y Megadeth son un claro ejemplo. Ninguna de esas bandas llegaron a comulgar con sus ideales demoníacos, aunque sí juguetearon con el demonio y la muerte en más de una ocasión, pero nada más allá de una puesta en escena efectiva. Posiblemente Slayer sería el que llegó más lejos, pero se difuminó con su implicación, cierta o no, con tramas fascistas y apología de ideologías radicales.

Al mismo tiempo, Venom influyó en una nueva generación de bandas nórdicas que encontrarían en el nuevo género, el black metal, su vehículo de comunicación y en las propuestas infernales una razón de ser y un objetivo a cumplir.

Venom por su parte se desintegró y reunificó en un par de ocasiones, pero no obtuvieron el reconocimiento y respeto que se merecen como banda pionera, viendo que la mayoría de sus aprendices les sobrepasaban y obtenían un éxito que se les negó desde el principio. Actualmente hay rumores que apuntan a una nueva reunión de la formación original de Venom, pero eso no está comprobado a la hora de cerrar el libro.

Mercyful Fate. El Rey Diamante

Mención aparte merece Mercyful Fate o lo mejor dicho Kim Bendix Petersen, músico danés conocido por el nombre artístico de King Diamond.

Mercyful Fate aparece en Copenhague en 1981, liderada por Diamond y el guitarrista Hank Sherman. Su música viene marcada por las grandes bandas de hard rock y aplican algunas estructuras cercanas al progresismo sonoro, seguramente para dotar de más grandilocuencia la voz de Diamond, quien posee un extenso rango vocal, marcado por un extraordinario falsete de largo alcance que prácticamente asimila una octava. Predominando las letras que hablan de ocultismo y abiertamente del culto a Satán. De hecho King Diamond profesa el Satanismo LaVeyan, religión que surgió de las enseñanzas de Anton Szandor LaVey, creador de la Iglesia de Satán.

En el primer EP de la formación, denominado *Mercyful Fate* (1982), se puede ver una ilustración de una joven desnuda, crucificada y que comienza a ser quemada en una hoguera, mientras una serie de monjes cadavéricos contemplan el sacrificio satánico. Dos discos más, *Melissa* (1983) y *Don't Break The Oath* (1984), reafirman la condición de banda ocultista con un líder satánico, que gusta de pintarse el rostro en blanco y negro,

King Diamond.

utilizando un *look* que recuerda a los magos gurús de Nueva Orleans, conocida por la *Pintura de Cadáveres*, utilizada por numerosas bandas de black metal a posteriori.

Tras ese corto periodo la banda se separa, dejando el que para muchos es el mejor disco de metal extremo, *Don't Break The Oath*.

King Diamond sigue con su carrera en solitario explotando más sus conexiones con el maligno, de esta forma comienza su primer disco *Fatal Portrait* con el tema «The Candle» que se introduce con fragmentos de una misa negra.

Los regresos de Mercyful Fate o la larga carrera en solitario, que en 2019 ha visto como se edita un nuevo single, «Masquerade of Madness», así como un directo, *Songs For The Dead: Live At The Fillmore In Philadelphia*, no han cambiado su personalidad más allá de la evolución musical lógica.

King Diamond se presentaba en los conciertos con una calavera humana llamada Melissa, como el primer álbum de Mercyful Fate y desde que se la robaron tras una actuación utiliza como pie de micro un fémur y una tibia en forma de cruz invertida que complementa su parafernalia satánica con las pinturas del rostro.

Mercyful Fate y King Diamond han marcado la primera ola del black metal, siendo fuente de inspiración para las bandas sucesoras, que en algunas ocasiones llevaron el extremismo hasta puntos trágicos.

VIII. CULTO A LA MUERTE Y EL ANTICRISTO

El final del siglo XX supuso una eliminación sistemática de las barreras estilísticas y la fusión de géneros como forma de supervivencia, escapando de los tópicos derrotistas que apuntaban que no quedaba nada por inventar. Cualquier mezcla es buena si lleva acompañado un *revival* y la industria lo puede vender como producto nuevo e interesante.

Los envoltorios le quitan el protagonismo al contenido y con el papel de regalo los estilos se entremezclan, aparecen nuevos subgéneros, en algunos casos con diferencias extramusicales, al mismo tiempo que se difuminan las creencias.

El lado oscuro del rock encuentra un nuevo atractivo en el culto a la muerte, la desesperación, depresión y el Apocalipsis, como si todos estuvieran esperando la llegada del Anticristo.

Rock Gótico, el sonido de la muerte

El 14 de febrero de 1979, un joven grupo de Manchester llamado Joy Division visitaba los estudios de la BBC Radio 1, para grabar una Peel Sessions del programa de John Peel, uno de los Dj más populares del Reino Unido. Cuando el reputado locutor escuchó los cuatro temas que la banda interpretó, lo definió como un nuevo sonido, como si fuera rock gótico, bautizando un género que tuvo su máxima popularidad en la década de los ochenta para diluirse en otros estilos al final de siglo, dejando huella en géneros tan dispares como el rock electrónico o el black metal.

Afirmar que la subcultura gótica y las bandas de rock gótico están englobados en la misma definición es comprometido y polémico, porque no todos los fans de las llamadas bandas góticas están o desean estar en esa escena, incluso algunas formaciones como Sister Of Mercy no se consideraban parte del movimiento.

Musicalmente, los pioneros del sonido gótico provienen de la escena post punk y new wave, y salvo raras excepciones como Christian Death de Los Angeles, Virgin Prunes de Irlanda y Xmal Deutschland de Alemania, la gran mayoría provenía del Reino Unido.

Creando un paraíso deprimente

A la ralentización del sonido punk se le sumaron las atmósferas densas y una carga de nihilismo que resultaba tediosa e insufrible. Sonidos graves que se incrementaban con el uso de reverberaciones fantasmagóricas, que construían un ambiente oscuro, macabro en ocasiones, muy cercano a himnos de desesperación y depresión. Todo ello cimentado en textos que buscaban inspiración en la literatura gótica, con un temario digno de cortarse las venas, donde la melancolía, la tristeza y el romanticismo oscuro se daban la mano con el existencialismo más egocéntrico, la tragedia y la morbosidad macabra.

Pero no debemos confundir sonido oscuro con ocultismo, ni la aureola fúnebre con satanismo, puesto que la mayor parte de las bandas góticas practicaban el cristianismo o al menos comulgaban con sus ideas, mientras que solo un grupo minoritario se consideraban paganos o agnósticos. La oscura ternura del género desembocó en una idealización romántica de la muerte, una sobrestimación idealista por lo sobrenatural, donde los temas vampíricos y monstruosos eran vistos de una manera radicalmente opuesta al heavy metal, casi idílica y bella, intentando encontrar esa belleza en la cara más horrenda de la humanidad. Con todos estos datos sobre la mesa, no es de extrañar que la muerte fuera vista como un medio de liberación y el suicidio como un vehículo romántico de conseguir la independencia terrenal.

El rock gótico busca las reacciones humanas a las emociones asociadas a la muerte, los cadáveres, la sangre, lo macabro y los vampiros. En raras ocasiones se menciona al Diablo y si se hace se trata de una alegoría del mal, puesto que no es un personaje predominante en la subcultura gótica. Curiosamente la simbología nazi juega un papel importante, pero no deja de ser un ornamento de provocación insustancial.

Abanderados de la oscuridad

Joy Division, nombre de la línea de prostíbulos que los nazis crearon en los campos de concentración, fue la primera banda representativa del género, con tan sólo dos discos editados, *Unknown Pleasures* (1979) y *Closer* (1980). La banda se desmontó cuando Ian Curtis, guitarra y vocalista, se suicidó ahorcándose en la cocina de su casa, en lo que era un segundo intento, puesto que en marzo de ese mismo año lo intentó con una sobredosis de fenobarbital. Curtis padecía epilepsia, con ataques cada vez más violentos que en más de una ocasión se produjeron en el escenario. El resto de la banda cambió de sonido y nombre, pasando a ser New Order.

Siouxsie and The Banshees, otra de las bandas pioneras del gothic rock, es una de las pocas formaciones vinculada con el ocultismo excepcionalmente, gracias a la amistad de la cantante Suzie Sioux con Genesis P-Orridge, música y escritora transgénero británica, que provocó más de un escándalo a principios de los setenta con su banda Throbbing Gristle, pionera del rock industrial que basaba los textos en la prostitución, asesinos en serie y ocultismo. En los ochenta formó la banda de música electrónica Psychic TV con la que obtuvo algunos singles de éxito.

Siouxsie Sioux.

Bauhaus.

Genesis introdujo a Sioux en el mundo de Aleister Crowley y en el Templo de la Juventud de Psychick (TOPY), pero si esas experiencias están difuminadas en sus temas será de forma muy oculta. Siouxsie and The Banshees ayudó a construir la escena gótica, sin embargo es una formación tan ecléctica que es difícil enmarcarla en un solo estilo.

Bauhaus fueron los encargados de definir el gothic como género, induciendo grandes dosis de teatralidad importada del glam rock y el cine de serie B. Su single «Bela Lugosi's Dead» se transformó en el himno de la generación gótica e imprimió a la misma un aire culto que muchos interpretaron como pedantería absurda, pero consiguió enmarcar el terror de ultratumba como hilo conductor del discurso personal de su líder Peter Murphy, quien siguió establecido como icono del género una vez desmontado el grupo en 1983. Mismo año que una banda americana muy interesante, The Misfits, liderada por Glenn Danzig, se despedían de sus fans, acostumbrados a una parafernalia de terror y horror enmarcada en un sonido punk, heavy, rock'n'roll y gothic rock.

Otra banda seminal sería The Damned, una de las primeras bandas de punk en grabar un single y girar por Estados Unidos, marcada por dos fuertes personalidades, Captain Sensible como guitarrista y Dave Vanian como vocalista. En 1980 editan su cuarto trabajo, *The Black Album*, y cambian sonido y estética, sumergiéndose en la subcultura gótica, bajo el liderazgo absoluto de Vanian, quien desarrolla su obsesión por los vampiros en textos y estética.

Quizás la última banda sobre la que deberíamos hacer referencia en los inicios del rock gótico es The Cure, aunque los de Robert Smith (líder de la formación) caminaron del post punk a un pop que aportó comercialidad, no exenta de calidad, al estilo. Tras el álbum *Disintegration* fueron enmarcados en la new wave, pero siempre dentro de la escena gótica.

Bienvenidos al rock de la muerte

En Estados Unidos se expandía el Death Rock, que como su nombre indica, esgrimía el nombre de la muerte en su propia definición, marcados por el glam rock británico y el shock rock de Alice Cooper y aderezados con la psicosis de las películas de terror de serie B. Los auténticos pioneros fueron los angelinos de Christian Death, capitaneados por Rozz Williams, auténtico francotirador del gótico americano que se ahorcó en su apartamento de West Holywwod el 1 de abril de 1998. Otras bandas interesantes a tener en cuenta son Gun Club, 45 Grave o Kommunity FK.

La segunda oleada de bandas góticas británicas aportaron la popularidad y excitaron a la prensa británica que siempre está hambrienta de crear nuevas modas y guetos musicales. De esta forma publicaciones como Propaganda, The Face o NME avivaron el interés por grupos como Echo and The Bunnymen, Sister of Mercy, Fields of the Nephilim, The Mission o Mephisto Waltz. Seguramente muchos no estarán de acuerdo con incluir a Depeche Mode en el mismo cajón de sastre del gótico y aciertan, no vamos a negar la importancia que tienen como Padres del Rock Electrónico, como los denominó la BBC, pero no es menos cierto que siempre han tenido un componente gótico importantísimo y que marcaron a las generaciones venideras a sangre y fuego; desde The Last Dance, Sunshine Blind, Voltaire o los primerizos Muse.

Rozz Williams.

Eric Harris y Dylan Klebold el día de la matanza.

Asesinatos con banda sonora

Uno de los momentos más duros del rock gótico fue el 20 de abril de 1999 en Columbine, Colorado. Eric Harris de 18 años y Dylan Klebold de 17, entraron con un arsenal de armas de fuego en la Escuela Secundaria de Columbine, disparando indiscriminadamente y provocando 13 muertos y 24 heridos, para después suicidarse ambos.

Los dos adolescentes tenían problemas serios de socialización, familiares y posiblemente problemas de salud mental; consumían drogas, sobre todo antidepresivos legales. En sus mentes trastornadas se planeaban atentados con aviones a las Torres Gemelas y durante mucho tiempo los estuvieron escribiendo con detalles macabros de toda índole. Con todos esos antecedentes no tuvieron ningún problema en adquirir pistolas, escopetas, carabinas, explosivos y cuchillos de combate militar, sin embargo el debate se centró en los gustos musicales de los asesinos, que escuchaban rock gótico a todas horas. El eje de la moral arremetió, no sólo contra la música gótica, sino contra la subcultura gótica en general, provocando el pánico en la población y consiguiendo una marginación importante en los medios de comunicación que se tradujo en un decaimiento del estilo, sobre todo en Estados Unidos.

Sin embargo con la caída del siglo nuevos horizontes se abrieron para la pesadumbre gótica, donde el sonido industrial y el metal más pesado les abrieron sus puertas.

Rock industrial.
La maldición de las máquinas

El lado oscuro que nos interesa en este libro nos lleva inevitablemente a realizar una pequeña incursión en el rock industrial y destacar unos mínimos detalles, que pueden parecer insuficientes pero que se acomodan perfectamente al formato de estas páginas.

La base del rock industrial debemos buscarla en la segunda mitad de la década de los setenta, con bandas como Throbbing Gristle, Cabaret Voltaire o SPK entre otras muchas. Las influencias de los primeros abanderados se referían a Kraftwerk, Gary Numan y Tubeway Army, teniendo en cuenta que en 1969 la banda americana Cromagnon editó su primer disco *Orgasmo*, donde ya experimentaba con el rock y bases de música electrónica.

Por otro lado tenemos la denominada música cósmica, desarrollada en Alemania a finales de los sesenta bajo la etiqueta de krautrock, donde se juntaba la psicodelia, el rock y la música electrónica con muchas intenciones de explorar terrenos musicales desconocidos. De entre las principales bandas del krautrock cabría reivindicar a Neu!, Can, Faust, Kraftwerk, Cluster, Amon Düül II y Tangerine Dream.

Ahí deberíamos sobresaltar a Klaus Dinger, músico y compositor que pasó por Neu! y Kraftwerk entre muchas otras y que buscó formas diferentes de alterar la percepción de la conciencia, jugando con el LSD y los ritmos electrónicos, además de ser un aficionado a las artes del paganismo, incluida la magia blanca.

En los ochenta fue Killing Joke, banda británica de Notting Hill, quien caminó directamente desde el punk a un sonido más gótico y electrónico cuando en 1982 cambiaron de bajista y ficharon a Paul Raven. Killing Joke no sólo ha sido una influencia vital en el rock industrial y se deja ver sus huellas en bandas como Nine Inch Nails o Marilyn Manson, sino que bandas como Metallica, Soundgarden o los desaparecidos Nirvana, bebían de sus fuentes.

Otras bandas a destacar son los neoyorquinos Swans, la banda de Illinois Big Black con un omnipresente Steve Albini, la banda de Washington Bad Brains y los suizos The Young Gods.

Es en los noventa cuando el rock industrial explosiona y se transforma en un género comercialmente potente, con un mercado en expansión y líderes que comulgan la música electrónica, el rock gótico y el shock rock sin pudor, ni miramientos, ajenos a las disertaciones religiosas en su contra, ignorando los razonamientos moralistas e indiferentes a las corrientes políticas más retrógradas.

Nine Inch Nails, los clavos de Cristo

Proyecto personal tras el que se esconde la introvertida y complicada personalidad de Trent Reznor, quien fue el único miembro oficial de la banda hasta que en 2016 ingresó el músico británico Atticus Ross. Musicalmente es uno de los personajes más importantes de final de siglo, declarado por *Time* como «uno de los músicos más influyentes de la historia», mientras que *Spin* lo describía en 1997 como «el artista más indispensable de la música» y *Rolling Stone* lo incluye en su lista de los 100 mejores artistas de todos los tiempos. Además, Reznor es de vital importancia para entender el éxito de Marilyn Manson.

Aunque había tocado el teclado para la banda de Ohio Exotic Birds, su intención siempre fue crear su propio proyecto NIN, que diseñó mientras trabajaba como asistente del ingeniero y conserje nocturno en Right Track Studio, donde llegó al trato de poder utilizar el estudio en tiempos muertos y grabar su demo. Ante la imposibilidad de encontrar una banda acorde con sus ideas, Reznor asumió la grabación de todos los instrumentos, algo que se convirtió en rutina habitual desde entonces.

Su primer álbum *Pretty Hate Machine* se pone en circulación en 1989 y supuso un éxito que provocó el interés de numerosos sellos discográficos.

Polémicas con la Iglesia

De entrada el nombre que eligió para el proyecto vino acompañado de polémica, Nine Inch Nails quiere decir Clavos de Siete Pulgadas, que según los libros sagrados cristianos es la medida exacta de los clavos con los que crucificaron a Jesucristo, aunque también podría ser Uñas de Nueve Pulgadas, exactamente lo que miden las uñas asesinas de Freddy Krueger de *Pesadilla en Elm Street*.. Por otro lado el logotipo de NIN tiene cierto parecido con los caracteres hebreos del Tetragrammaton, que querría decir El Dios Bíblico de Israel. Todo esto fue suficiente

Nine Inch Nails.

para que las organizaciones cristianas le pusieran en el centro de su
diana católica.

Su personalidad en escena era extremadamente violenta, terminaba
casi todos los conciertos destrozando el escenario.

Otro incidente curioso, ridículo y gracioso, lo tuvo con el FBI. Durante el rodaje del videoclip de «Down in it», una de las cámaras de filmación
estaba colgada de un globo aerostático cargado con helio, que debía filmar
un plano cenital del final del vídeo, donde el personaje de Reznor cae
muerto de un edificio. El globo se escapó y la cámara siguió filmando y
cuando cayó a tierra fue entregada a la policía local, que al visionarla creyó
ver un asesinato real y entró en juego el FBI.

El sello discográfico TVT quiso vender NIN como un grupo comercial, chocando de frente con los ideales de Reznor, que entabló una guerra
con la discográfica grabando con pseudónimos para que no interfirieran,
hasta que el sello llegó a un acuerdo con Interscope Records para el tras-
paso de la banda. La libertad que le proporcionó Interscope le permitió
crear el sello Nothing Records, donde además de grabar con NIN, ayudó
a Marilyn Manson, Coil y Meat Beat Manifesto entre otros.

Diario de una autodestrucción

Para su siguiente disco, *The Downward Spiral*, Reznor compuso un disco conceptual donde narra la autodestrucción de un hombre desde el inicio de su decadencia a su posterior suicidio, volcando toda la rabia, agresividad y visión funesta del ser humano. Un disco nihilista, marcado según Reznor por dos discos cargados de escepticismo como son el *Low* de Bowie y *The Wall* de Pink Floyd.

Para la grabación de *The Downward Spiral* alquiló el 10050 Cielo Drive en Benedict Canyon, Los Angeles, precisamente la casa donde Charles Manson ordenó los asesinatos de Sharon Tate y amigos. Aunque en un principio el disco se propuso grabarlo en Nueva Orleans para embriagarse del ambiente de magia y voodoo que desprende la ciudad, al final se decidió por la conocida Casa de Tate, donde montó el estudio llamado Le Pig, como las pintadas de sangre que dejaron en las paredes los asesinos de la Familia Manson.

El morbo es algo que siempre ha llamado la atención de Reznor, por lo que trabajó en numerosas ocasiones con Peter Christopherson, miembro de las bandas Coil y Throbbling Gristle y que realizó varios vídeos para NIN, el más polémico de ellos sobre el tema «Happiness in Slavery» del Ep *Broken*, prohibido en la mayor parte de las televisiones del planeta por la representación de una perfomance del artista Bob Flanagan, donde realiza un supuesto rito satánico de purificación, se desnuda y se introduce en una máquina de tortura que le llena de placer hasta que termina por matarlo.

Peter Christopherson, conocido como 'Sleazy' fue uno de los miembros originales de la banda pionera del rock industrial Throbbing Gristle, y tras su disolución formó parte de Psychic TV junto a Genesis

Nine Inch Nails.

P-Orridge y Geoff Rushton. Este último cambió su nombre al de John Balance creando Coil junto a Christopherson, ambos reconocidos ocultistas y con una gran afición por el satanismo. Christopherson también había pertenecido al colectivo artístico británico Hipgnosis, conocido entre otras cosas por realizar portadas de Pink Floyd, Black Sabbath, UFO, Led Zeppelin o Rainbow entre otros.

El político ultraconservador William Bennett y el Arzobispo de Denver, reverendo Charles J. Chaput, acusaron a Trent Reznor de incitación a la violencia y concretamente a la masacre de Columbine, puesto que uno de los dos asesinos adolescentes, Dylan Klebold, había hecho referencia en uno de sus diarios al disco *The Downward Spiral*

Orgy. Del emo a la ciencia ficción

A mediados de los noventa aparece en Los Angeles la banda Orgy, otro exponente del rock industrial, pero con un sonido más emo que se acerca a las bandas de gótico británico. En su primer disco encontramos una versión de New Order, «Blues Monday», que sería su mayor éxito y que ayudó a vender más de dos millones de copias del álbum *Candyass* de 1998. También tenemos temas como «Fiend» (Demonio) que les inclinan hacia el lado más oscuro, aunque en su segundo álbum, *Vapor Transmission*, se decantaron por temas de ciencia ficción.

Orgy, en el lado más oscuro del rock industrial.

Ministry. Rescatando a Crowley

En 1988 la banda de Chicago Ministry realizó un giro decisivo en su carrera, abandonando el synthpop, género perteneciente a la new wave en el cual el sintetizador era el instrumento predominante, y adentrándose en los terrenos oscuros del rock industrial. Al Jourgensen, compositor cubano americano y único miembro que ha militado en el proyecto desde el principio, configuró la trilogía perfecta del género: *The Land of Rape and Honey* (1988), *The Mind is a Terrible Thing to Taste* (1989) y *Psalm 69* (1992).

Jourgensen nunca ha ocultado ser un aficionado a Aleister Crowley y el nuevo estilo oscuro, violento y destructivo de su música dio rienda suelta a los instintos más básicos predicados por el ocultista. Su disco de 1992, *Psalm 69: The Way to Succeed and the Way to Suck Eggs* (Salmo 69: El camino para triunfar y el camino para chupar huevos), estaba basado principalmente en el capítulo 69 de *El libro de las Mentiras* escrito por Crowley, mientras que el título es una frase literal extraída del libro, sobre la postura 69 como método de saborear semillas o saborear huevos, éxito o fracaso, dependiendo de la interpretación.

La grabación del disco también estuvo rodeada del libertinaje y descontrol que Crowley predicaba y que llevó a la banda un callejón sin salida, tocando fondo en su relación con las drogas, gastando más de 1.000 dólares diarios en cocaína. El grupo se desintegró en peleas internas y grupos de presión diferenciados, lo que hizo de la grabación un caos insostenible y agotando el presupuesto económico de la compañía que debió invertir más para salir del atolladero.

Finalmente *Psalm 69* fue el álbum más exitoso de la banda, alcanzando más de un millón y medio de copias vendidas en Estados Unidos, además de ser disco de oro en Canadá y Australia.

Laibach. En guerra con la Iglesia

Curioso el caso del grupo Laibach, creado a principios de los ochenta en Eslovenia, cuando todavía pertenecía a la antigua Yugoslavia. Su rock industrial tiene un componente de provocación extremo en dos variantes, una de ellas la política, perteneciendo al grupo Neue Slowenische Kunst (NSK), colectivo intelectual que reivindica el origen alemán de Eslovenia y que en muchas ocasiones se le ha acusado de ensalzar la ideología nazi. Por otro lado, un sentimiento antieclesiástico muy poderoso que ha provocado en más de una ocasión polémica y ataques directos de la Iglesia católica. La banda fue censurada y prohibida en la última época de la Yugoslavia comunista y acogida en Europa occidental como refugiados intelectuales, para más tarde criticarla por su postura anticristiana y su parafernalia militar.

Al independizarse Eslovenia en 1991, Laibach fue reivindicada como banda icónica del pueblo esloveno y mimada hasta la saciedad, provocando inventos tan dudosos como poco agraciados, que mezclaban su música con la Orquesta Sinfónica Eslovena en un pastiche nacionalista sin mérito ni reputación.

El grupo alemán Rammstein ha reconocido abiertamente la influencia que supuso Laibach en su música.

En la portada de su debut discográfico, *Laibach* (1985), aparece un Jesucristo putrefacto crucificado en

Laibach.

una cruz de hierro fundido y amarrado por cuerdas evitando su desplome. En 1986 editan su segundo disco, *Nova Akropola*, con un ciervo oscurecido que forma la cruz cristiana con los cuernos. En 1988 editan un trabajo llamado *Sympathy for the Devil* con ocho versiones de un tema que en algunos momentos parece una versión del clásico de The Rolling Stones, pero en formatos irreconocibles, todo ello bajo una portada de una familia netamente aria con un águila imperial de fondo. Así podríamos estar páginas enteras rellenadas con ridiculizaciones de Jesucristo, políticos occidentales como los Kennedys, ataques directos a la Iglesia y al clero, al dictador Tito y temas remezclados como «God Is God» bajo la leyenda «Diabolig Mix».

Fuego infernal y zombies

Dentro del espectro industrial hay infinidad de ejemplos subversivos, con más o menos parafernalia y ornamentos de shock rock y que gustaron de caminar por el lado provocativo del rock con más o menos acierto.

El culto por la muerte, el terror, las películas de serie B y la literatura pulp de horror fueron fuente de inspiración inagotable, que mezclado con el consumo de estupefacientes nos dan un paraíso infernal donde las calderas de Pedro Botero están a rebosar; tan sólo unos ejemplos para ilustrar el conocimiento.

La banda de Wisconsin Electric Hellfire Club es un claro ejemplo de satanistas de tienda de disfraces. Formados en 1991 por Thomas Thorn, también conocido como el brujo Buck Ryder, proveniente de la banda My Life With the Thrill Kill Kult, que también podría servirnos de ejemplo, debutaron con *Burn, Baby Burn!*, siendo más populares por el show apocalíptico satánico que desarrollaban en escena que por su música.

Reverencias al pecado y a Lucifer, adoración al sexo y la perversión, mejor acompañadas de violencia y tortura, simuladas sobre la figura de Sabrina Santana vocalista y bailarina exótica del grupo.

Su divertido y en ocasiones histriónico directo, más el buen gusto por realizar versiones de bandas como Metallica, Kiss, The Rolling Stones, Joy Division entre otros, han conseguido que sigan funcionando a día de hoy con una salud diabólica.

Dentro del mismo saco de shock rock con dosis de rock industrial, aunque se les encasilló rápidamente en el rock alternativo por su eclecticismo, White Zombie y más tarde Rob Zombie, Rob Cummings para los amigos, en su carrera en solitario, utilizaron la ostentación terrorífica de las películas de serie B, las dosis necesarias de ciencia ficción y heredaron el gusto por el terror de grupos como Misfits y The Cramps.

Rob Zombie.

Sin embargo el satanismo y ocultismo no terminó de ser del todo creíble, por más bestias infernales que despertaran, zombies que caminaran sobre su discografía y exorcismos que se realizaran a impías vírgenes de postín.

Otros ejemplos los tendríamos en la banda de Nueva York Sister Machine Gun, que en su primer disco *Sins Of The Flesh* (1992) para el sello Wax Trax! Explotaron la mística egipcia y el ocultismo de sus creencias, con una gran sabiduría.

Desde Washington DC sorprendieron Chemlab con su álbum debut *Burn Out at the Hydrogen Bar* (1993), donde se apropiaron de las posturas estéticas del rock gótico para incidir en la apología del suicidio, las drogas como forma de liberación y la teoría nihilista de que la vida carece de todo sentido.

Rara Avis es la formación Boxcar Satan de San Antonio, Texas, que publicaron en 1999 bajo el sello Compulsive Records, el disco *Days Before The Flood*, en el que hacen un ejercicio más que digno de mezclar el blues del Misisipi con el rock industrial, brujería y voodoo bajo la influencia de las máquinas de final de siglo. Hay muchos nombres interesantes que jugaron a mostrar su ocultismo, su relación con la muerte, la violencia y la simpatía que podían o no sentir por el Diablo, pero ninguno de ellos lo hizo con tanta fiabilidad o comercialidad como aquel que llamaron el Anticristo.

Marilyn Manson. La llegada del Anticristo

Brian Hugh Warner nació en Ohio el 5 de enero de 1969, un año que para muchos está considerado el año maldito para el rock'n'roll. Su padre Hugh Angus Warner, de descendencia irlandesa, procesaba la religión católica romana mientras que su madre, Barbara Warner era una persona rígida y religiosa, perteneciente a la Iglesia episcopal, bajo la que arroparon y educaron al joven Brian, hecho que comparte con muchos protagonistas de este libro.

Brian siempre declaró que por las venas de su madre corría sangre sioux, y como consecuencia su ADN incluía información genética que le incitaba a la rebeldía.

Dicha insumisión aparece en la férrea escuela Heritage Christian School, donde además de cincelarle una identidad educativa conservadora, marcaban a fuego lo que no se debía hacer, escuchar o pensar. Muy probablemente estos ejes de prohibición despertaron el libertinaje en Brian, decidiendo que el camino a seguir era aquel que estaba marcado por las señales de prohibición.

Terminó su carrera como estudiante en la Universidad pública de Broward Community College en Fort Lauderdale, Florida, donde cerró la carrera de periodismo escribiendo en revistas musicales como *25th Parallel*, introduciéndose en la escena musical haciendo el seguimiento de bandas como My Life with the Thrill Kill Kult y Nine Inch Nails.

Adorando al asesino en serie

En 1989 forma Marilyn Manson & The Spooky Kids tras conocer al guitarrista Scott Putesky, y coincidir en tener una visión artística similar, basada en la dicotomía del bien y el mal, mas la creencia de que cada término habita en el interior del otro. De ahí nace el nombre de Marilyn Manson, la belleza de Marilyn Monroe convertida en icono de la cultura popular estadounidense y la reencarnación del mal personificado en Charles Manson. Todos los miembros de la banda adoptaron pseudónimos que combinaban iconos sexuales con símbolos del mal. De esta forma Scott Putesky pasó a llamarse Daisy Berkowitz, híbrido de Daisy Duke, personaje sexy de la serie de TV The Dukes of Hazzard y el asesino en serie David Berkowitz, el Hijo de Sam o el Asesino del Calibre 44, que confesó

ocho asesinatos con un revólver Bulldog 44 durante el verano de 1976. Berkowitz aseguró que pertenecía a un grupo satánico violento y que los asesinatos eran parte de un ritual de iniciación.

El bajista Brian Tutunick mutó en Olivia Newton Bundy, mezclando a la cantante y actriz Olivia Newton John y Ted Bundy, autor confeso de más de 30 homicidios de mujeres entre 1974 y 1978. Tras la marcha de Bundy ingresó Gidget Gein (Bradley Mark), uniendo al personaje de la surfista de la novela Gidget y a Ed Gein, Carnicero de Wisconsin, que ejecutó a dos mujeres en 1954 y 1957, pero alcanzó una funesta notoriedad al descubrirse en su casa que había robado cadáveres y tenía partes de ellos a modo de colección macabra o trofeos. Se declaró seguidor de Satanás y aseguró que las reliquias humanas eran ofrendas al Señor Oscuro.

En el teclado estaba Madonna Wayne Gacy (Stephen Bier), incorporando al nombre de la popular cantante y el de John Wayne Gacy, que secuestró, torturó, violó y asesinó a 33 adolescentes masculinos. Conocido como el Payaso Asesino o Pogo el Payaso, al elegir las víctimas en fiestas, desfiles y eventos de caridad donde realizaba el servicio artístico de clown.

Terminamos con el batería Fred Streithorst, quien adoptó el pseudónimo Sara Lee Lucas, unificando la compañía de alimentos congelados Sara Lee y Henry Lee Lucas, el asesino en serie más prolífico de la historia de los Estados Unidos, confesando más de 600 homicidios, de los cuales sólo se pudieron comprobar 11 casos, entre ellos el de su propia madre. Henry Lee también confesó durante el juicio estar poseído por el Diablo, pero lejos de justificarse era argumento de orgullo.

El despertar del Diablo

La popularidad de Marilyn Manson & The Spooky Kids creció exponencialmente al histrionismo de sus espectáculos, en los cuales se exportaba violencia y satanismo abiertamente. Mujeres desnudas crucificadas boca abajo, jaulas con enanos simulando ser niños, ríos de sangre chorreando de la batería y el atrezzo, y los músicos caracterizados como verdaderas Arpías, Herejes, Leviatanes o Cancerberos.

Desde esos inicios se declararon seguidores de Satán, de facto, Brian era miembro de la Iglesia de Satán y con los años llegó a ser nombrado reverendo por el propio Anton LaVey.

Los casetes que vendían en sus conciertos llamaron la atención de Trent Reznor, que los fichó para su sello Nothing Records, donde ya recortado el nombre a tan sólo Marilyn Manson, editaron en 1994 el álbum *Portrait Of An American Family* con la producción de Reznor. Un disco que despliega un rosario de pesadillas para el americano común, su Retrato de una Familia Americana se convierte en una patada en los testículos de la sociedad que ve en él un monstruo que berrea la verdadera cara del Apocalipsis.

Los americanos eran ignorantemente felices; la Guerra del Golfo había pasado a la historia y Bill Clinton era un presidente querido, se firmaba el tratado de desarme nuclear con Rusia y se eliminaba a Pablo Escobar, cuando se produjo el Caso Waco primero y luego Marilyn Manson.

Waco y el terror a los herejes

El asalto a Waco perpetrado por el FBI y la policía de Texas sobre el rancho Mount Carmel Center, donde se encerraron 85 miembros de la secta Davidianos, una escisión de La Vara Del Pastor dirigida por David Koresh, provocó 76 muertos en el rancho, más cuatro agentes del asalto que se ordenó el 19 de abril de 1993. Pero los americanos vieron los veinte días del asedio por televisión, con comentaristas sensacionalistas que vendían tragedia, miedo y terror. Contemplaron como ardía el rancho, como caían abatidos los agentes y como los davidianos preferían morir a entregarse.

Marilyn Manson, violencia y satanismo en cada espectáculo.

Tan sólo dos meses después, el 19 de junio de 1993 se edita *Portrait Of An American Family*, que en un principio debería haberse llamado *The Manson Family Album*. Al frente de la banda aparece un personaje con heterocromía, es decir un ojo de cada color como antiguamente tenían los endemoniados, recordando y admirando a Charles Manson, una de las pesadillas americanas, vomitando sobre asesinos en serie, sodomía, el Diablo, el fin del mundo y el sufrimiento.

La repulsión como primera respuesta, deja paso al terror y el pánico, más la consiguiente réplica en forma de ataque unitario de las huestes de la moralidad y el cristianismo, despertadas virulentamente de su letargo de felicidad.

El ser más odiado de América

Marilyn Manson traspasó las líneas rojas del shock rock y lo llevó a su máxima y más desagradable expresión, a diferencia de otros maestros del género que hemos visto en el libro; Screaming Lord Sutch, Alice Cooper, Arthur Brown o Screamin' Jay Hawkins. Manson no sólo juega con lo macabro, el terror y el satanismo, Manson se declara satanista y vive bajo ese estigma dentro y fuera del escenario.

La curiosidad de la prensa queda satisfecha con un despliegue ideológico que se basa en pilares oscuros como *The Devil's Notebook* de Anton LaVey,

Anticristo de Nietzsche, *The cat In The Hat* del Dr. Seuss y cómo no, *El Libro de la Ley* de Aleister Crowley.

Su fama se extiende como la sangre cuesta abajo y sus siguientes trabajos no hacen más que encumbrar su tenebrosa figura: *Smell Like Children* (1995), *Antichrist Superstar* (1996) y *Mechanical Animals* (1998).

Sus actuaciones y sus vídeos promocionales les aportan más críticas y caminan al borde del precipicio. Prótesis que los transforman en cíborgs demoniacos, la imagen andrógena, representaciones fálicas, sexo y pederastia, simulaciones de felaciones y violencia autodestructiva acompañada de autolesiones. Todo ello acompañado de un discurso que provoca un paro cardiaco en la sociedad moralista, en una actitud que no se había contemplado hasta el momento, donde Manson no se esconde y ataca al centro del corazón americano, intentando pervertir a sus jóvenes, incluyendo el *merchandising* donde exporta argumentos como: «La música de Marilyn Manson contiene mensajes que asesinarán a Dios en vuestra mente de adolescente. El resultado puede convenceros de matar a vuestra madre y padre y, casualmente, en un acto desesperanzado de comportamiento rock'n'roll, suicidaros».

Su lógica era aplastante: «cuanto más nos censuran, más malvados nos volveremos». Y Marilyn Manson demostró esa máxima en numerosas ocasiones, como cuando en 1994 la comunidad mormona de Salt Lake City consiguió que se prohibiera su actuación pero no la de NIN, y Reznor invitó a cantar a Manson en un tema, durante el cual apareció con un ejemplar de *El Libro de los Mormones* y arrancaba hojas como si de una margarita se tratara, «He loves me, He loves me not».

En 1999 Marilyn Manson era la banda más asquerosa, denigrante e irreverente del rock, escupía en la cara de Estados Unidos, orinaba en las creencias religiosas y defecaba en los convencionalismos morales... pero eso tenía fecha de caducidad.

Columbine o la venganza del puritanismo

Ya hemos hablado de la masacre de la escuela secundaria de Columbine y como fueron atacados músicos de rock gótico o rock industrial, pero en el caso de Marilyn Manson se trató de una auténtica cacería de acoso y derribo, vengarse con todo el odio que tenían conservado en sus hígados cristianos.

Semanas después del trágico 20 de abril de 1999, día que Eric Harris y Dylan Klebold asesinaron a 13 personas y se suicidaron en Columbine, se dijo que los dos adolescentes pertenecían a la Mafia Trench Coats, un grupo escolar que los medios que perpetuaban la violencia describieron como una «subcultura gótica enferma». Admiraba todo tipo de violencia, desde las armas, los nazis y los militares, pero por encima de todo a Marilyn Manson. Todo mentiras perpetradas con el interés de crear una corriente de opinión en la población, culpabilizar a los acusados y cangrenar como propia una idea prefabricada y falsa, métodos del nuevo periodismo liberal que se siguen practicando hoy en día. Cuando se desactiva la alarma, se reconoce el error y se zanja el tema, sin desmontar las pruebas falseadas ni la cronología expuesta, con lo que la semilla germina y termina por florecer en forma de odio descontrolado contra el objetivo marcado anteriormente, pero el dedo acusador ya no tiene identidad y es la voluntad popular.

Una mentira mil veces repetida es la verdad

Marilyn Manson estaba inmerso en la gira Rock Is Dead, durante la cual ya habían existido enfrentamientos con grupos del denominado Social Conservatism, que aúna fuerzas de políticos republicanos, asociaciones antiabortistas, homófogas, racistas como el KKK y poderosas asociaciones que manejan poderes fácticos, Alliance Defending Freedom, American Solidarity Party, Becket Fund for Religious Liberty, Family Research Council y First Liberty Institute. Se habían escrito ríos de tinta con acusaciones falsas sobre sacrificios de animales en los conciertos, bestialismo y pederastia e incluso violaciones de fans en camerinos; se promulgaron boicots de asociaciones de padres reflejando que la música del grupo afianzaba en la juventud la diabólica apología de «violación, asesinato, blasfemia y suicidio», por lo que la matanza de Columbine sólo hacía que reafirmar sus teorías.

Los periódicos afines a esta ideología retrógrada comenzaron a funcionar y su maquinaria difundió todo tipo de mentiras como verdades absolutas. «Los asesinos de Columbine vestían camisetas del grupo Marilyn Manson durante la masacre», «Los asesinos adoraban al rockstar Manson» y «El maníaco adorador del Diablo ordenó a los niños que mataran», son ejemplos de titulares periodísticos, la mayoría en portada acompañados de fotografías de Manson. Autoridades religiosas y políticas demandaron a Intercope que dejara de vender los discos con mensajes subliminales que pudieran perjudicar a los jóvenes, especificando especialmente a Marilyn Manson como culpable de incitar al asesinato.

Objetivo: Eliminar al Diablo

La presión fue tan brutal y desproporcionada que una banda que jamás había hecho caso de las presiones, sucumbió a ellas. El alcalde de Denver, Wellington Webb, prohibió el concierto que la banda tenía programado días después del tiroteo. En Colorado, el mismo gobernador Bill Owens, apoyado por su oponente republicano Tom Tancredo, advertían a la po-

blación del peligro que suponía que Marilyn Manson actuara delante de sus hijos, por lo que el miedo colectivo desembocó en manifestaciones amenazantes hacia la banda, que decidió suspender las cuatro fechas que quedaban del Rock Is Dead Tour, teóricamente por respeto a las víctimas, pero en realidad cediendo a las presiones recibidas.

El 30 de abril de 1999 Manson firmaba un artículo en la revista *Rolling Stone* llamado «Columbine: Whose Fault Is It?» (Columbine: De quién es la culpa?), donde manifestó la caza de brujas a la que se había sometido a su banda y su persona, descargando la culpabilidad en la política de armas del país y en especial en la Aso-

ciación Nacional del Rifle. Arremetió contra los medios de comunicación por difundir información basura y perseguir cabezas de turco fáciles de machacar en pro del aumento de audiencia, augurando que desgraciadamente, si no se ponía remedio, la tragedia se volvería a repetir, como así ha ocurrido en numerosas ocasiones. Sin ir más lejos, mientras escribía este capítulo hubo un nuevo tiroteo en un instituto de Santa Clarita, California, donde un estudiante de 15 años disparó indiscriminadamente contra sus compañeros, asesinando a dos y dejando malheridos a tres más.

El exorcismo que dominó la Bestia

La banda ha editado desde entonces siete álbumes, siendo algunos de ellos éxito de ventas, pero poco a poco la virulencia que alzó a Marilyn Manson como la banda más satánica y macabra de la historia fue disminuyendo, diluyéndose en una expresión artística, compartida con otras artes como la pintura, el diseño e incluso la televisión y el cine. Siempre con su punto transgresor, pero cada vez más alejado de su pasado infernal. Lo cual no ha significado que no haya seguido acumulando problemas, porque quizás el verdadero Demonio está en las filas equivocadas.

Dos años después de la masacre de Columbine, Marilyn Manson intentó actuar en Denver durante el Ozzfest, pero una asociación puritana llamada Ciudadanos por la Paz y el Respeto, organizó movilizaciones masivas para impedirlo. Ante el boicot se formó una asociación contrapuesta denominada Ciudadanos por la Libertad de Expresión y la banda actuó el 22 de junio de 2001, pero bajo amenazas de muerte. El cineasta Michael Moore entrevistó a Manson para el documental *Bowling for Columbine* y cuando le preguntó qué le diría a las familias de las víctimas, él contesto: «No les diría una sola palabra. Escucharía lo que tienen que decir y eso es lo que nadie hizo».

El 10 de octubre de 2007, Asa Coon de 14 años, disparó a cuatro personas y se suicidó en la escuela Academia Success Tech de Cleveland. Llevaba puesta una camiseta de Marilyn Manson.

El 19 de mayo de 2009, Justin Doucet de 15 años de la Escuela Intermedia Larose en Luisiana, intentó que su profesora Jessica Plaisance gritara: «Salve, Marilyn Manson» delante de toda la clase, pero ante la negativa de esta a cumplir sus exigencias le disparó dos veces, fallando la pistola la primera y errando el tiro la segunda. Justin se encerró en el lavabo donde se intentó volar la tapa de los sesos volviendo a fallar y falleciendo cuatro días más tarde en el hospital. Estos dos casos volvieron a salpicar a Manson, pero no con tanta crudeza como en el caso de Columbine.

El anticristo sigue vivo, salvando demandas, escándalos y peripecias económicas, pero visto lo visto sigue más vivo por viejo que por Diablo.

Metal extremo. La filosofía del mal

El metal extremo es un saco sin fondo, en el cual convergen o se integran una multitud de subgéneros mayoritariamente relacionados entre ellos, pero que construyen su identidad propia entre ejercicios de transgresión sónica, el quebrantamiento emocional a través de los textos, buscando la infracción visual efectiva y en ocasiones enrevesada.

Podemos encontrar una serie de géneros principales o mayores, speed metal, thrash metal, black metal, death metal, doom metal y hardcore punk, de los que florecen a modo de árbol genealógico multitud de subgéneros y estilos que configuran una amalgama imposible de abarcar y que en ocasiones resulta complicada de discernir, incluso para los verdaderos fans: ambient black metal, slam death metal, epic doom, depressive suicidal black metal, funeral doom, crust punk, deathgrind, electronicore o drone metal, son una ínfima lista de ellos.

Sepultura.

El sonido cambia mucho de un estilo a otro, pero se transforma en una muestra mucho más dura, donde la distorsión, el volumen y la aceleración son esenciales. Los mensajes son más excesivos y pueden hablar abiertamente sobre satanismo, religiones ancestrales como es el caso de las antiguas filosofías nórdicas, el paganismo más radical, sin límites a la hora de hablar de violencia, muerte, suicidio, guerra o criticar a las religiones mayoritarias, especialmente el cristianismo. El odio y el desprecio son básicos y en gran medida se extiende un halo de misantropía que vende un mundo sin remedio y desea que estalle en mil pedazos. Todos estos rasgos conllevan el riesgo de incluir erudiciones totalitarias y existe una corriente que comulga con los postulados más aberrantes del nacional socialismo alemán de Hitler.

Se podría escribir un libro completo sobre estos límites del metal extremo y no se abarcaría su totalidad, pero como no es nuestra misión, tan sólo reflejaremos a modo de ejemplo una minoría, aportando aquello de que no están todos los que son, pero son todos los que están.

Sepultura. La fuerza de la superstición

La banda brasileña formada en 1984 por los hermanos Cavalera es posiblemente la más importante formación de metal extremo de los noventa practicando thrash metal y death metal, pero abarcando un abanico de estilos que pasan desde el nu metal a la música de raíces brasileñas.

Se inclinaron por temas demoniacos desde el principio, pero lejos de ser una militancia satanista en toda regla, caminaban por el lado oscuro de la superstición, marcados por el folclore brasileño y de las tribus indígenas. La brujería ha tenido una parte importante en sus textos a lo largo de su carrera, pero sobre todo una inclinación obsesiva en contra de la Iglesia cristiana. Actualmente no queda ningún miembro original de la formación, tras la marcha de Igor Cavalera en 2006.

Cradle Of Filth. La calidad de lo extremo

Banda británica que funciona desde 1991 hasta la actualidad, aunque el único miembro original es el vocalista Dani Filth, con una lista cercana a la treintena de músicos que han desfilado por el grupo.

Cradle Of Filth es el ejemplo del grupo que llevó el shock rock a su extremo, jugando con el satanismo, la cultura gótica, la mitología y el vampirismo, pero jamás han comulgado con las ideas que ofrecían en escena. Siempre fueron tratados excelentemente por la prensa, considerándolos la banda de heavy con mayor éxito desde Iron Maiden. Comenzaron practicando death metal y los últimos discos han sido catalogados como black metal sinfónico.

Cradle Of Filth.

Behemoth. Hacia el paganismo nórdico

Un caso curioso es el de la banda polaca Behemoth, que desde 1991 está funcionando hasta la actualidad, pero ha cambiado el estilo a medida que iba madurando y cambiando de componentes. En los inicios eran una banda de black metal, pero han practicado death metal y pagan metal.

Sus textos caminan entre el satanismo ancestral y el ocultismo y mitología de Oriente Medio, poco a poco fueron comulgando con el paganismo nórdico que es su mayor inspiración desde hace años. Fueron de los pioneros del género en Polonia e incorporaron la pintura de cadáveres en sus rostros.

Su legión de fans salvaron la vida de su vocalista Nergal, cuando en 2010 fue diagnosticado de leucemia avanzada y la única solución pasaba por un trasplante de médula. Tras comprobar que en su entorno no existía un donante compatible, hicieron un llamamiento a los fans y a las pocas horas tenía decenas de donantes, encontrando uno que le salvó la vida. Behemoth es un demonio de la mitología hebrea.

Cannibal Corpse. Ignorados, prohibidos y estigmatizados

Banda americana de death metal nacida en Buffalo, Nueva York a finales de 1988, y uno de los grupos de metal extremo que más ventas ha obtenido, sin contar con el apoyo de los medios de comunicación, una constante de este género. Se calcula que Cannibal Corpse han vendido más de dos millones de copias de sus discos en todo el mundo.

Jamás manifestaron tener una inclinación satánica o de cualquier otra índole, tan sólo ser amantes del género de terror en cualquiera de sus expresiones artísticas, películas, literatura, cómics, fotografía o música.

Desde un principio contaron con la colaboración del dibujante Vicente Locke, popular por su cómic de zombies *Deadworld* y el violento *A History of Violence*, quien ha diseñado la mayoría de sus portadas, consiguiendo una colección visual aterradora y desgarradora por la violencia que desprende. Cannibal Corpse cantan historias de violencia extrema, pero como si se trataran de pequeños cortometrajes, no más violentos que el cine que gustan disfrutar, pero no fue entendido así en todas las ocasiones.

En Estados Unidos la banda ha sido atacada y tachada de satánica, incitación a la violencia, suicidio y canibalismo, de racista y fascista, entre otras cosas por políticos como el senador por Kansas Bob Dole o por parte de The National Congress of Black Women, asociación sin ánimo de lucro dedicada a la promoción económica y cultural de las mujeres afroamericanas y sus familias.

En Australia se prohibió la venta de material discográfico de la banda y se retiraron todos los discos del grupo de las tiendas. La prohibición se levantó en 2007, cuando se pudo poner a la venta todo su catálogo pero restringido a mayores de 18 años y sigue prohibida su exhibición y exposición en tiendas. Hay ediciones censuradas con otra portada que se pueden obtener de forma convencional.

En Alemania, debido a una demanda de una asociación de padres que prosperó en 1992, se prohibió la venta y exhibición de los tres primeros discos del grupo por contenido gráfico deleznable y obsceno; además se les prohibió tocar temas de esos tres discos cuando actuaran en Alemania. Dicha prohibición se neutralizó en 1996.

Portada de Cannibal Corpse.

Cannibal Corpse han tenido problemas de censura en numerosos países como en Rusia donde tuvieron que suspender una gira en 2014 por amenazas de religiosos ortodoxos que les acusaban de herejes y de inducir a la violencia contra la religión.

Brujeria. Decapitando gringos

Hay bandas de todo tipo y con adicciones para todos los colores, pero vamos a cerrar este rosario de ejemplos con Brujeria, la banda formada por músicos mexicanos y norteamericanos que nació en Los Angeles en 1989.

Se trata del supergrupo del metal extremo formado por dos componentes de Fear Factory, más músicos de Faith No More, Cradle Of Filth, Carcass y Napalm Death, es decir, lo mejor de cada casa. Cantan en español y sus letras caminan hacia un satanismo violento, el odio profundo a los Estados Unidos, la Iglesia católica y los políticos vengan de donde

vengan. Hacen apología de la inmigración, del sexo, la violencia, el narco-
tráfico y la brujería que se desprende de la religión conocida como Palo o
Las Reglas del Congo, importada desde Cuba pero que tiene sus orígenes
en la zona de la Cuenca del Congo en África Central, basada en la veneración de los espíritus y la creencia de poderes naturales depositados en los
huesos de los cadáveres, siendo una creencia vigilada en EE.UU. por la
profanación de tumbas para proveerse de amuletos para rituales.

Brujeria editó su primer disco llamado *Matando Güeros*, donde la portada muestra la cabeza cortada de un hombre sostenida por una mano.
Una fotografía extraída del periódico sensacionalista mexicano *¡Alarma!*,
y que incluía otras tres fotografías en el interior todavía más macabras. El
disco fue censurado en la mayor parte de los países y sustituida la portada
por una en negro sobre el texto, aunque la cabeza pasó a ser parte de la
iconografía del grupo, llamándola Coco Loco y estampándola en camisetas y todo tipo de merchandising.

Aunque todos los fans conocían a los componentes de Brujeria, se presentaban a ellos mismos como narcotraficantes perseguidos por el FBI
y en las fotos promocionales posaban con pañuelos o pasamontañas escondiendo su identidad, hecho que se afianzaba con la peculiaridad de no

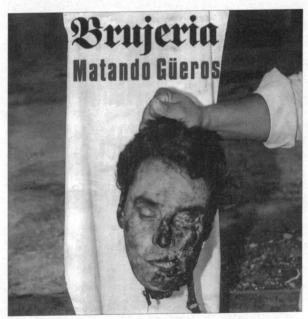

Portada del polémico primer disco de Brujeria.

Los integrantes de Brujeria.

hacer conciertos, creando una aureola de misticismo clandestino que les ayudó en reputación y ventas. La banda comenzó a hacer giras en el año 2003, con un primer tour por México durante el mes de enero.

Brujeria es posiblemente una de las bandas más violentas del metal extremo, no necesitan disfrazarse en exceso para sembrar el terror, tan sólo taparse la cara y esgrimir un machete para que se te hiele la sangre, pero si hablamos de terror, frío y de helarse la sangre, no hay nada comparado con el metal nórdico... prepárate.

Inner Circle: quemando las iglesias

En la primavera de 1991 Brian Hugh Warner todavía no se había transformado en el hombre más odiado de América, aunque hacía unos meses que estaba realizando conciertos con Marilyn Manson & The Spooky Kids, pero a algo más de diez horas en avión, se producía un hecho trágico que hubiera puesto la piel del revés a los norteamericanos, integrado en uno de los capítulos más oscuros de la historia del rock, si consideramos que el metal extremo sigue siendo una mutación salvaje, pero mutación al fin y a la postre del mismo génesis.

Obsesión por lo macabro

El 8 de abril de 1991 el joven de 22 años Yngve Ohlin, vocalista de la banda de black metal Mayhem se suicidó. Dead, como se le conocía, era una persona tremendamente pesimista, extraña y muy introvertida, con tendencias emocionales autodestructivas y antisociales. Tenía fama de hacer actuaciones perversas e infames sobre el escenario, como autolesionarse o empalar cabezas de cerdo en las actuaciones. Un individuo que llevaba el culto a la muerte a su máxima expresión enterrando la ropa en tumbas profanadas para empaparse del elixir de la muerte. Se dice que tenía un cuervo muerto en una bolsa de franela, como los viejos mojos del Misisipi, del que inhalaba antes de salir a cantar.

Mayhem no era ni de lejos la mejor banda de black metal noruego, pero sí que tenían en sus filas a uno de los activistas más importantes, el guitarrista Øystein Aarseth, alias Euronymous, fundador de Mayhem y dueño de Deathline Silence, primer sello discográfico dedicado exclusivamente a editar bandas del género. Además abrió su propia tienda de discos en Oslo, llamada Helvete (Infierno en noruego) y desde la cual centralizó toda la escena black metal fundando el Inner Circle.

Dead: «Perdonad por la sangre».

Volvemos con Dead, quien en una demostración de sadomasoquismo extremo se cortó el cuello y las venas, pero falló y sangraba muy lentamente, por lo que con una escopeta se voló la tapa de los sesos, dejando un estucado perfecto para una escena dantesca. Euronymous fue quien encontró el cadáver junto a una nota que se disculpaba por haber disparado en el interior del local donde ensayaban y la frase lapidaria «perdonad por la sangre». El guitarrista fue a comprar una cámara de fotos y antes de llamar a la policía, manipuló la escena para que quedara un bodegón acorde con sus ideas y se marcó una sesión fotográfica, que entre otras cosas, sirvió para ilustrar la portada del disco en directo no oficial *Dawn of the Black Hearts*. No terminó ahí la cosa, pues Euronymous se quedó trozos del cráneo de Dead para mandar pedacitos a los grupos que consideró dignos de poseerlos y poder hacerse un bonito collar con el resto. Aunque muchos han desmentido este hecho, bandas como Samael, Marduk y Abruptum confirmaron que poseían lo que al menos creían que era un trozo de Dead.

El mesías del black metal nórdico

Euronymous editó entre 1991 y 1993 la friolera de 32 discos de black metal, y desde la tienda Helvete, aglutinó y gestionó toda la escena de black metal nórdico, al menos las que eran afines a su filosofía, por lo que fundó el Inner Circle, conocido también como el Black Circle.

Inner Circle era una organización anticristiana que tenía como objetivo erradicar el cristianismo y la Iglesia de Noruega. Todo lo iban a orquestar a través de grupos musicales que compartían su filosofía vikinga, nórdica y pagana. La mayoría de músicos de las bandas Mayhem, Burzum, Emperor, Darkthrone, Immortal y Enslaved, eran miembros activos del Inner Circle.

Euronymous comienza a tomar una deriva satánica preocupante, incitando a sus seguidores a profanar tumbas y expoliar iglesias. Había sido un militante activo del Partido Comunista Noruego, pero cuando los estamentos superiores del partido condenaron los asesinatos y barbaries de Pol Pot en Camboya, rompió el carnet y se radicalizó hacia el nazismo. Llegados a este punto y para no confundir al lector, hay que aclarar que el satanismo practicado por Inner Circle no tiene nada que ver con la filosofía de la Iglesia de Satán y Anton LaVey, es un satanismo ancestral de viejas culturas vikingas, en el que se cree y adora a un demonio real, donde el mal es el máximo evangelio.

Dentro del Inner Circle nace una opinión contraria, la de Varg Vikernes, conocido anteriormente como Count Grishnackh, nombre de un capitán de los Orcos de Mordor de *El Señor de los Anillos* de Tolkien. Varg era el compositor, guitarrista y cantante del grupo Burzum, otra de las bandas punteras del género.

El Infierno se divide en predicar o muerte

Se produjo una escisión dentro del Black Circle y Varg se erigió como líder de una corriente de pensamiento que renegaba del satanismo y reivindicaba el paganismo como religión y filosofía. La gran diferencia entre ambos era la administración de la violencia. Mientras que el primero se dedicaba a controlar y organizar la escena musical, predicando y sin apenas actuar, el segundo buscaba más acción, quería eliminar por completo cualquier vestigio de cristianismo y esa era la principal razón de no ser satánico, porque creer en Satán implica creer en el Dios de los cristianos, por eso abrazó el odinismo cuyos orígenes se encuentran en la Edad de Piedra.

El 6 de junio de 1992 se redujo a cenizas la Iglesia de Fantoft, Bergen, una reliquia arquitectónica de madera del siglo XII, dando el pistoletazo de salida para la cacería de iglesias, mientras que la supuesta sociedad del bienestar noruega veía aterrorizada como fueron pasto de las llamas 52 iglesias, cientos de profanaciones de tumbas, múltiples agresiones a clérigos e incluso algunos secuestros.

En un ejercicioególatra sin precedentes Vikernes ofreció una rueda de prensa en la que aseguró «me parece que alguien que a lo mejor soy yo ha quemado un montón de iglesias y meado sobre vuestras tumbas», provocando la alarma social, pero al mismo tiempo el interés de la prensa europea y de miles de jóvenes, que comenzaron a lucir el *corpsepaint*, pinturas faciales en blanco y negro, conocidas como Pinturas de Cadáver y símbolo del black metal. Para terminar de crispar más la situación el batería de Emperor, conocido como Faust, asesinó a un homosexual en lo que fue un crimen con tintes de cacería homófoba y fascista, pues la víctima recibió más de veinte puñaladas. Incluso durante el juicio, Faust, cuyo verdadero nombre terrenal era Bård G. Eithun, no mostró signos de arrepentimiento, llegando a declarar que «era un maricón, si no lo mato yo lo hubiera hecho otro».

Euronymous, Dead y Hellhammer.

Asesinato del líder, decadencia y caída

La policía estaba acechando al Black Circle, por lo que los padres de Euronymous le cerraron el grifo y se vio obligado a cerrar Helvete. Vikernes que seguía siendo distribuido por el primero, pensó que era una maniobra para robarle dinero, y el 10 de agosto de 1993 se presentó en su casa con la escusa de renegociar el contrato, pero el resultado fue el asesinato de Euronymous. A los nueve días del crimen Vikernes fue detenido, alegando que todo había sido en defensa propia, complicado de sostener tras contar 23 puñaladas en el cadáver.

Vikernes fue condenado a 25 años de prisión por el asesinato de Øystein Aarseth, Euronymous, y la quema de tres iglesias. Salió en libertad condicional tras 16 años y en 2011 se trasladó a Francia donde reside desde entonces. En sus años de cárcel pudo grabar discos alejados del black metal y sin interés musical alguno, así como escribir panfletos neonazis de dudosa legalidad por incitación al odio y la violencia. En 2003 fue detenido en Francia por supuesta relación terrorista al ser una de las 530 personas que recibieron el manifiesto de Anders Breivik, neonazi que mató el 22 de julio de 2011 a ocho personas en Oslo con un coche bomba y posteriormente a 69 adolescentes en un campamento de verano de la Liga de la Juventud.

El film *Lords of chaos* narra la historia de Inner Circle.

Faust fue condenado a 14 años de prisión por el asesinato cometido y varias palizas a homosexuales. Jon Andreas Nödtveidt, vocalista de Dissection fue encarcelado en 1997 por el asesinato de un gay argelino. En 2006 se suicidó de un tiro en la cabeza. En 2006 el vocalista de Gorgoroth, Gaahl, fue condenado a catorce meses de cárcel por torturar a un hombre y beberse su sangre. Anteriormente ya había sido condenado a un año por otro caso de amenazas de muerte y palizas. Muchos músicos fueron investigados y arrestados por la quema de Iglesias, pero la mayoría quedaron en libertad por la falta de pruebas.

El Inner Circle desapareció o al menos no se sabe de él, hay bandas de una nueva generación que basándose en aquellos días siniestros construyen su música, pero también hay otras que abogan por ideas más cercanas al neoliberalismo, contra la inmigración, y militan en el Partido del Progreso, formación xenófoba noruega en auge. Musicalmente existe un movimiento minoritario, pero en crecimiento, que bajo las bases del black metal esgrimen textos fascistas, racistas, machistas y homófobos, es decir más satánicos que nunca, adorando a un auténtico demonio, Hitler.

IX. NUEVO SIGLO, MISMO HORIZONTE

Hemos acabado la segunda década del siglo XXI, quizás demasiado pronto para hacer valoraciones, puesto que en el rock las cosas van tan deprisa que se necesita tiempo para discernir lo auténtico de lo verdaderamente insignificante. Sin embargo, no es difícil concluir que todo sigue el mismo curso, sin ofrecer cambios radicales. No obstante, podemos hablar de varios movimientos interesantes que deberemos esperar algo más para valorarlos.

El templo satánico

El 29 de enero de 2001 el presidente George W. Bush dictó una orden ejecutiva por la que se creaba The White House Office of Faith-Based and Neighborhood Partnerships, en principio para equiparar la libertad de culto en el país, pero en realidad se trató de una medida ultraconservadora bajo la que se controlaban todas las religiones existentes y se preservaba la supremacía de la religión católica.

Estatua de Baphomet frente al Capitolio en Washington D.C.

Como contrapartida nació una corriente de opinión contraria y que abogaba por la libertad de culto total, un cauce de opinión que reunía pensamientos paganos, satánicos, y que desembocó en la creación de The Satanic Temple en el año 2013, tras superar una serie de problemas administrativos interminables.

Primero de todo, dejar claro que nada tiene que ver con la Iglesia de Satán de Anton LaVey, ni con ninguna de sus escisiones, muy al contrario, están confrontadas entre ellas. Los principios del Templo Satánico se basan en preceptos que parecen copiados del manual del buen cristiano, con pilares como la compasión, la justicia, el respeto por el prójimo, el perdón y la sabiduría.

Pero cometen el error de ensalzar la figura de Satán o en este caso de Baphomet, figura antropomorfa con cabeza de macho cabrío y alas de ángel, y que representa una alegoría de libertad y rebelión. En tan sólo seis años han conseguido expandirse por todo Estados Unidos, aunque la sede principal la tienen en Salem, Massachusetts, donde en 1692 fueron asesinadas en la hoguera numerosas personas de religión pagana, acusadas de brujería.

Musicalmente se mueven con grupos de heavy metal y Dj's, pero por el momento de ámbito local, siendo el más importante Brian McOmber, multiinstrumentista que ha trabajado para gente como Alarm Will Sound, Bjork, David Byrne, Dirty Projectors y The Roots, siendo el compositor de la banda sonora del documental *Hail Satan?*, que consiguieron realizar tras un *crowdfunding* entre sus seguidores y que se estrenó el pasado Sundance Film Festival 2019.

Su líder y fundador, Lucien Greaves, ha recibido amenazas de muerte por parte del Ku Klux Klan, grupos de supremacía nazi y cristianos. Durante una ceremonia del Satanic Temple en Arkansas, cientos de personas enseñaron sus rifles y pistolas mientras que Greaves hablaba, justo detrás del cordón policial, sin que nadie fuera detenido.

Ghost. El Cardinal Copia y sus Nameless Ghouls

La banda sueca Ghost es la que se podría decir que ha recogido el testigo de los grupos endemoniados y señalados por la cristiandad, pero no tiene nada que ver con lo de antaño. Musicalmente caminan en la frontera de muchos géneros: hard rock, heavy metal, dosis de doom metal, bastante de rock progresivo y en los últimos discos se decantan por un toque pop algo comercial.

El único componente conocido es Tobias Forge, vocalista, compositor y músico que graba casi la totalidad de los discos. Tobias se presentó como un satanista convencido desde sus años de estudio, añadiendo que fue empujado al lado oscuro por una profesora dictatorial y religiosa, «una muy estricta maestra que sentía aversión por mí. Ella me conoció cuando ya era un satanista de pleno derecho y estaba muy enganchado», explicaba Forge a Loudwire: «Ella también volvió a otros maestros en mi contra».

Tras varias aventuras musicales se presenta al frente de Ghost en junio de 2010 con el sencillo «Elizabeth» y en octubre con su álbum debut, *Opus Eponymous*, trabajo que obtiene un gran éxito con varias nominaciones a los premios Grammys suecos. Forget se reencarnó en la figura de un sacerdote endemoniado llamado Papa Emeritus I, habiendo sufrido varias mutaciones hasta la actualidad: Papa Emeritus II en 2012, Papa Emeritus III en 2015 y finalmente, por el momento transformado en Cardinal Co-

Ghost, el diablo está llegando.

pia en 2018. Siempre con la cara enmascarada con pinturas en blanco y negro que nos recuerda a la Pintura de Cadáveres que ya hemos visto con anterioridad. Le acompañan en concierto instrumentistas con la cara tapada en una representación de demonios o verdugos, conocidos como los Nameless Ghouls, pero sin mostrar jamás su identidad. Cada uno lleva un símbolo alquímico como única identificación. Los textos son mayoritariamente satánicos, anunciando o amenazando con la llegada del Diablo y la presencia del Anticristo entre nosotros. Arremete en numerosas ocasiones contra la Iglesia católica utilizando temas propios de la Biblia para ello; completando la lista de herejías con mucho sexo, violencia y ridiculización de la jerarquía eclesiástica.

Con todo ese panorama es lógico pensar que sean objetivo de ataques continuos, sobretodo en Estados Unidos, donde tuvieron problemas para fabricar su primer disco por la negativa de las fábricas. Sus canciones han sido prohibidas en numerosas emisoras de radio y televisión, así como algunas cadenas de discos se han negado a vender sus trabajos. Sin embargo a pesar de toda la controversia venden millones de discos, sus giras actualmente se celebran en pabellones de grandes audiencias y la aceptación mediática les ha llevado a conseguir numerosos premios, el último de ellos el Grammy a la mejor interpretación de metal por el tema «Cirice».

Las brujas al poder

Precisamente en los tiempos de la nueva ultraderecha, el neofascismo del siglo XXI, donde pueden subir democráticamente o por la fuerza, individuos que con la Biblia en una mano y la opresión en la otra, están diseñando un retroceso histórico donde la pérdida de derechos es insultante. En plena época oscura dirigida por Donald Trump, está naciendo una nueva generación de satanistas que abrazan los postulados de antaño, pero se adentran en otro tipo de implicaciones más inconformistas. Una prueba de ello es el papel predominante que juega la mujer en este nuevo escenario luciferino.

Ante el crecimiento de los Proud Boys, organización neofascista que sólo admite hombres en sus filas, el empoderamiento de la mujer elimina los resquicios del machismo que había dominado el siglo pasado y son las brujas las que adoptan las posiciones dominantes.

Los autodenominados nuevos satanistas están al servicio de una política radical, de estética femenina e integradora. Es una versión del satanismo más flexible y sobretodo mucho más culta, donde las nuevas tecnologías son un brazo que arropa toda la comunidad. Es por eso que apenas se distingue el satanismo del ocultismo, disciplinas separadas y erróneamente fusionadas. También son aceptadas las numerosas formas de paganismo y esoterismo, como un conjuro unificador que busca la fuerza y la cohesión. Satanás y Lucifer son hoy más que nunca una figura retórica que reivindica la personalidad del ser humano, pero teniendo en cuenta que tanto las enseñanzas filosóficas de Aleister Crowley, como los postulados de la Iglesia de Satán de Anton LaVey, no dejaban espacio al feminismo e incluso cultivaban un machismo galopante que en ocasiones resultaba cavernícola. La inclusión del neopaganismo y la aparición del Templo Satánico ha dado un vuelco de realidad, abriendo una corriente feminista que incluso ha equiparado la figura de Lilith, vilipendiada antaño, a las siluetas de Satán o Lucifer. Algunos de los intelectuales que apoyan a los nuevos satanistas son el cineasta Kenneth Anger, el propietario de Lethal Amounts Danny Fuentes, la joven cineasta Kansas Bowling, los satanistas Boyd Rice y Karla LaVey (hija de Anton LaVey) y los músicos Glenn Danzig y el guitarrista de Blink-182 Matt Skiba, entre muchos otros.

El aquelarre diabólico de los Twin Temple.

Algunas de las bandas abanderadas de este nuevo satanismo son el dúo de Los Angeles Twin Temple, formado por Alexandra y Zachary James, que practica un sonido que definen como Satanic Doo-Wop. Satanistas militantes entran dentro de la corriente del Satanic Feminist, sus shows son auténticos aquelarres diabólicos, acompañados de mucha sangre y rituales de brujería, que contrasta con su sonido *vintage* exquisito y limpio.

Death Valley Girls es otro dúo formado por la vocalista Bonnie Bloomgarden y el guitarrista Larry Schemel y completan el grupo con músicos itinerantes que comulguen con sus ideas, básicamente contemplan la figura de Satán como un emblema de rebelión y transgresión. Comulgan con ciertas corrientes del paganismo que se aferran a la tierra como máxima creencia.

Para profundizar en la nueva generación de satanistas con preponderancia femenina, podemos destacar nombres como Luciferian Light Orchestra, Bloody Hammers, Lucifer, Electric Wizard, Psychedelic Witchcraft, Dead Witches, Blood Ceremony, Black Moth, Electric Citizen o Devil Electric entre muchos otros. Todas las formaciones caminan entre el rock y el hard rock, con diferencias evidentes entre ellas pero la condición de un componente vital femenino.

Propuestas para cruzar al lado oscuro

Para finalizar esta entrega tan maléfica, podemos indicarte una serie de amuletos sonoros de este siglo, para que tú decidas si quieres cruzar el umbral, dependiendo del sonido.

Grupos paganos: Apocalypse Orchestra, Heliung, Brides of Lucifer, The Devil and The Almighty Blues, Somali Yacht Club, Naxatras, Asteroid, Stoned Jesus o My Sleeping Karma.

Grupos agnósticos y ocultistas: The Bridge City Sinners, Harley Poe, The Devil Makes Three, O'Death, Amigo The Devil, Murder By Death, Heathen Apostles, King Strang o Colter Wall.

Culto por la muerte: Reverend Elvis, The Undead Syncopators, Jeremiah Crow's Insufferable One Man Show, Black Claw, Saint Christopher Webster, Dead Bronco, Funerals, Cough, Liturgy o Grails.

Mitología medieval, dragones y mazmorras: Faun, Valravn, Heathen Foray, Ensiferum, Amon Amarth, Black Messiah, Furos Gallico, Vogelfrey, Sabaton o Saltatio Mortis.

Dark Blues y country: Scott H. Biram, Mojo Radio, William Elliott Whitmore, The Dead South, Brown Bird, Left Lane Cruiser, EvilMrSod, The Juke Joint Pimps, Delta Rae o The Pine Box Boys.

Espero que disfrutes con la investigación y que la decisión sea la acertada. Tan sólo reflexiona que en tiempos difíciles como los que vivimos, muchos no quieren sentirse indefensos y buscan en Lucifer al primer ángel rebelde, el original. Sin embargo el lado oscuro del rock no es un tratado para ser aceptado por el rebaño, sino más bien aplaudir no pertenecer a él.

LISTADOS DE MÚSICA

I. BRUJERÍA, OCULTISMO, SUPERSTICIÓN & BLUES

https://open.spotify.com/play-list/6fXP1MkBWlPTxLPLjRXvN-n?si=iPDaODyjTvesKmawuoeruA

II. ROCK'N'ROLL. LA MÚSICA DEL DIABLO

https://open.spotify.com/playlist/7B-cfcFPHsxLMSyCTU9VyH2?si=m-2k9X3mOSHONJqxdn2Omtg

III. CORROMPIENDO LA FLEMA INGLESA

https://open.spotify.com/play-list/45Oa5zLG0Q7r06ua0K-3jqb?si=3k81-cxtR0ajgs_F7d_23Q

IV. SIMPATÍA POR EL DIABLO

https://open.spotify.com/play-list/0D8WkiA63j6nkOPGbPi-bEi?si=rZj9fdPqR4ih0HTR6VBS-Q

V. BUSCANDO UNA NUEVA ESPIRITUALIDAD

https://open.spotify.com/play-list/14gB6WH6C7S8MUcAuMIO-vp?si=_11M1ap5TJWz_eA_qfDHyw

VI. BAJO EL SIGNO DE SATAN

https://open.spotify.com/play-list/3oC7YsFV8G834NT5Tscxt-P?si=59b44j0_STebYdaWPtKU-w

VII. BAJANDO A LOS INFIERNOS

https://open.spotify.com/playlist/3aHmtKs5iLlu5Q4VKCNNU-V?si=h4KvRqzlSjiJJOV4Qa8gAw

VIII. CULTO A LA MUERTE Y EL ANTICRISTO

https://open.spotify.com/playlist/26F-DCVwSYKS5XeWBDoJbdz?si=wX-M6OP69TDa2YpYsxW8F1w

IX. NUEVO SIGLO, MISMO HORIZONTE

https://open.spotify.com/playlist/7g7PpDDE6qnwvwhHRC-JPiL?si=019cE_u7Qr-SrKxAV_UD3A

BIBLIOGRAFÍA

Libros

ALFORD DELTON, L. *Music in the Pentecostal Church*, Ed. Cleveland, 1967.

ARNETT, JEFFREY JENSEN. *Metalheads: Heavy Metal Music and Adolescent Alienation*, Westview Press, 1995.

BADDELEY, GAVIN. *Lucifer Rising. Sin, devil worship & rock'n'roll*, Plexus, 2006.

BEBERGAL, PETER. *Season Of The Witch*, Tarcher, 2015.

BOYD, JOE. *White Bicycles. Making Music in the 1960's*, Serpent's Tail, 2006.

BURK, GREG. *Children of the Grave: From Black Sabbath to Modern Heavy Metal*, Carlton Books, 2002.

BUGLIOSI, VINCENT. *Manson*, Bruguera, 1976.

CLERK, CAROL. *Ozzy Osbourne: The Stories Behind the Classic Songs*, Carlton Books, 2002.

CROWLEY, ALEISTER. *El Libro de la ley*, La Felguera Editores, 2016.

CROWLEY, ALISTER. *El libro de las mentiras*, Humanitas, 1988.

CROWLEY, ALISTER. *Los textos sagrados de Thelema*, Edag, 1989.

DAVIS, FRANCIS. *The History of the Blues: The Roots, the Music, the People from Charley Patton to Robert Cray*, Secker & Warburg, 1995.

ELIADE, MIRCEA. *Ocultismo, brujería y modas culturales*, Paidós, 2011.

GALIANA, JOTA MARTÍNEZ. *Satanismo y brujería en el rock*, Editorial digital Titivilus, 1997.

GARY, HERNAN. *História trágica del rock*, Robinbook, 2009.

INTROVIGNE, MASSIMO. *The Gothic Milieu: Black Metal, Satanism and Vampires*, 26 March 2000.

LANT, CONRAD. *Welcome to Hell*, Neat Records, 1996.

LAVEY, ANTON. *Satan Speak*, Feral House Book, 1998.

LAVEY, ANTON. *The Satanic Bible*, Avon, 1969.

LAVEY, ANTON. *The Satanic Witch*, Feral House Book, 1989.

LABAN, RENÉ. *Música rock y satanismo*, Obelisco, 1990.

LOMAX, ALAN. *The Land Where the Blues Began*, Minerva, 1994.

LÓPEZ POY, MANOLO. *Todo Blues*, RedBook, 2018.

MARTÍNEZ GONZÁLEZ, HÉCTOR. *Comer y cantar. Soul food & blues*, Lenoir Ediciones, 2019.

MICHAEL, DIDRIK SØDERLIND. *Lords of Chaos: The Bloody Rise of the Satanic Metal Underground*, Feral House, 1998.

MUDRIAN, ALBERT. *Choosing Death: The Improbable History of Death Metal & Grindcore*, Feral House, 2004.

POPOFF, MARTIN. *The Top 500 Heavy Metal Albums of All Time*, ECW Press, 2004.

PUCKETT, NEWBELL NILES. *The Magic and Folk Beliefs of the Southern Negro*, Dover, 1969

PURCELL, NATALIE J. *Death Metal Music: The Passion and Politics of a Subculture*, McFarland, 2003.

RUSSELL, JEFFREY BURTON. *Historia de la brujería: Hechiceros, herejes y paganos*, Paidós, 1998.

RUSSELL, JEFFREY BURTON. *Lucifer*, Cornell University Press, 1986.

WITTS, RICHARDS. *Nico, the Life and Lies of an Icon*, Ebury Publishing, 1993.

Documentación Universitaria y bibliotecaria

ALLEN, WILLIAM F, WARE, CHARLES P. y GARRISON, LUCY, *Slave Songs of the United States*, The Library Of Congress LOC, 1951.

BALLARD, MARY E., ALAN R. DODSON, and DORIS G. BAZZINI. *Genre of Music and Lyrical Content: Expectation Effects*, Journal of Genetic Psychology, 1999.

BOOKER, QUEEN. *Congregational Music in a Pentecostal Church*. 1988.

BREEN, MARCUS. *A Stairway to Heaven or a Highway to Hell?: Heavy Metal Rock Music in the 1990s*, Cultural Studies, 1991.

BROWN, CHARLES M. *Musical Responses to Oppression and Alienation: Blues, Spirituals, Secular Thrash and Christian Thrash Metal Music*, International Journal of Politics, Culture and Society

DARGAN, WILLIAM T. *Congregational Singing Traditions in South Carolina*, 1955.

HINDS, ELIZABETH JANE WALL. *The Devil Sings the Blues: Heavy Metal, Gothic Fiction and Postmodern Discourse*, Journal of Popular Culture, 1992.

PÉREZ MINATO, MIGUEL PASTOR. *La magia en el satanismo moderno religioso*, Master en Ciencias Religiosas, Complutense de Madrid, 2018.

PUHVEL, MARTIN. *The Mystery of the Cross-Roads*, Folklore, 1976.

SPRINGER, ROBERT. *The Regulatory Function of the Blues*, The Black Perspective in Music, 1976.

WRIGHT, ROBERT. *I'd Sell You Suicide: Pop Music and Moral Panic in the Age of Marilyn Manson*, Popular Music, 2000.

VANESSA, JULLIET. *El Góspel dentro de la Iglesia Cristiana afroamericana*, Proyecto Curricular Facultas de Artes de Bogotá, 2016.

Internet

apocalipsismariano.com
atmostfear-entertainment.com
christianresearchservice.com
diablorock.com
iglesiadesatan.com
infocatolica.com
jotdown.es
latimes.com
lavozdelosmartires.com.ar
medium.com
samanhabibi.wordpress.com
subnoise.es
texasmonthly.com
time.com

udep.edu.pe/capellania
udiscovermusic.com
vice.com
xeper.org

Guías del Rock & Roll

Indie & rock alternativo - *Carlos Pérez de Ziriza*

Country Rock - *Eduardo Izquierdo*

Soul y rhythm & blues - *Manuel López Poy*

Heavy Metal - *Andrés López*

Rockabilly - *Manuel López Poy*

Hard Rock - *Andrés López*

Dance Electronic Music - *Manu González*

Rockeras - *Anabel Vélez*

Reggae - *Andrés López*

Rock progresivo - *Eloy Pérez Ladaga*

El Punk - *Eduardo Izquierdo y Eloy Pérez Ladaga*

Musica Disco - *Carlos Pérez de Ziriza*

Leyendas urbanas del rock - *José Luis Martín*

Historias del Heavy Metal - *Eloy Pérez Ladaga*

Mitos del Rock & Roll

Bob Dylan - *Manuel López Poy*

Pink Floyd - *Manuel López Poy*

Queen & Freddie Mercury - *José Luis Martín*

Iron Maiden - *Andrés López*

Jim Morrison & The Doors - *Eduardo Izquierdo*

Kiss - *Eloy Pérez Ladaga*

Elton John - *José Luis Martín*

Aerosmith - *Eduardo Izquierdo*